성에 대한
얕지 않은 지식

일러두기

1. 직접 인용문은 저작권사에 사용 허가를 받았습니다. 아직 사용 허가를 받지 못한 일부 인용문은 추후 별도의 허락을 받도록 하겠습니다.

2. 본문의 인용문 출처 표기와 참고 도서 출처 표기는 모두 미주로 하였고, 내용 이해를 돕기 위해 편집자가 사전을 참고하여 만든 주석은 본문 하단에 달았습니다.

정신분석학부터
사회학까지
다양한 학문으로
바라본 성

성에 대한
얕지 않은 지식

이인 지음

을유문화사

정신분석학부터 사회학까지 다양한 학문으로 바라본 성
성에 대한 얕지 않은 지식

발행일
2017년 5월 25일 초판 1쇄
2018년 9월 10일 초판 3쇄

지은이 | 이인
펴낸이 | 정무영
펴낸곳 | (주)을유문화사

창립일 | 1945년 12월 1일
주소 | 서울시 마포구 월드컵로16길 52-7
전화 | 02-733-8153
팩스 | 02-732-9154
홈페이지 | www.eulyoo.co.kr
ISBN 978-89-324-7354-3 03100

차례

들어가기 전에 _9

들어가는 글 _11

1. 여성이 원하는 것은 무엇인가 _15

지그문트 프로이트, 『성에 관한 세 편의 해석』

프로이트라는 고전 | 성적인 고픔이 불면증의 원인? | 유아의 성욕 | 성교육의 중요성 | 번식을 위해서만 성관계하지는 않는다 | 오이디푸스 콤플렉스 | 남자의 정신세계 | 성욕의 승화 | 수치스러워해야 하는 것은 성폭행 피해자가 아니다 | 여성의 욕망이란 무엇인가

2. 당신의 가면을 벗어라 _55

빌헬름 라이히, 『오르가즘의 기능』

저주받은 사상가 | 애인과 사랑을 나누겠다고 아버지에게 말할 수 있을까? | 오르가즘 불능의 남자 | 여성의 불감증 | 사디즘과 마조히즘 | 건강은 오르가즘 능력에 달렸다 | 자신의 불안을 감추고자 성격이 딱딱하게 무장되는 환자들 | 성과 성 | 가면을 벗어라!

3.　금기를 어기고 싶은 욕망 _93

조르주 바타유, 『에로티즘의 역사』

광인인가 작가인가 | 자연을 부끄러워하고 혐오하는 인간 | 봉인된 편지와
같은 에로티즘 | 인간 안의 넘쳐 나는 힘 | 어그러진 사회가 만들어 낸 강간
문화 | 강간범의 목적 | 강간 환상과 허락된 폭력 | 성을 대하는 인간의 이성
| 연속성과 애무 | 금기가 사라질 때, 축제!

4.　우리 모두의 첫 경험 _135

베티 도슨, 『네 방에 아마존을 키워라』

68혁명의 자위 전도사 | 나의 첫 경험 상대 | 나의 아름다운 성기 | 나이 많
은 여성들의 성생활 | 베티 도슨의 자기 고백 | 여성 해방의 방향 | 성관계 시
상대방을 배려하는 자세 | 잠자리에서 주체성과 상상력을 | 내 몸의 자율권

5.　나를 위한 자기 배려 _179

미셸 푸코, 『성의 역사2』

내 몸을 더럽다고 여기는 정신이 더럽다 | 진실에 직면하면서 자기 자신을 변
형시키려는 철학 | 쾌락을 활용하라 | 자유롭기 위해 훈련하다 | 스스로의
노예인 사람은 타인을 지배할 수 없다 | 능동성을 발휘하라 | 성별에 따른 부
부 생활의 양상 | 양생술의 자기 배려 | 삶을 예술 작품으로 만들어라

6. 성을 사유할 때가 왔다 _217

게일 루빈, 『**일탈**』

성의 다양함 | 성을 사유할 때가 왔다 | 누가 누구로부터 여성을 보호하는가
| 다양한 성애 | 새로운 성애 방식에서 배운 교훈 | 성애 위계질서 | 포르노
를 없애려는 페미니즘에 반대하기 | 성매매를 어떻게 대하는 것이 문명인가 |
민주화된 성 도덕

7. 재생산 본능으로 작동하는 구애 _257

제프리 밀러, 『**연애**』

찰스 다윈의 성 선택 | 재생산이라는 본능으로 작동하는 구애 기계 | 나는
나의 유전자를 드러내는 걸어 다니는 광고판이다 | 선택권은 암컷에게 있다
| 남자의 허세 | 문화 예술을 창조하고 열망하는 본능 | 남자는 왜 성기에 집
착하는가 | 모래시계형 몸매를 만든 남녀 사이의 전투 | 오르가슴과 오르가
슴 연기 | 도덕성도 성 선택의 결과다

8. 인간의 성 전략 _295

데이비드 버스, 『욕망의 진화』 &
데이비드 바래시, 주디스 이브 립턴, 『일부일처제의 신화』

성 전략을 쓰는 인간 | 여성과 남성은 다르지 않지만 똑같지도 않다 | 성관계의 역치 | 남성이 바라는 여성 | 여성이 원하는 남성 | 그대 이름은 바람, 바람, 바람 | 선사 시대의 성관계 | 남성 간의 정자 경쟁 | 남성 평등화 장치가 된 일부일처제 | 행복을 향한 의지 | 새로운 형태의 관계들

나가는 글 _349

주 _353

참고 문헌 _373

찾아보기 _385

들어가기 전에

* * * * * * * * *

많은 작가들이 탐내지만 어느 누구도 선뜻 다가가기 힘든 주제가 있습니다. 바로 성이지요. 성의 위력은 인간 세상에서 대단한데, 막상 독서를 해 보려고 찾아보면 마땅한 책이 별로 없습니다. 우리들의 호기심을 채워 주지 못하는 열악한 상황이지요.

성에 대해 심도 있게 쓴 책이 적은 까닭은 성이라는 주제가 매력 있는 만큼 위험하기 때문입니다. 성은 섣불리 이야기하면 엄청난 오해와 괜한 시비를 일으키기 마련이지요. 게다가 자신의 특정한 경험과 성향이 반영되기 십상이고, 타인과 소통하기도 쉽지 않습니다. 그럼에도 신중하게 잘 다루면, 커다란 반향을 일으키고 더 많은 성과를 얻게 되지요. 성은 우리 모두에게 있고, 모두가 고민하는 부분이니까요.

성을 맛깔나게 요리하고자 오랫동안 갈고 닦은 칼을 뽑아들었습니다. 성을 면밀하게 다루는 원재료에다 참신하고 싱싱한 양념을 곁들여 지지고 볶고 끓이고 찌고 굽고 데쳐서 풍성한 지식 먹거리를 만들었습니다. 원재료를 맛보는 일이 중요할 때는 회를 뜨듯 내놓으면서 약간의 간장과 고추냉이를 곁들였고, 삼합처럼 이질적인 재료를 한데 섞으면서 창발성의 효과를 노리기도 했으며, 원재료의 아찔한 대목은 몽땅 덜어 내는 게 아니라 복어 요리처럼 작업했습니다. 약간의 독성이 지성의 미각을 자극하고 흥분케 하니까요.

책장을 넘기면 삶에 기운을 북돋우며 어른들의 두뇌와 심장을 달굴 지혜의 향연이 펼쳐집니다. 어른은 '사랑스럽다', '성관계하다'는 뜻을 지닌 '얿다', '얼우다'라는 옛말에서 생겨났죠. 그 뜻 그대로 사랑을 잘 알고 잘 나누는 사람이 어른입니다. 우리는 좀 더 진실하고 건강한 어른이 될 필요가 있지요. 신선하고 강렬한 지식 먹거리들이 몸과 마음에 활기를 불어넣어서 우리가 더 행복한 어른이 되는 데 이바지한다면 저도 참 기쁠 듯합니다.

갓 요리해서 뜨거우니 천천히 음미하시길.

들어가는 글

* * * * * * * * *

1

언제나 그렇듯 우리의 밤은 우리의 낮보다 더 뜨겁고 더 아찔하고 더 허무하고 더 아름답다. 성 덕분이다. 성은 인생의 중핵이자 태풍의 눈이다. 잠자코 있는 것 같아도 어마어마한 영향력을 행사한다. 성에 눈멀지 않고자 멀찍이 달아나더라도 성의 중력은 강력하게 우리를 잡아당긴다. 성을 둘러싸고 인생이 펼쳐지고 세상이 돌아간다. 성은 평생 끙끙거려야 하는 골칫거리 숙제를 내 주는 동시에 삶의 기쁨을 빚어내는 축제를 안긴다.

그런데 정작 성에 대해서 잘 알고 있냐고 물으면 선뜻 고개를 끄덕이기 쉽지 않다. 우리가 성을 대하는 태도는 성숙하지 못했다. 우리는 욕망에 휘둘리거나 얼굴이 발그레해지기만 할 뿐, 성을 별로 공부하지 않았다. 그런데 성을 알아보려고 해도 변변찮은 얘기들뿐이라서 친구들끼리 쉬쉬하면서 시시한 정보만 주고받게 된다. 성을 제대로 가르치지 않는 사회다 보니 성에 무지한 것이 자연스럽게 느껴지는 지경이다.

성이 현재 내 삶에 가장 큰 문제일 수 있지만 답을 찾기는커녕 답답해하면서도 입조차 벙긋하지 못한 채 끙끙거리기 십상이다. 우리는 성에 관해 소탈하고 진솔하게 대화를 나눈 경험이 부족하고, 방대한 호기심에 비해 지식은 턱없이 얕디얕다.

2

성은 분열되어 작동된다. 성을 직접 수면 위로 들춰서 진지하게 다루는 것은 꺼림칙하고 어색한 게 우리 사회 분위기다. 대중매체에서도 성을 통해 사람들의 시선을 홀리며 성을 상품화시키는 데만 열을 낼 뿐이다. 성의 거죽만 훑고 관음증만 자극하면서 변죽만 울리는 것이다. 앎을 삶의 대들보로 삼지 않으면 인간은 쉽게 흔들릴 수밖에 없다. 수많은 사람이 성이라는 풍랑에 난파되고 있다. 성을 모르게 하려고 성을 감추면 인간은 성을 모르는 게 아니라 잘못 알게 된다.

성을 대할 때 사람마다 차이가 있다. 어떤 사람은 좀 더 마음을 개방하고, 또 어떤 사람은 좀 더 폐쇄적인 태도를 보인다. 진보와 보수는 자연스럽게 나타나는 인간의 성향이다. 인간을 비롯한 모든 생명은 보수성과 진보성을 갖고 살아간다. 세상과 환경은 끊임없이 변화하기 때문에 모든 생명은 이에 대응하려는 진보성을 지닌다. 또한 세상과 환경은 좀처럼 끄떡하지 않으니 모든 생명은 기존의 습성을 유지하는 보수성을 지닌다. 보수성은 모든 생명의 기본이다.

　　보수성을 지니는 것과 무지한 것은 차원이 다른 문제지만 우리는 가끔 성을 잘 모른 채 왜곡되고 편협한 태도를 고집하는 것을 보수성이라고 착각한다. 성에 무지하지 않아야 나를 이해할 수 있고, 자신과 다른 가치관을 지닌 사람과도 소통할 수 있다. 성을 잘 알아야만 자신이 사랑하는 사람들과 함께 사랑과 행복을 만끽할 수 있고, 자신의 인생 또한 자신이 원하는 방식으로 지켜 갈 수 있다.

3

　　성에는 여러 감정과 개념들이 뒤엉켜 있다. 상황에 따라 성은 생활의 자원이 되기도 하고 쾌락의 자산이 되기도 하며, 두려운 대상이 되거나 어찌할 수 없는 고통이 되기도 한다. 성은 행복, 유혹, 평화, 아찔함, 씁쓸함, 소통, 걱정, 격정, 당황, 갈망, 결핍, 공포, 친밀, 수치, 짜릿함, 불편함, 황홀, 번거로움, 흥분, 후회, 자극, 합일, 갑갑함, 애착 등등 다양한 정서와 상태의 무궁무진한 원천이다.

　　그런데 우리는 성의 놀라움과 다양함을 제대로 향유하지 못한 채, 뒤돌아서선 온갖 상상을 하면서도 사람들 앞에선 성욕이 없는 존재처럼 구는 이중생활을 한다. 남들이 자신을 이상하게 볼까 봐 더 알고 싶으면서도 능청스레 딴청을 피우고, 괜한 환상들로 인생을 방황하며, 때때로 잠 못 이루는 밤을 견딘다.

그늘진 다락방에 내팽개쳐졌던 성을 환한 세상 안으로 끄집어내 함께 고민하고 더불어 이야기하는 마당을 연다. 철학과 생물학, 사회학과 정신분석학, 인류학과 진화심리학, 여성학과 인지생리학, 역사학과 행동경제학 등등의 여러 통찰을 융합해서 신선한 지식을 소중하게 담았다. 읽을수록 궁금증이 충족되는 지적 희열과 새로운 호기심이 늘어나는 지적 성장을 맛볼 수 있을 것이다.

성에 대한 지식을 탐닉하는 색다른 탐독, 이제 시작한다.

1.

여성이 원하는 것은
무엇인가

**지그문트 프로이트,
『성에 관한 세 편의 해석』**

산치오 라파엘로, 「초원의 성모」(1506)

르네상스의 대표적인 화가 라파엘로의 그림으로, 마리아와 예수, 요한이 삼각형의 구도로 배치되어 있다. 마리아가 온화한 표정으로 맨발을 드러내는 가운데, 아기 예수가 요한이 내미는 십자가를 잡기 위해 한 발을 내딛고 있다. 대개는 이 그림을 예수가 종교에 다가가는 귀여우면서도 성스러움을 보여 준다고 여기는데, 여기서는 다르게 해석해 보고 싶다. 아기 예수가 엄마와의 애착 관계에 도전하는 경쟁자 요한을 견제하는 그림으로 말이다. 모든 아기는 맹목으로 엄마와의 애정 관계를 유지하려는 본능을 갖고 있고, 이 애착 관계에 대한 집착을 보면서 지그문트 프로이트는 '오이디푸스 콤플렉스'라는 이상한 이론을 만든다.

프로이트라는 고전

지그문트 프로이트(Sigmund Freud, 1856~1939)는 고유명사다. 그는 따로 소개하지 않아도 될 만큼 유명하다. 19세기에서 20세기에 걸쳐 뛰어난 지성들이 나타나 새로운 생각을 펼쳤는데, 그 가운데 칼 마르크스Karl Marx와 찰스 다윈Charles Darwin 그리고 지그문트 프로이트를 꼽을 수 있다.

칼 마르크스는 인간이란 존재는 무엇을 해야 하는지에 대해 자극하고 선동했다. 그는 19세기와 20세기 혁명의 촉매였고, 일본의 사상가 가라타니 고진柄谷行人은 마르크스를 인류 사회 도약을 위한 가능성이 준신이라고 평가한다. 주어진 대로 살아가는 게 아니라 세상을 변혁해야 한다고 믿으며 움직였던 사람들 뒤엔 늘 마르크스가 아른거리고 있었고, 지금도 많은 사람에게 뜨거운 기운을 뿜어내고 있다.

찰스 다윈은 인간이란 어디서 어떻게 기원했는지 밝혀냈다. 진화는 다윈이 처음으로 발견했다기보다는 이전부터 쭉 이어진 개념인데, 진화가 일어나는 원리를 연구해서 명쾌하게 발표한 첫 사람이 다윈이다. 인간은 그동안 믿어 왔던 신의 형상을 한 존재나 만물의 영장이 아니라 어마어마한 세월 동안 진화해 온 생명체라는 것이다. 인간은 경이로운 존재지만 다른 생명과 동등한 의미를 가진 하나의 생명이다. 생명이라는 거대한 나무에서 뻗어져 나온 한 줄기 가지인 셈이다.

프로이트는 정신분석학을 창시하면서 인간을 새로이 조명했다. 프로이트는 '나'라는 의식이 정신의 지배자가 아니라면서 '무의식'이 행동과 인생을 쥐락펴락한다고 주장했다. 내가 나를 관장하고 통제한다는 건 환상에 불과하며 자아는 무의식에 의존하면서 작동할 따름이라는 정신분석학은 서구 사회에 광범위한 영향을 끼쳤고, 프로이트의 이론은 교리처럼 전파됐다. 하나의 종교가 만들어지면 시간이 지나면서 수많은 분파가 생겨나게 마련인데, 정신분석학도 마찬가지로 삽시간에 여러 분파가 생겨나는 가운데 마치 종교에서 기존의 통설이 아닌 해석을 하면 이단 취급을 받으며 파문당하듯 프로이트의 설명이 한 글자도 틀리지 않았다는 괴상한 믿음이 20세기 초중반에는 퍼져 있었다. 프로이트는 종교의 권위를 허무는 데 혼신의 힘을 기울이는 한편, 성을 신성한 대체물로 삼아 새로운 형태의 종교를 창시한 셈이다.

요즘 프로이트의 명성은 꽤나 추락했다. 심지어는 프로이트(freud)

를 사기(fraud)라고 하는 상황이다. 예를 들면 'SEX'가 좋다고 말하지 못하고 'SES'가 좋다고 말하듯 무의식의 검열 때문에 말하고자 하는 언어가 변형되어 표현되는 것을 민감하게 잡아냈던 프로이트로서는 당황스러울 사태다. 자기 이름의 변형으로 자신이 평가되고 있으니 말이다. 그렇다고 프로이트를 초상집 개처럼 취급하는 것은 현명하지 않은 일이다. 프로이트의 글들은 한 글자 한 글자 섬기며 믿어야 하는 경전이 아닌, 곱씹으면서 사유할 만한 고전이다. 물론 모든 경전은 다 고전일 뿐일지 모른다. 프로이트의 글도 인간에 대한 통찰을 담은 이야기로 읽으면 여전히 우리에게 산뜻한 영감을 준다.

프로이트는 의사다. 이것은 프로이트를 이해하는 데 굉장히 중요한 사실이다. 프로이트는 인간의 고통을 경감시키고 치유해야만 하는 의사였다. 프로이트가 젊은 날에 최면이나 온갖 방법을 공부한 까닭은 자신의 명성을 쌓으려는 욕망도 있었지만 환자들을 도우려는 선의가 컸기 때문이다. 너무 많은 환자가 그를 찾아와 성에 따른 고통을 호소했다. 그 당시는 위선의 문화가 지배했던 빅토리아 시대였다. 성 문제로 마음고생하던 프로이트는 사람들이 성에 대한 무지를 정숙함으로 가장해 뽐내는 가운데 성을 주연으로 선정해서 세상이라는 무대 위로 과감히 등장시킨다. 그는 넓고 큰 길을 마다하고 대세를 따르지 않으면서 사람들의 우려와 눈총과 힐난을 무릅쓰고 성을 본격적으로 연구한다.

인간은 반드시 부딪쳐야 하는 절실한 문제를 회피하지 않고 힘겹더라도 응시하고 새로이 생각할 때 기존의 고통에서 벗어나게 된다. 문제가 있으면 문제를 피하지 않고 문제와 부딪히면서 문제를 극복하고자 하는 과정에서 인간은 성장한다. 상처를 받았지만 상처를 치유하고자 노력한 사람은 상처 입은 타인을 이해하고 도와줄 수 있다. 프로이트는 자신을 괴롭히는 성과 직면하였고, 사람들이 성 문제를 생각하도록 도와주는 정신분석학을 개척한다.

자신의 문제에서 세상의 고통을 만나고, 세상의 편견에 좌절하지 않고 열정과 지혜를 집중한 프로이트는 위대한 사상가로 발돋움한다. 모든 위대함은 거저 주어지지 않고 언제나 저항과 도전 속에서 만들어진다.

성적인 고픔이 불면증의 원인?

인간은 끊임없이 성욕에 시달리고 휘둘리고 휘말린다. 인생은 성욕의 이야기라고 할 수 있을 만큼 인간의 성욕은 강력하게 작동하는데, 언제나 허기와 결핍과 갈망으로 우리를 괴롭히며 특정한 행동을 유도한다.

한동안 성관계를 하지 않았느냐는 질문을 속되게 '굶었냐'고 묻는 데서 드러나듯 인간에게는 성적 고픔이 있는데, 이를 프로이트는 리비도libido라 부른다. 식욕, 성욕, 수면욕은 채워지지 않으면 신체에서 곧장 반응이 나타난다. 졸림은 잠으로 이끌면서 수면욕을 채우고,

배고픔은 무언가를 먹도록 자극하면서 식욕을 해결하듯 성적 굶음은 성관계를 통해 성욕을 해소한다. 리비도는 나를 성관계하도록 이끄는 성 기운으로, 성적 배고픔을 일으킨다.

밥을 세 끼 꼬박꼬박 먹었다고 내일 배고프지 않은 게 아니듯 오늘 뜨겁고 즐겁게 성관계를 맺었다고 해서 성적인 고픔이 없어지지는 않는다. 우리 몸은 리비도로 끓어오른다. 누구나 2차 성징과 함께 솟구치는 성욕 때문에 당황스러운 경험을 하고, 나이가 들면 비록 강도가 덜해지더라도 성욕 자체가 사라지지는 않아 여전히 당황스러운 일을 겪는다. 식욕과 달리, 성관계를 하지 않는다고 생명에 지장이 있는 것은 아니지만 성욕이 채워지지 않으면 남모르는 고충이 발생한다. 그 고충 중에 불면이 있다. 불면의 원인이 다 성 때문은 아니겠으나, 프로이트는 대부분의 신경성 불면증은 성 만족을 하지 못했기 때문에 생겨난다고 진단한다.[1] 밤이 외롭다거나 밤이 무섭다는 흔한 표현의 밑바닥엔 성관계를 하지 못하는 데서 빚어진 성적 고픔이 숨어 있다.

땅거미가 저물 즈음이면 꼬박꼬박 잠을 자던 아이들이 사춘기를 맞아 밤에 잠을 자지 않는 것도 리비도와 관련되어 있다. 사춘기는 성관계가 가능한 신체로 변화하는 시기로, 이성에 대한 호기심이 폭발하고 신체에 심각한 불만을 느끼면서 외모 꾸미기에 돌입한다. 청소년들은 밤에도 가만히 집에 있기가 어렵다. 청소년들이 성관계를 하려는 의도로 밤늦게까지 돌아다니는 건 아니더라도 집에만 있으면 벌어지지 않을 일들이 밤에 거리로 나서면 일어나게 된다. 10대들은 왜 그러는지 자신들도 깨닫지 못한 채 야간 야외 활동에 무척 흥미를 갖는다. 영국의 철학자 버트런드 러셀Bertrand Russell도 젊은 시절에 달 밝은 밤이면 성욕에 잠시 미쳐 산야를 돌아다녔는데 그때는 왜 그런 줄 몰랐다고 한다.2 옛날부터 자식들이 밤 늦게 나가 있는 걸 부모들이 걱정한 까닭은 의식 차원에선 범죄나 사고를 당할까 봐 우려되기 때문이겠지만 무의식 차원에선 성관계를 방지하려는 노파심 때문이기도 하다. 남들로부터 자식을 보호하는 일과 아울러 자식들 자신으로부터 보호하려는 것이다.

몸에서 생겨난 특별한 긴장감 때문에 인간은 집에서 가만히 있지 못하고, 일찍 잠들지도 않는다. 어떻게든 자기 몸에서 생겨나는 불편한 긴장감을 해소하고자 여러 행위를 시도하게 되고, 만족감을 얻게 되면 내부의 긴장감이 사라진다. 그래서 잠이 오지 않을 때 자위하고 잠을 청하는 사람이 많다. 자위하지 않으면 몽정을 하기 십상이다. 잘 알려지지 않았지만 여자 가운데서도 상당수가 몽정을 한다. 성관계할 상대를 찾기 어려운 청소년들 가운데 10대 남자들은 거의 야동 중독이고, 10대 여자들은 연예인 중독이다. 밤새 야동을 보면서 자위에 몰두하는 10대 남자아이들은 피로한 몸을 이끌고 가 학교에서 잔다. 낮 동안은 의지로 야동 보는 걸 참더라도 밤이면 봉인 해제된다.

요즘처럼 야한 볼거리가 넘쳐나면 아무래도 더 자극받게 되지만, 가만히 있어도 자신의 몸 안에 자극의 근원이 있다. 내부에서 생겨나는 자극은 특별한 긴장감을 일으키는데, 이것이 리비도다. 리비도가 많아지면 자꾸 근질거리는 느낌이 생겨난다. 이 내부의 불편을 외부의 자극으로 바꾸는 것이 성 목적이라고 프로이트는 얘기한다.

만족감을 반복하고 싶은 욕구 상태는 다음과 같은 이중성을 통해 드러난다. 즉 그 자체로는 오히려 불쾌의 성격을 가진 고유한 긴장감이 있다는 것과 중추신경에서 조건화되어 말초신경의 성감대에 투사되는 간지러운 감각과 자극 감각이 있다는 것이다. 그래서 성 목표는 중추신경으로부터 성감대에 투사된 자극감이 외부의 자극으로 대체되어 해소되는 것이라고 정의할 수 있다. 이 외부의 자극이 만족감을 불러일으키면서 중추신경에서 조건화되어 성감대에 투사된 자극감을 해소시킨다.[3]

내 몸에서 생겨나는 흥분과 자극을 외부 누군가와의 애정 행각을 통해 사라지게 하는 것이 성 목적이다. 우리가 애정 행각을 평소에 잘 하지 못할 때 잠을 못 이루는 까닭도 불만족에 시달리는 신체가 꿈틀거리기 때문이다. 성적 만족감을 얻으면 내 안의 긴장이 해소되고 신체도 편안해진다. 마치 오랫동안 굶주리다가 맛있게 식사를 하고 났을 때와 비슷한 만족감이 성관계 뒤에 찾아온다.

유아의 성욕

인간의 성적인 고픔은 생애 내내 유지된다. 심지어는 아기에게도 있다. 프로이트는 성 본능이 유아기에는 없다가 사춘기가 되어서야 생겨난다는 통념은 심각한 잘못을 초래하는 오류라면서 유아들의 성욕에 주목한다.**4** 성욕은 타인과 애정 행각을 벌이면서 쾌감을 느끼려는 욕망으로, 강도에 조금씩 차이가 있을 뿐 남녀노소 누구에게나 있다.

아이들은 성기를 만지다가 부모에게 혼나면 부모 몰래 자신의 성기를 만지곤 하는데, 이 모든 것이 성적 쾌감과 연관되어 있다. 어른들이 좋아하는 입맞춤과 껴안기 역시 성욕에서 파생된 행위이듯 아기들은 성교하지는 않지만, 성욕에서 파생된 쾌감은 원한다. 아기들이 엄지손가락이나 장난감을 빠는 것은 젖가슴을 빨 때와 같이 쾌감과 연관되어 있다.

처음엔 성감대의 만족이 음식물 욕구를 해소시키는 것과 함께 동반되는 일이었을 것이다. 성적 행위는 처음에는 생존에 기여하려는 기능에 의존하고 있지만, 후에는 이것으로부터 독립하게 된다. 아이가 배부르게 먹은 뒤 엄마의 젖가슴 아래에서 발그레해진 뺨과 행복한 미소로 잠에 떨어져 있는 모습을 본 사람은 아마도 이런 모습이 이후의 생에서 성적 만족의 표현에 대한 지표가 된다고 말할 것이다. 이제 성적 만족을 반복하고 싶은 욕구가 음식물 섭취의 욕구로부터 분리된다.**5**

아기들이 젖가슴을 얼마나 좋아하는지 엄마들은 다 안다. 아기들은 배가 부른데도 엄마의 젖을 하염없이 빨면서 한 손으론 다른 쪽 가슴을 만진다. 엄마의 가슴을 통해서 자신도 만족을 얻지만, 아기는 학습하지 않아도 가슴을 빨고 젖꼭지를 만지면서 엄마에게 만족감을 주려는 본능을 타고 난다. 엄마의 자식 사랑은 수유하면서 더 강해진다. 이전까지 아기에 대해서 여러 감정을 느꼈거나 덤덤하더라도 일단 수유가 시작되면 아기에 대한 애착이 강해져서 엄마는 아기와 자신을 하나라고 여기는 상태가 되기도 한다. 아기가 자신의 일부라는 느낌이 너무 강해서 아기가 칭얼대기 몇 초 전부터 따뜻하고 축축한 젖이 나오거나 바늘로 젖꼭지를 찌르는 듯한 통증이 느껴지게 되는 정도다.[6]

인간은 아기 때부터 엄마와 애정 어린 신체 접촉을 하면서 애착 관계를 맺는다. 프로이트는 엄마들이 아이를 성 대상의 대체물로 다룬다고 했다. 성 대상이었던 남성과 애정 행각을 벌이던 여자들이 엄마가 되면서 아이를 만지고 쓰다듬고 뽀뽀하고 어르면서 매우 분명한 성적 행동을 한다는 얘기다. 엄마와 아이 사이에 성적 관계가 있다고 하면 꺼림칙해 할 수 있다. 성과는 전혀 관계없는 순수한 사랑이라고 부모들은 생각할 텐데, 바로 그 순수한 사랑 덕분에 애정 어린 접촉을 원하는 아이의 열망이 채워지고 본능이 발달한다. 프로이트는 성기의 직접적인 자극만으로 성 본능이 일깨워지는 건 아니라면서 아이와 애정 어린 접촉을 하는 어머니들이 아이에게 사랑하는 법을 가르치는 것이라고 설명한다.[7]

아이가 건강하게 사랑을 나누는 성인으로 자라기 위해서라도 영·유아기 때 엄마와의 '첫 경험'이 중요하다. 엄마와 교감을 충분히 나눈 아이들은 나중에 커서 사랑을 잘 주고받는 어른이 된다. 프로이트의 후계자였다가 갈라선 뒤 분석심리학을 창시한 칼 융Carl Jung은 부모가 별거하고 엄마 없이 자랐던 어린 시절을 돌아보면서 그 뒤로 사랑이라는 말을 들으면 항상 미심쩍은 느낌을 갖게 됐고 여성이란 말은 불신감으로 다가왔으며, 아버지란 말은 신뢰감을 주면서도 무력하게 느껴졌다고 술회한다. 상처받은 아이였던 칼 융은 어른이 되어서 여성에게 실망하지 않게 되었다. 처음부터 여성에게 어떤 신뢰도 갖지 않았기 때문이다. 융이 엄마와 떨어져 지낸 건 불과 몇 달이었고, 다시 부모와 같이 살았다. 하지만 그는 여든이 넘은 나이에도 자신이 사람들을 신뢰하지 못했던 심리를 어린 시절 엄마의 부재와 연관 지어 언급한다.[8] 근대의 과학 혁명을 선도한 아이작 뉴턴Isaac Newton은 어린 시절 아버지의 죽음을 겪고 어머니가 재혼한 후 7년 동안 조부모의 손에서 키워졌는데, 자신이 저술한 방대한 글을 보면 어머니에 대한 애정 어린 정서가 전혀 없었고 실제로 어머니의 사망도 무시했다. 그는 청년기를 맞아 자신이 저지른 죄악의 목록을 작성했는데, 거기엔 의붓아버지와 어머니는 물론이고 그들이 살던 집을 불태워 버리겠다고 협박한 일이 있었다. 의붓형제들이 부모의 품 안에서 담뿍 행복을 받을 때 자신은 밀쳐졌던 어린 시절의 경험으로 말미암아 뉴턴은 누군가와 깊은 결속과 유대의 끈을 평생 맺지 않는다.[9]

인간은 엄마와의 애착 관계를 통해 성인으로 자라고 타인과 애착을 맺게 된다. 프로이트의 영향을 받으면서도 정신분석학의 틀을 넘어 애착 이론을 개발한 영국의 심리학자 존 보울비John Bowlby는 민감기를 강조한다. 어린 시절에 엄마 또는 엄마 구실을 해 주는 누군가와 애착 관계를 맺지 못하면 나중에 어떤 누구와도 애착 관계를 맺기가 굉장히 어렵다.[10] 한창 자라면서 인지 체계가 형성될 때 누군가와 애착 관계를 맺지 않으면 세상이 차가운 곳이라 인식하면서 냉혹한 성격이 구축된다. 척박하고 고독한 환경에서는 남들을 따뜻하게 대하는 것보다는 남들에게 모질게 구는 것이 생존에 유리하기 때문이다. 인간은 타인과 애착 관계를 살갑게 맺으면서 성장하도록 되어 있는데, 자신의 육체와 타인의 육체를 통해 빚어지는 쾌감을 적절하게 누리지 못하면 자신의 생존에만 몰두하는 냉혈한이 된다. 생존이 목적일 때는 인간다움이 거추장스럽다. 요즘 자기밖에 모르고 타인에게 감정이입하지 못하는 인격 장애자들이 늘어나는 까닭도 우리 사회가 삭막해졌기 때문이다. 끔찍한 짓을 저질러 사회를 발칵 뒤집어 놓는 반사회성을 지닌 범죄자들의 어린 시절을 들여다보면, 하나같이 애착이 결핍된 고통스러운 성장 환경이 도사리고 있다.

성교육의 중요성

아이들이 성에 대해 물을 때마다 부모와 어른들은 입을 다문다. 마치 쉬쉬하는 것이 아이를 위하는 것처럼 말이다. 하지만 프로이트는 성 문제가 거론될 때마다 비밀로 두려고 하면서 점잔 빼는 건 무지에서 비롯된 것이라고 예리하게 지적한다.[11] 성에 대한 침묵은 무지와 두려움에 갇혀 있다는 소리 없는 고백이다.

아이가 성에 대해 질문할 때 소스라치면서 손사래 치거나 눈살을 찌푸리면서 얼렁뚱땅 넘어가려고 하거나 윽박지른다면 아이는 어른과 소통하기를 포기하고, 자신만의 세계에서 엉뚱한 호기심을 펼친다. 겉으론 성에 대해 전혀 모르는 척하지만 뒤돌아서선 성에 집착하는 이중성이 생겨나는 것이다. 성을 감시하고 처벌하는 어른들로 말미암아 아이들은 '정신의 둑'이 생긴다. 어느 정도 성을 자제하기 위해 자연스럽게 정신의 둑이 생겨나지만 부모의 잘못된 양육으로 정신의 둑이 좁게 형성되고 더 거칠어지면서 성욕의 흐름을 역겨움과 부끄러움 그리고 도덕성으로 가두고 단죄하게 만든다.

성 잠복기에 완전하게 혹은 부분적으로 정신적 힘이 형성되는데, 이 힘은 훗날의 성 행위에서 성적 충동을 억제하기도 하고 성 충동의 방향을 좁히는 제방이 되기도 한다(혐오감, 수치심, 미적, 도덕적 이상의 요구 등을 말한다). 문화를 지닌 자손이 이러한 제방을 쌓는 것은 양육의 결과라는 인상을 준다. 확실히 양육은 많은 영향을 준다. 그러나 실제로는 이러한 발달은 신체 기관적으로 조건화된 것이고 유전적으로 고정된 것이며, 때로는 양육 없이도 완전히 이루어질 수 있다. 양육은 단지 자신에게 주어진 한정된 범위 안에서 신체 기관으로 이미 정해진 것을 성숙하게 하고 더 분명하게 각인시키는 작용을 한다.[12]

아이들은 정신의 둑으로 충동을 막으면서도 끝없이 범람하는 성욕 때문에 내면의 갈등을 겪고 분열된다. 하고 싶은 행동을 제지당한 아이들은 어른들이 원하는 행동을 하게 된다. 그렇게 기존 세계의 견해를 받아들이면서 자신이 정말 원하는 행동은 억압된다. 프로이트는 이런 식으로 신경증의 핵심 콤플렉스가 생겨난다고 진단했다.

어릴 때 생겨난 신념이나 의식 체계는 지속되기 십상이므로 어른이 되어서도 본능의 성을 혐오하고 성에 대해 수치심이나 역겨움을 갖는 이들이 많다. 적잖은 사람들이 겉으론 점잖아 보이지만 혼자 있을 땐 이상한 행동을 하거나 몸이 건강하더라도 심리 문제로 성생활에 장애를 겪는데, 이는 성 발달이 억압당했기 때문이라고 프로이트는 설명한다.[13] 어린 시절의 경험과 교육받은 내용은 매우 중요하다. 어릴 때 성에 대한 혐오의 감정을 주입당하고 두려움, 수치심, 죄의식으로 심리 문제를 겪고 있다면 몸은 건강할지라도 성생활에 지장을 받게 된다.

여전히 세상은 신체를 창피하게 대하고 성을 무시무시한 질병 같은 것으로 세뇌시킨다. 특히나 여자아이들에게는 수치심을 더 강하게 주입시킨다. 다리를 오므리라고 눈총 주고 몸을 가리라고 을러댄다. 여자로 태어난 게 무슨 죄를 지은 것인 양 느끼게 만들면서 나중에 여성은 자신에게 욕구가 있다는 말을 감히 꺼내지 못하게 된다.[14] 자신의 진짜 생각과 욕망도 말하지 못한 채 억압에 길들여진 여자의 모습은 성별에 따라 아이들이 차별되어 키워지고 있음을 보여 준다.

여자는 남자보다 성 억압을 더 받는다. 여성의 성욕에 대한 억압의 그물은 무시무시할 만큼 촘촘하고 오싹할 만치 꼼꼼하다. 결혼 적

령기가 늦춰졌는데 여러 이유로 아직도 여성 스스로 주체성을 갖지 못한 채 순결해야 한다는 압박에 시달리며, 결혼하더라도 남편과 금실이 좋지 않으면 여성의 성욕은 자연스럽게 해소할 통로가 별로 없다. 자기 안의 욕망과 감정을 외부와 소통하지 못하니 여성의 우울은 당연한 귀결이다. 불면증에 우울증, 생리 불순에 야식 중독, 소화 불량에 체중 강박까지. 성 억압은 여성의 건강에도 좋지 않을 뿐더러 임신과 출산에도 상당한 장애를 일으킨다.[15]

무분별한 성행위는 자신과 타인 모두에게 피해를 주니 조심하고 절제해야 한다는 걸 아이들에게 가르칠 필요는 있다. 하지만 금지와 처벌만 내세우면 도리어 역효과가 난다. 한국에 많은 영향을 주고 있는 미국의 성교육 실태를 예로 이야기해 보겠다. 조지 부시George Bush 행정부를 이끌었던 보수 우파는 피임과 낙태를 반대하면서 여자들이 임신을 두려워하면 성관계를 하지 않을 거라며 순결 교육을 시키는 데만 무려 1조 원 넘게 썼다. 미국 학교의 30퍼센트가 오직 순결만을 뇌까리는 성교육을 실시하자 성에 대한 무지와 그에 따른 왜곡된 정보들이 파급되면서 결국 10대 임신율을 높이고 성병을 확산시켰다.[16] 금지만을 교육받은 10대들은 피임 기구를 잘 쓸 줄 모르거나 안 하기 때문이다. 혼전 순결 교육을 철저하게 받으면 성관계하는 시기가 평균 1년 4개월 정도 늦춰지는데, 그 기간 동안 구강성교나 항문성교를 더 자주 한다. 시기가 조금 늦춰져도 결국 미국의 청소년들은 다른 서구 사회의 10대들처럼 성 경험을 하게 된다. 그런데 미혼모가 되거나 낙태하는 경우가 몇 곱절이나 되고, 임질 발생률은 네덜란드나 프랑스의 10대들보다 70배나 높다.**17** 영화 〈다음 침공은 어디?〉에서 마이클 무어Michael Moore는 프랑스의 성교육 현장을 취재하고는 금욕으로 일관하며 미혼모들과 죄책감을 양산하는 미국의 성교육을 비판한다. 기업의 의사 결정에 정부가 간섭하지 말라며 규제 철폐를 소리 높이지만 여성들의 성적 자율권 행사엔 정부가 적극 간섭하고 규제하라고 외치는 미국의 보수 우파는 일관되지 못한 자신의 모순을 의식하지 못한다.**18**

한국도 미국과 비슷하다. 끓고 있는 성이라는 냄비를 잘못된 방식으로 짓누르려고만 하다 나중에 폭발하면 자지러지는 일을 반복하고 있다. 어른들은 불행한 지식과 암울한 믿음에 사로잡힌 채 아이들에게 자신들이 겪었던 고통의 시절을 대물림한다. 어른들은 그것이 옳은 길이라고 믿을지 모르지만 그 결과 아이들의 청소년기는 비참해지고 성의식은 처참해진다.

어린 시절에 수치심이 주입되면 담담하고 떳떳하게 성을 대하기 어렵다. 성욕을 억압하려는 태도가 소심하고 억압된 인간으로 만든다. 죄의식과 수치심과 공포가 아이들을 지배하게 해서는 안 된다. 사회에서 성을 가리고 가두면 사람들은 성의 미궁을 헤매는 죄수가 된다. 성에 집착하지 않게 하는 최선의 방법은 성을 비밀로 두는 것이 아니라 알고자 하는 만큼 가르치는 일이다.**19**

우리 사회는 아이들이 성에 무지해지도록 강압한다. 진실을 얘기하지 않는 부모와 교사를 겪으면서 아이들은 불안에 떨며 몰래 자위하고 거짓말을 익히며 경직되고 위축된 인간이 된다. 미국의사협회가 1972년에 자위를 청소년 성 발달의 정상적인 부분이며 아무런 의학 관리가 필요하지 않다고 천명하기까지 서구 사회는 자위를 막기 위해서 온갖 시술과 처벌을 가했다. 심지어 신생아의 포경수술도 위생과 관련된 것이 아니라 나중에 자위 행위 할 때의 흥분을 예방하기 위한 목적으로 광범위하게 시행됐다는 주장도 있다.[20] 남자의 신체 가운데 가장 민감한 포피를 아무런 이유 없이 잘라 내는 고통을 수많은 남성이 겪어 왔는데, 이것은 참담한 무지가 낳은 성폭력이다. 태어나자마자 마취도 안 하고 포경수술을 받는 갓난아이의 고통은 이루 말할 수 없이 끔찍하다. 관례화된 포경수술을 정당화할 의학 근거는 거의 없다. 칼을 사용해 모든 남성의 성기를 손봐야 한다는 발상 자체가 망상이다. 음경 포피는 남성의 몸에서 신경이 가장 많이 분포된 부분으로, 포경수술을 하면 성감이 줄어든다. 성 흥분이 되지 않아서 분비물이 충분하게 나오지 않은 여성과 성관계하면 음경 포피의 민감함 때문에 남성 역시 괴롭다. 강간은 여성이 원치 않고 여성의 신체가 준비되지 않았는데도 남성이 성기를 강제 삽입하는 폭력이다. 만약 포경수술을 하지 않아서 음경 포피가 민감한 상태라면 강제로 삽입하는 과정에서 남성도 아픔을 느끼게 될 것이다. 하지만 민감한 음경 포피가 제거된 상태에서는 조심스러움이 쉽게 사라질 수 있다. 그래서 포경수술과 강간은 연관 관계가 있을 수 있다고 미국의 의사 크리스티안 노스럽Christiane Norhub은 추측한다. 현재 유럽에서는 유대인을 제외한 어느 누구도 포경수술을 하지 않는다.[21] 다행히 최근에는 한국에서도 포경수술을 하지 않는 흐름이 확산되고 있고, 어린 남성들의 포피가 소중히 지켜지고 있다.

이제 여성 할례는 문화상대주의로 옹호할 수 있는 특수한 전통이 아니라 인권을 유린하는 야만이라는 사실이 널리 인식되고 반대운동이 전 세계에서 벌어지고 있는데, 아직 한국은 남성 할례에 대해서는 포피가 잘려나간 남성의 성기처럼 둔감하게 반응하는 상황이다. 별 생각 없이 횡행하는 포경수술처럼 우리의 성 지식은 참담하다. 비참한 성 지식은 처참한 성 도덕을 낳고, 그 안에서 사람들은 성을 부끄럽게 여기고 자신을 죄인이라 생각한다. 그리고 스스로 켕기는 게 많은 나머지 자신의 허물을 감추기 위해서 성에 과민 반응하고 누군가 조금이라도 성 관습을 어기면 열을 내며 공격한다. 충족되지 않은 본능은 불만족과 불안을 일으키면서 도덕의 탈을 쓴 잔혹함으로 변모한다. 기성세대는 자식들이 도덕성을 지닌 인간이 되길 바라며 좋은 의도로 성에 대한 억압을 시도했지만, 그 결과는 참혹하다.

요즘처럼 결혼하기가 쉽지 않은 사회에서는 혼전 순결이 위선처럼 느껴지기도 한다. 20세도 되기 전에 결혼하던 시절에 만들어진 혼전 순결을 현대에도 강요하는 사람이 많은데, 10대 시절에 성욕이 끓어올라도 조금만 참으면 곧 결혼했던 과거와 달리 지금의 사정은 다르다. 서른이 넘어도 태반이 결혼하지 못하는 현 상황에서 결혼하기 전까지 성관계하지 말라는 구태의 관습은 인간의 생리와 맞지 않기에 여러 부작용을 일으키게 된다.

번식을 위해서만 성관계하지는 않는다

성관계는 단순히 성기를 결합하는 행위만을 가리키지 않고 여러 형태의 성적 행위를 포함한다. 성관계의 의미를 성기 결합으로만 보면 성관계의 의미가 매우 협소해지고, 우리는 성도착자가 되곤 한다. 도착倒錯이란 기존 규범에 어긋나 있거나 뒤집혀 있다는 뜻인데, 프로이트가 성기 결합이 아닌 신체의 부위로 확장된 성행위 또는 성기 결합을 추구하는 과정에서 지나가야 할 중간 단계에 머무는 성행위를 도착이라고 말했기 때문이다.

> 성 목표 도착은 다음과 같이 분류될 수 있다. ① 성적인 결합을 위해 해부학적으로 성적 결합을 위해 마련된 신체 부위를 넘어서는 것(경계 초월), 또는 ② 일반적으로 최종적인 성 목표를 향해서 재빨리 지나가야 할 과정인데, 성 대상을 상대로 중도적 상태에서 지체하는 것. 이것이 성 목표 도착이다.**22**

프로이트에 따르면 손으로 신체를 애무하고 구강성교 하는 것은 흥분을 높이면서 성기 결합이라는 목적을 실현하기 위한 중간 단계인데, 거기서 멈추거나 거기에 집착하면 성도착자가 되는 셈이다. 대개 애무를 즐기다가 나중엔 성기 결합으로 이어지곤 하는데, 어떤 이들은 도착 행위에만 몰두한다. 특정 행위에 고착되어 흥분을 느끼는 이들이 있다. 예를 들면 물신성애fetish가 그렇다. 물신성애는 스타킹이나 뾰족구두 같은 사물에 집착하면서 성적 흥분을 느끼는 행태를 일컫는다.

현대 들어와 인간의 도전 정신과 상상력이 과감하게 펼쳐지면서 성기 결합을 전제하지 않는 성관계들이 대폭 늘어났으며, 성기 결합을 하더라도 재생산(출산)과 무관한 성관계가 이뤄지고 있다. 아이가 없는 부부들이 늘어나고 낳아도 하나를 낳는데, 부부가 자식의 숫자만큼만 성교하는 것은 아니다. 이제 자식은 하늘의 선물이 아니라 인간의 계획에 따른 산물이 되었다. 현대인들은 임신과 출산을 성기로 하지 않고 머리로 하고 있다. 우리는 성을 관리하고 계획하고 통제한다. '두뇌 출산'이 벌어지는 셈이다.[23]

성 행태의 변화는 피임 기술의 발전 덕분이다. 임신 공포에 불안해하거나 아이가 생기면 숙명처럼 무수한 아이를 낳던 과거를 지나 이제 여성은 성을 자신의 통제권으로 여기고 관리한다. 성이 다양한 방식으로 만들어 갈 수 있는 개인의 자산이 되면서 인간의 재생산과 분리되었다.[24] 더구나 성행위 하지 않아도 여러 가지 의학 기술로 임신이 가능해졌다. 성은 그 자체의 쾌감과 목적을 지닌 자율성의 영역이 되었다. 사회학자 에바 일루즈Eva Illouz는 섹스 그 자체의 정당화가 이뤄지면서 첫눈에 반한 사랑이라는 신비화된 포장지를 벗겨 왔다고 설명한다. 과거엔 성적 흥분이 첫눈에 반한 사랑이라고 미화되었던 반면 이제는 성욕에 대한 하나의 핑계라는 혐의를 받고 있다. 에바 일루즈는 성행위가 친밀성을 나누는 필수 요소이자 자기표현의 한 형태가 되면서 삶의 줄거리를 써 내려갈 때 사랑과 섹스는 별개의 평행한 영역이 되었다고 말한다.[25] 성이 자율성을 지니면서 감정의 얽힘 없는 하룻밤 관계를 비롯하여 다양한 형태의 관계가 늘어나게 되었다.

과거엔 성관계가 재생산으로 직결되었기 때문에 가족과 친지들은 성을 철저하게 통제했고, 집안끼리 거래하듯 혼인이 맺어지면서 권위에 순종하고, 아이들을 순풍순풍 잘 낳는 여자가 우대받고 자율성을 가지려던 여자에겐 온갖 박해와 멸시가 가해졌다. 현대로 접어들면서 친족의 간섭으로부터도 꽤나 해방되면서 성은 타인과 친밀함을 나누는 수단이 된다. 명절이면 친족들이 언제 결혼하느냐고 압박을 넣더라도 과거처럼 자신의 뜻과 상관없이 강제로 중매결혼 하는 시대는 저물었다. 이제 가족의 통제에서 벗어나 자신의 쾌감을 위한 성관계가 자연스러워졌다.

그렇다면 특정한 행위에 집착하면서 탐닉하는 '변태'들에게 너무 그악스레 손가락질할 필요가 없을지도 모른다. 물론 상대방이 원치 않는데 혼자만의 욕망에 몰두하면서 성행위를 강제로 시도하면 엄중하게 처벌해야겠지만, 두 성인의 합의를 통해 이뤄지는 행위라면 그 누구도 간섭하기 어렵다. 성교는 두 사람이 친밀함을 돈독하게 쌓으면서 행복을 느끼려는 행위다. 일본의 정신분석가 기시다 슈岸田秀는 성교는 취미라면서 같은 취미를 공유하는 사람들끼리 성교하면 그만일 뿐이고 남에게 자신의 취향을 강요하는 것은 치졸한 짓이라고 이야기한다. 그는 남에게 피해를 주지 않고 자신이 책임진다면 성교를 어떻게 생각하든 자유고 둘이 합의만 하면 어떤 행위도 자유라고 말한다.**26** 미국의 뇌신경학자 샘 해리스^{Sam Harris}도 희생자 없는 범죄는 죄가 아예 존재조차 하지 않는다면서 서로 동의해서 즐기는 성인들의 은밀한 쾌락에 누군가 밤잠을 설치면서 염려하고 있다면 시간이 남아도는 것이라고 일갈한다.**27**

남의 성생활이나 성 취향에 쏟는 지나친 시간과 분노의 열정을 자신의 몸에 대한 탐구와 자기 성생활에 쏟는다면 자신의 인생뿐 아니라 세상도 좀 더 상큼해지고 화창해질 것이다.

오이디푸스 콤플렉스

프로이트는 여성의 거세를 부인하려는 태도로 물신성애를 설명한다. 여성에게 남근이 없다는 걸 받아들이지 못하는 남자들이 성애화한 사물을 남근으로 여기면서 여성에게도 남근이 있다는 환상을 유지한다고 프로이트는 주장하는데, 이는 괴이쩍은 이론이다. 남근에 대한 집착과 우대는 사회에서 형성된 것이다. 여성의 남근 선망 또한 남성을 우대하는 분위기 속에서 생겨나는 현상인데, 프로이트는 이것을 자연스러운 본성으로 설정한다. 그렇게 오이디푸스 콤플렉스^{Oedipus complex}라는 이상한 이론이 출현한다.

아기는 엄마의 젖을 먹고 보살핌을 받으며 자란다. 태아에겐 '나'라는 자아가 없다. 엄마와 하나다. 자의식이 생겨나더라도 엄마에게 애착을 갖고 엄마를 포기하지 않으려는 현상을 프로이트는 오이디푸스 콤플렉스라고 부른다. 오이디푸스는 자신의 아버지를 죽이고 어머니와 동침한 그리스 신화 속 인물로, 엄마와 사랑을 나누고 한 몸이 되고픈 열망이 오이디푸스 콤플렉스다.

오이디푸스 콤플렉스는 거세 콤플렉스로 해소된다. 남자아이들은 모두에게 남근이 있다고 믿고 있는데, 남근이 없는 여자들을 알게 되면서 자신도 아버지에 의해 거세될 수 있다는 두려움에 엄마에 대한 집착을 거두면서 오이디푸스 콤플렉스에서 벗어난다고 프로이트는 주장했다. 그리고 성기가 잘려서 없어질 수도 있다는 두려움이 '초자아'의 발달로 이어지면서 남자아이들은 아버지와 같은 권위자의 명령에 복종을 잘한다고 설명한다. 초자아란 나를 감시하고 통제하는 내 안의 무서운 아버지다.

프로이트에 따르면 여자아이들은 남자아이들과 발달 과정 순서가 다르다. 여자아이들은 이미 거세되어 있고 그 다음에 오이디푸스 콤플렉스가 일어난다. 남근이 없는 여자아이들은 자신에게 남근을 주지 않은 어머니를 미워하고 남근이 있는 아버지를 욕망하면서 남근을 가지려고 한다. 그런데 남자아이들은 거세에 대한 공포를 통해 오이디푸스 콤플렉스에서 벗어나지만 여자아이들은 이미 거세되어 있으므로 오이디푸스 콤플렉스에서 벗어나는 거세 콤플렉스 작용이 없어서 초자아가 제대로 형성되지 않기 때문에 법을 준수하는 의식이나 위계를 지키는 태도가 떨어진다고 프로이트는 주장한다.[28] 위계질서가 강한 권위주의 가정에서 성장하느냐 또는 좀 더 친밀하고 개방된 가정에서 성장하느냐에 따라 달라지는 결과를 남성과 여성의 본성처럼 설정해 버린 것이다.

프로이트의 오이디푸스 이론은 반박된 지 오래다. 아기는 엄마의 젖을 빨지만 엄마와 근친상간하려는 게 아니다. 생존하기 위해 엄마를 사랑할 뿐이다. 엄마 역시 아이에게 젖을 먹이는 과정에서의 접촉을 성행위라고 생각하지 않는다. 프로이트는 인간에게 근친상간 욕망이 워낙 강하기에 금기로 막았다고 생각했으나 근친상간을 거부하려는 행동 체계는 타고난다. 이것이 핀란드의 인류학자 웨스터마크 Westermarck 의 이름을 따서 붙인 웨스터마크 효과다. 근친상간으로 태어나면 적응도가 떨어지면서 생존에 어려움을 겪고 자손을 더 적게 남긴다. 그래서 유성생식하는 생물은 되도록 근친상간을 배제하려는 본능을 갖고 있다. 수컷 유인원들도 근친상간을 피하고자 어느 정도 성장하면 자신의 무리를 자연스럽게 떠난다. 침팬지 암컷은 집단을 지배하는 수컷들의 감시를 피해 외부 수컷을 만나러 몰래 나간다.

최근 연구에 따르면 평상시와 임신 확률이 높은 배란기를 나누어서 젊은 여자들의 통화 내역을 비교하니, 딱 한 사람과만 통화량이 확 줄어들었다. 바로 자신의 아버지다.[29] 여성은 가임기가 가까워지면 무의식중에 아버지와 멀어지려고 한다. 자기 몸에서 태어나고 자신이 키웠기에 아들을 혈연관계라고 확신하는 어머니와 달리 먼 옛날에 아버지는 태어난 딸을 보면서 자기의 핏줄인지 확신하지 못했고, 자신의 딸이더라도 동떨어져 지내면서 성장한 딸을 알아보지 못해 근친상간이 드물지 않았다. 가까운 사람과 성관계를 피하려고 하는 본능은 왜 연인이 오래되면 열정이 사라지고 친근한 오누이처럼 되는지 이해하게 해 준다. 시간이 지날수록 부부 사이에 성관계 횟수가 줄어드는 현상도 우리의 번식을 담당하는 인지 체계와 연관되어 있을 것이다. 우리 행동의 대다수는 자동화된 인지 체계에서 무의식중에 처리되어 결정된다. 인간이 심사숙고해서 판단하고 행동하는 것은 생각보다 많지 않다. 그냥 감정이 일어나면서 특정한 행동을 하거나 피하게 된다.

프로이트는 웨스터마크 효과에 대해 들었으나 웨스터마크 효과는 없다고 일축하면서, 남성은 어머니와 누이를 향한 욕망을 지녔기에 근친상간을 막으려면 엄중한 금기가 있어야 한다고 줄기차게 주장했다. 웨스터마크 효과를 입증하는 증거들이 쏟아졌지만, 프로이트의 명성에 눌려 무시되었다.[30]

에리히 프롬Erich Fromm이 지적하듯 프로이트는 사랑과 성욕을 제대로 구분하지 못한 것이다. 에리히 프롬은 프로이트가 가부장주의에 갇혀 남성의 성욕으로만 인간의 성욕을 단정 지으면서 여성의 성욕을 무시했다고 따끔하게 비평한다.[31] 현대의 신경생리학에 따르면 사랑할 때와 성욕이 일어날 때 분비되는 호르몬이 다르다. 산모처럼 사랑의 호르몬이 과다 분출되지만 성욕의 호르몬은 적을 때가 있고, 술을 마시고 춤 출 때처럼 성욕의 호르몬은 과잉되지만 사랑의 호르몬은 별로 분비되지 않는 경우도 있다.[32] 굳이 성별로 나눠서 보면 여자는 사랑과 성욕이 좀 더 연관되고, 남자는 사랑과 성욕이 좀 더 구분된다. 그런데 프로이트는 성욕이 곧 사랑이라고 등치시켰다.

오이디푸스 콤플렉스에 대한 집착은 프로이트의 생애와 연관되어 있다. 결혼 전 30세까지 숫총각이었던 프로이트는 자위를 하도 해서 아버지한테 당장 그만두지 않으면 음경을 잘라 버리겠다는 위협을 받았다. 끝없이 솟구치는 성욕이라는 자연적인 욕망과 성기를 거세한다는 공포의 권위 사이에서 프로이트의 사상이 움튼 것이다. 그리스 신화 속 오이디푸스의 비극엔 미치지 못할지라도 오이디푸스 콤플렉스라는 이론의 탄생에도 비극적인 이야기가 숨어 있던 셈이다.

오이디푸스 콤플렉스의 그늘은 여전히 걷히지 않고 남아 있는데, 문화 예술인들에게 나름 활용되고 있다. 하나의 예를 든다면 박찬욱 감독의 영화 〈올드보이〉가 있다. 일본 만화 『올드보이』는 영문도 모르고 15년 동안 감금당했다 풀려난 사람이 자신을 가둔 사람을 찾아 대결하는 내용인데, 박찬욱 감독은 원작의 뼈대를 가져오되 복수하는 이유를 근친상간으로 바꾼다. 영화 속 최민식이 연기한 남자의 이름은 오이디푸스를 빠르게 발음한 '오대수'고, 가둔 자와 갇힌 자 모두 근친상간이라는 수렁에 빠져 허우적댄다.

남자의 정신세계

스트레스를 받으면 성별을 불문하고 성욕이 저하된다. 여성은 배란하거나 임신 상태를 끝까지 유지할 가능성이 줄어들며, 남성은 발기되지 않고 남성호르몬 분비가 감소한다.[33] 몸이 건강하더라도 불안이나 죄책감 같은 심리 문제가 심하면 성관계가 원활하게 이뤄지지 않는다. 남성이 일이 잘 풀리면 정력 자랑을 하다가도 실업 상태면 발기부전을 겪는 건 우연이 아니다. 성기는 신체의 일부지만 꽹장히 예민한 심리 기관이다. 원하지 않을 때 성관계를 하는 여자는 애액이 제대로 나오지 않는다. 자기 마음 상태가 성기 상태로 표출되는 것이다.

프로이트는 엄마와 맺었던 애착 관계에서 남자들이 쉽게 벗어나지 못하면서 생겨나는 심리 문제를 들여다본다. 남자들의 무의식에는 여성을 깨끗한 여자와 더러운 여자로 가르는 이분법이 있다. 어머니와 누이는 깨끗한 여자의 대표로, 성과는 전혀 상관없는 순결한 존재로 간주된다. 그래서 어머니나 누이와 같은 범주에 속하는 아내와 성교할 때면 근친상간이 떠오르면서 성행위가 잘되지 않는다고 프로이트는 설명한다. 여성이 원할 때마저 보호해 줘야 한답시고 성관계가 원활하지 않은데, 이와 반대로 자기가 판단하기에 더러운 여자들과는 별의 별 짓도 서슴지 않는다. 성은 더럽다는 생각 때문에 깨끗하다 여기는 여자에게는 수그러들던 성 능력이 더럽다고 여기는 여자에게선 유감없이 발휘된다. 밖에 나가서는 온갖 행태를 즐기던 남자들이 즐거움을 원하는 아내에게는 괴로움을 안겨 주는 것이다.

그런 성적 쾌락은 곱게 성장한 그의 아내에게서는 감히 느껴 보려고 시도도 할 수 없는 것이다. 따라서 자연히 그는 타락한 성 대상, 즉 윤리적인 측면에서 저속한 계층에 속하면서 그가 어떤 심미적인 가책을 느끼지 않을. 그러면서 그의 다른 사회적 관계는 알지도 못하고, 또 그의 그런 사회적 지위를 평가할 수도 없는, 그런 여성을 필요로 하게 된다. 그는 애정의 모든 감정을 격이 높은 여성에게 쏟아 부을 때도 자신의 성적 능력은 온통 그 저급한 여성에게 바친다. 이런 점에 비추어, 사회의 상류층에 속하는 남성들이 하층 계급의 여성을 평생의 정부情婦나 아내로 맞아들이는 경우가 드물지 않다는 것도 결국엔 심리학적으로 완전히 만족감을 얻어 낼 가능성이 있는 타락한 여성들에 대한 그들의 욕구에서 비롯되었다고 볼 수 있다.[34]

정신분석학이 성을 탐구하는 까닭은 인간의 정신이 성과 매우 긴밀하게 결부되어 있기 때문이다. 여성에 대한 뒤틀린 인식을 갖고 있거나 지나친 환상이나 혐오에 빠져 있으면 성관계가 삐걱거리게 된다. 한쪽의 여성은 존중하면서 조심스레 대하고 다른 쪽의 여성은 무시하며 거칠게 대하는 이분법에서 벗어나 성녀와 창녀라는 여성관을 극복하고, 사랑하는 여자와 어우러짐을 아름답게 즐길 때 두 사람 사이에 만족과 친밀이 피어오른다. 프로이트는 사랑에 있어서 진정 자유롭고 행복한 남성은 여성에 대한 존중의 마음을 극복한 사람들이라며, 어머니와 누이와 연관 지으면서 보호해 줘야 한다는 강박에서 벗어나야 한다고 얘기한다.[35]

성욕의 승화

프로이트는 성 만족을 어렵게 만든 금지 덕분에 문명이 생겨난다고 분석한다. 억눌린 성욕을 사회에 쏟아 부으면서 문명이 발전한다는 추론이다. 쉽사리 성 만족이 된다면 많은 사람이 성실히 노동하지 않기에 열심히 노동한 대가로 약간의 성 만족을 얻을 수 있는 사회 구조가 인류사 내내 있어 왔다는 얘기다. 문명의 역사는 여성의 살을 얻기 위해 남성이 노동하고 전쟁한 기록으로 읽어 낼 수 있다. 권력은 언제나 남성의 근육과 여성의 살을 주무르면서 세상을 지배해 왔다.

프로이트는 성욕을 전환할 수 있다는 승화 이론을 내놓았다. 성욕을 성관계하는 데 쓰지 않고 문명을 이룩하는 데 투입해 문화 예술을 창조한다는 것이다.[36] 하지만 승화는 무한히 이뤄지지 않는다면서 성 만족이 어느 정도는 필요하다고 프로이트는 얘기한다. 최소한의 성 만족이 사람마다 다르겠지만, 그 만족도 못 얻으면 기능장애가 생기고 불쾌감에 사로잡혀 몸과 마음에 병이 생기게 된다.[37] 프로이트는 성욕을 깡그리 창의력으로 전환시킬 수 없더라도 승화될 수 있다는 믿음을 갖고 자신의 논문 여기저기에서 승화 이론을 펼친다.

프로이트에 따르면 성욕을 승화시키면 품위 있는 문명인이 되는데, 최신 연구에 따르면 지식인이나 예술가일수록 성관계 횟수와 성관계 상대도 많고, 체위나 성교의 기술도 다양하며 새로운 체험을 위해 기발한 방법을 줄기차게 시도한다. 저급한 성욕을 승화시켜서 고상한 사람이 되는 게 아니라 고상한 사람들이 겉보기와 달리 성욕이 왕성하다. 가톨릭 신부 1백 명을 10년 동안 연구한 결과에 따르면 성생활을 단념한 결과 중요한 활동력이 증가했다는 증거는 전혀 나타나지 않았다. 오히려 금욕의 효과에 신부들은 의문을 제기했고, 금욕에 따른 불만족이 성직자 생활을 중단하는 가장 큰 동기였다.[38]

문명은 인간의 성욕을 억제하면서 발전했지만 만족되지 않은 성욕은 불만과 폭력을 잉태한다. 사상가 헤르베르트 마르쿠제Herbert Marcuse는 성의 억압이 문화를 만들지만 지나친 성의 억압은 문화를 파괴한다며 자제를 근본으로 발전한 문명이 자기 파괴로 기울어진다고 진단한다.[39] 마르쿠제는 또한 인간의 리비도는 다양한 형태로 승화할 수 있는데 갈수록 승화의 범위는 제한되고 승화를 추구하는 욕구도 약화된다면서 현대인들이 오로지 성기 결합 관계에만 치중하게 된다고 지적한다.[40] 충족되지 않는 삶의 본능은 파괴와 죽음의 본능으로 변질되어 문명을 위협하고 성을 지나치게 억압해 사회문제가 발생하므로 마르쿠제는 과잉 억압을 줄여야 한다고 목소리를 높인다. 그는 억압을 없애고 에로스를 해방하면 인간이 게으르게 놀거나 쾌락만 좇을 것 같지만, 사람들이 기쁨과 즐거움을 찾아 놀이하듯 살아가면서 지금과는 딴판으로 세상이 변하여 생산성은 조금 퇴행할지 모르지만 고차원의 진보가 이룩되리라고 내다봤다.[41] 프랑스의 사회학자 앙리 르페브르Henri Lefebvre는 과잉 억압 사회가 사람들을 짓누르는 방식과 수단을 수정했다고 이야기한다. 그는 과거처럼 국가와 권력이 나서서 사생활을 통제하는 것이 아니라 자유를 허용하면서 개인에게 맡기는 척하지만 억압의 임무를 가정의 부모나 각자의 의식에 떠맡기면서 훨씬 세련되고 교묘하게 억압의 기능을 얻고 있다고 주장한다. 그리고 우리는 각자 자신의 사제가 되어 자신에게 금욕을 강요하면서 성과 성욕을 희생양으로 바치고 있는데, 억눌린 욕망은 반항과 반역의 촉매가 되리라고 예측한다.[42]

　지식인들의 주장처럼 갈수록 사람들과 어울리고 사랑하는 일이 어려워지는 까닭은 현재의 문명이 성욕을 지나치게 억압하고 있기 때문인지 모른다. 자본주의 초기에는 억압이 좀 더 분명했다. 독일의 사회학자 막스 베버Max Weber는 개신교의 금욕과 자본주의의 발전을 연계해서 조명했다. 노동은 이미 오래전에 그 효과가 검증된 금욕의 수단이므로 교회는 노동을 존중해 왔는데, 특히 청교도들은 결혼 생활에서도 신의 영광을 증대하는 목적을 위해서만 성교하고 성을 스스로 억압했다. 성적 유혹을 극복하기 위해 절제된 섭생, 채식과 냉수욕, 자신의 직업에서 열심히 일하려는 청교도들의 소명 의식이 자본주의의 정신을 이루고 자본주의 발전에 거름이 되었다고 베버는 설명했다.[43]

　자본주의 발생에 대한 다른 이론들도 있지만 막스 베버의 설명에 따르면, 금욕을 머금고 자본주의가 태동했기에 여전히 금욕은 자본주의 안에 각인되어 있다. 성을 이용해서 유혹하고 광고하지만 막상 충족과 탐닉은 금지되어 있거나 소수의 권력자들에게만 허용된다. 섹시해야 하지만 섹스해서는 안 된다. 자본주의는 금욕과 노동을 강제하면서도 다른 한편으로는 대놓고 성을 상품화한다. 10대들마저 헐벗은 옷을 입고 관능의 몸동작을 하게 만들면서 한편으로는 청소년의 성을 지켜야 한다고 떠든다. 성은 분열된 상태로 끈덕지게 역동한다. 우리는 일상에서 격렬한 정사를 치르기보다는 자본의 전사가 되어 장렬하게 전사하고 있는 중이다. 성욕은 승화된다기보다는 자본에 의해 약탈되고 있는지 모른다.

수치스러워해야 하는 것은 성폭행 피해자가 아니다

사람들이 헛기침을 내뱉을 때 프로이트는 성을 연구해 나갔고, 당시로서는 파격적인 주장들을 펼쳤다. 지금의 관점에서 프로이트주의는 비난받을 만하지만, 프로이트가 현대 삶의 핵심 문제인 성을 파악했기 때문에 깡그리 부정하는 것은 불가능하다.**44**

프로이트가 역사에 길이 남을 사상가가 된 까닭은 그동안 쉬쉬하며 외면했던 성을 직면하고 도전했던 용기 덕분인데, 그의 용기는 주춤해졌다. 프로이트는 수많은 여성 환자를 상담하면서 어릴 적 성적 외상Trauma에서 히스테리가 비롯된다는 것을 깨닫고는 신경증을 앓는 요인은 성 요소 안에서 구해야 한다고 강조하면서 다양한 성적 요소가 다양한 신경증을 일으킨다는 주장을 펼쳤다.**45** 하지만 이후에 프로이트는 뚜렷한 성적인 외상과 폭력이 아닌, '성적 억압'이라는 추상화된 용어를 쓰면서 자신의 통찰을 이어가지 않았다.

이제 히스테리적 성격은 정상적 수준을 훨씬 넘어서는 성적 억압이라는 것이 분명해졌다. 성적 억압이란 수치심, 혐오감, 도덕과 같은 것으로서 성 충동에 대한 저항이 상승된 것이며, 성적 문제에 대해서 (고상한) 지적인 반응을 보임으로써 본능적으로 이러한 문제로부터 도피하는 것과 같다. 이러한 도피가 심할 경우, 인간은 성숙한 나이가 될 때까지 성적으로 완벽하게 무지한 상태가 지속, 유지되는 결과를 낳는다.[46]

어려서부터 원치 않은 성 경험을 당했다는 환자들의 고백이 사실이고 이것이 히스테리의 원인이라면 여성에 대한 성폭력이 만연해 있다는 걸 주장하는 꼴이 된다. 유럽의 중산층 가족들 사이에서 아동 성 학대가 빈발하다는 결론에 프로이트도 겁이 난 나머지 성욕의 힘과 거부하려는 저항 사이에서 도망치려는 출구로써 질병이 발생한다는 평범한 의견을 제시한다. 미국의 정신의학자 주디스 허먼Judith Herman은 프로이트가 더 이상 히스테리 문제를 공론화하지 않은 것을 비판하면서 실제로 여성의 히스테리는 성적 외상과 연결되어 있다고 힘주어 이야기한다.[47]

프로이트가 성폭력을 당하는 피해자들의 고통을 공론화하는 데 멈칫했듯 성폭력에 따라 발생하는 여성의 고통과 곤경은 여전히 강요된 침묵 속에 갇혀 있기 일쑤다. 가까운 사이에서 성폭력이 일어나면 대개 가해자는 피해자보다 높은 지위와 권력을 지니고 있기 때문에 친했던 사람들조차도 피해자에게 등 돌리는 일이 벌어진다.[48] 피해자는 자신의 얘기를 들어주기는커녕 자신을 멀리하거나 적대하는 사람들에 의해 제2차 피해를 입고 인간관계 바깥으로 추방당하고 고립된다. 성폭력의 악몽이 또 다른 방식으로 재생되는 셈이다. 가해자에게 내려지는 처벌은 피해자 치유의 기본이다. 가해자 처벌이 제대로 이뤄지지 않는다면 성폭력 피해자는 원만하게 사회생활을 하기가 어렵다. 피해자는 길거리 맞은편에서 걸어오는 사람을 자신을 추행하려는 범인으로 인식하면서 공황에 빠지기 쉬운 상태가 된다.

어떤 누구도 끔찍한 상상을 되새김질하고 싶지 않고, 사회가 질서 잡혀 있고 안전한 곳이라고 믿고 싶은 우리는 우리의 믿음을 확인시켜 주는 사실들만 부각시키려고 하는데, 이 사회에서 상처받고 희생당한 사람들은 그들의 존재 자체만으로 세상의 어둠을 끄집어내는 셈이다. 사회의 그늘을 응시하는 것은 힘들고 불편하기에 우리는 거부감을 갖고 그들을 외면하게 된다. 그래서 우리가 현실과 직면하기를 꺼려하는 걸 극복하고 생존자들의 증언에 귀를 기울일 용기부터 키워야만 타인의 상처와 아픔을 이해할 수 있다고 외상 치료의 권위자 베셀 반 데어 콜크Bessel Van Der Kolk는 목소리를 높인다.**49**

미국의 철학자 수잔 브라이슨susan brison은 프랑스로 여행 가서 산책을 나갔다 강간당하고 간신히 살아남는다. 강간범은 처벌받았지만 수잔 브라이슨의 모든 것이 변해 버렸다. 우울증에다 자기혐오로 여성의 신체와 운명을 저주하면서 기존의 밝은 성격이 파괴됐다. 거기다 성폭력 피해자를 어떻게 대해야 할지 몰랐던 지인들은 부적절한 위로를 건네거나 침묵하면서 수잔 브라이슨에게 더 큰 상처를 안겼다. 하루에도 몇 차례 발작하면서 길거리로 나가는 일조차 두려워하던 수잔 브라이슨은 변해 버린 자신을 인정하고 세상을 변화시키기 위해 싸우기로 다짐하면서 성폭력의 고통에서 조금씩 빠져나온다. 여전히 하루에 몇 번씩은 낮잠을 자야만 하고 뉴스에서 들려오는 사건 사고 소식에 힘겨운 나날이 이어졌지만, 수잔 브라이슨은 세상을 변화시키는 싸움을 피할 수 없다는 단호함을 통해 자신감을 회복한다. 그리고 자신은 많은 약점을 가지고 있다는 걸 알고, 이미 돌이킬 수 없이 인생이 변해 버렸지만 어느 때보다 더 강해졌다고 말한다.[50] 또 다른 성폭력 피해자는 자신의 피해 사실을 믿지 않으려 하는 주변 사람들에게 배신감을 느끼면서 기존 친구에 대한 신뢰를 잃었지만 자신이 더 이상 순진하지 않다고 느끼게 되었고 인간과 세상살이에 대해 깊이 의문을 품고 사유하게 되었으며, 자기 안의 강인한 힘을 깨닫고 타인들에게 진실한 모습을 조심스럽게 노출하면서 이전에는 나누지 않았던 주제들로 대화하게 됐다고 한다.[51] 주위 사람들의 애정과 염려 속에서 일어난 변화다.

상처를 받은 사람이 힘겹게 자기 목소리를 낼 때 우리가 좀 더 그들의 분노와 억울함에 귀를 기울이고 가해자가 아닌 피해자의 편에 선다면 그들은 좀 더 치유받을 수 있을 테고, 세상은 좀 더 좋은 곳이 될 것이다. 사내 성폭력을 신고했으나 자신의 말을 들어주기는커녕 되레 꽃뱀으로 몰렸지만 포기하지 않고 싸워 나간 한 여성은 자신이 잘

못한 일이 아니고 고개를 숙여야 하는 사람은 자신이 아니기에 자신은 부끄럽지 않다고 말한다.[52]

수치스러워하면서 숨어야 하는 건 성폭력 피해자가 아니라 성폭력 가해자다.

여성의 욕망이란 무엇인가

프로이트는 자신의 환자였다가 정신분석가가 된 마리 보나파르트Marie Bonaparte에게 편지를 보내 자신이 30년 동안 여성을 연구했지만 여성이 무엇을 욕망하는지에 대한 질문에 대답할 수 없었다고 토로했다. 평생에 걸쳐서 수많은 여성을 상담하고 치료한 프로이트에게조차 여성은 신비였으니, 여느 남자들에게 여성이란 알 수 없는 수수께끼일 수밖에 없다.

그런데 프로이트의 이 물음은 우문이다. 여성은 단일하지 않다. 남성의 욕망이 비슷하면서도 다양하듯 여성의 욕망 또한 하나로 묶이지 않는다. 하지만 그동안 여성은 개별 주체로서 인식되기보다는 하나의 집단으로 도매금에 넘어가기 십상이었고, 여성의 욕망 가운데 성욕은 심리의 베일에 감춰져 왔다. 불과 얼마 전까지도 여성에게 성욕이 있는지 없는지를 토론하는 황당한 일이 종종 발생하기도 했다.

여성의 욕망은 공개되어 드러나는 일이 드물었고, 여성은 욕망을 표현할 권리도 없었다. 민주주의 시대를 맞아 모두가 욕망을 표현하고 실천해서 이제 사람들이 자유로워졌다고 평가하기엔 욕망의 문제는 그리 간단하지가 않다. 나의 욕망이 과연 진정한 욕망일까에 대해서 남자든 여자든 의문을 가질 수밖에 없는 세상이다. 게다가 성폭력의 위험이 늘 도사리는 사회에서 여자들이 성을 향유하기란 만만치가 않다. 그 결과 여성의 성욕은 사회 조건에 따라 빚어진 안전과 안정에 대한 욕망의 뒤편에 숨기 일쑤고, 남자들은 정신 바짝 차리고 여성의 욕망을 알려고 하지만 대체로 허방을 짚게 된다.

미국의 정신분석가 필리스 체슬러Phyllis Chesler는 프로이트의 악명 높은 질문 '여성이 원하는 것은 무엇인가'에 대답한다. "초심자들을 위해 해 주는 특별한 순서 없이 언급해 보자면 여성들은 자유, 음식, 자연, 은신처, 여가 시간, 폭력으로부터의 자유, 정의, 음악, 시, 비가부장제적인 가족, 공동체, 만성적이거나 생명을 위협하는 질병과 죽음의 순간 동안 해 주는 특별한 배려와 지원, 독립, 책, 육체적(성적)인 쾌락, 교육, 고독, 자신을 방어할 수 있는 능력, 사랑, 윤리적인 우정, 예술, 건강, 존엄한 고용, 정치적인 동지를 원한다."[53] 열거된 이 내용들은 남성도 다 원하는 것들이다. 그런데 남성에게 원하는 걸 물으면 남자들은 이렇게 자세하게 나열하지 않는다. 이것이 남자와 여자가 느끼는 사회 환경의 차이이고, 여성과 남성의 성차다.

여성의 욕망을 좀 더 좁혀서 성욕에 초점을 맞추면 성욕은 여성마다 다양하다. 남성의 욕망은 뚜렷하고 고정된 반면에 여성의 욕망은 훨씬 유연하고 유동적이다. 그래서 여성이 원하는 성관계란 무엇이

냐는 물음에 대한 적절한 답은, 여성은 사정에 따라 다르다는 것이다.**54** 남자들이 좀처럼 이해하지 못할 정도로 여성의 욕망이 다채로운 까닭은 여성이 자신을 에워싼 맥락에 따라 변이하면서 적응하기 때문이다.

여성의 욕망과 성욕의 표현 방식이 복잡함에도 여성을 어림잡고 싶어 하는 이들에게 귀 기울일 만한 도움말이 있다. 미국의 여성학자 벨 훅스Bell Hooks는 가장 멋진 섹스와 가장 만족스러운 섹스를 나눈다. 여성이 무엇을 원하는지 잘 아는 유혹의 달인들과 대단히 멋진 섹스를 나누었는데 그들은 쾌감만 주었지 더 이상 깊은 관계로 진전하지는 않았다고 벨 훅스는 자신의 성생활을 돌아본다. 이에 반해 기교도 부족하고 요령도 떨어지지만 사랑으로 맺어진 남자와 성관계할 때는 아주 만족스러웠다고 조언한다. 그리고 육체의 쾌락은 사랑의 관계를 더욱 강하게 접착시켜 주지만 육체의 쾌락만으로는 사랑이 태어나지 않는다며 여성에게는 쾌감을 추구하는 것도 중요하지만 사랑을 나누는 사람과의 관계도 중요하다고 얘기한다. 벨 훅스는 남자들이 섹스를 갈망만 하지 사랑을 공부하지는 않는다고 탄식한다. 남자들은 자신의 성기 크기에 불안해하고, 삽입 후 사정 시간을 지연시키고자 정력 증강 음식에 눈이 벌게지는데, 어떻게 하면 여자와 깊은 사랑을 주고받을지에 대해선 거의 고민하지 않는다.**55** 기교와 정력에 대한 관심만큼 사랑을 연습하고 훈련해야 한다는 얘기다.

인간에게 자신의 마음처럼 알기 어려운 것은 없다. 내 마음에 땅

거미가 져 있기에 남의 마음을 헤아리는 일도 칠흑 속 길 찾기처럼 느껴진다. 더군다나 남자의 마음은 좀 단순하게 작동하는 편인데 비해 여성의 마음은 음부陰部다. 여자들도 자신을 잘 알지 못하는 데다 남자들에게 별로 알려지지 않은 채 그늘져 있기 때문이다. 온갖 포르노가 넘쳐나는 현대에 여성의 마음은 진정으로 닿기 어려운 음부로서 아직도 멀리에서 어른거리고만 있다.

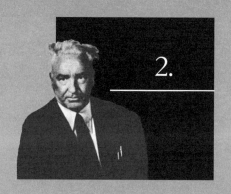

2.

당신의 가면을
벗어라

빌헬름 라이히
『오르가즘의 기능』

잔 로렌조 베르니니, 「성 테레사의 환희」(1647~1652)

베르니니는 아빌라의 테레사 수녀가 체험한 황홀경을 정성 들여 조각했다. 아빌라의 테
라사 수녀는 오랫동안 금욕하면서 신에게 다가갔는데, 그 결과 정말로 신과 합일하는 황
홀한 체험을 했다. 아빌라의 테레사 수녀가 서술한 황홀경의 체험을 보면 놀랍게도 여성
이 남성과 성관계를 하는 데서 얻는 경험과 유사하다. 성을 극복하고자 인간은 금욕하더
라도 그 금욕 자체가 성욕에 물들어 버려서 성적 흥분을 일으킬 수 있는 것이다. 빌헬름
라이히는 성(聖)스러움과 성(性)스러움의 연관성을 냉철하게 짚는다. 성욕은 성스러움의
동력으로 전환될 수 있는데, 성욕으로부터 빚어지는 불만이 성스러운 명예로 보상받게
되는 것이다.

저주받은 사상가

유고슬라비아의 감독 두샨 마카베예프Dusan Makavejev는 〈W.R.: 유기체의 신비〉를 찍으면서 한 사람을 추모하고 추억한다. 바로 빌헬름 라이히(Wilhelm Reich, 1897~1957)로, 영화 제목으로 쓰인 W와 R은 빌헬름 라이히 이름의 첫 글자다. 영화도 강렬하지만 빌헬름 라이히의 사상은 훨씬 더 강력한 기운을 갖고 있다.

프로이트의 제자였던 빌헬름 라이히는 공산당에 가입해 성 정치 운동을 전개했다. 지금이야 역사의 뒤안길로 사라졌지만 당시엔 사회주의와 공산주의는 시대를 앞서 나가는 사상이었고, 젊은 지성들이 푹 빠져들었다. 그런데 좌파 의료 조직을 결성하고 성 위생 상담소를 설치해서 피임, 낙태, 출산 등 당시엔 생소한 성 지식을 노동자들에게 홍보한 빌헬름 라이히는 공산당 안에서 이단으로 취급받고 배척당한다. 라이히의 급진성은 정신분석학회의 회원들과 부딪히고 프로이트와 부대끼면서 정신분석학회에서도 제명당한다. 라이히는 어디에도 담아내지 못할 뜨거운 불이었다. 이토록 사람들이 질겁한 까닭은 성에 대해 이야기하더라도 실행에 대해선 다들 딴전을 피우고 있을 때 빌헬름 라이히는 성관계의 필요성을 진지하게 소리치고 진중하게 글을 써 내려갔기 때문이다.

정신분석학에서는 자각하지 못하는 무의식의 문제를 의식에서 이해하고 통합해야 신경증을 비롯한 여러 증세들이 치료된다고 설득했는데, 빌헬름 라이히는 성관계를 통해 오르가슴을 느껴야만 인간이 온전하게 치유될 수 있다며 일상에서 성관계를 원활하게 하는 것이 건강에 필수라고 주장했다. 프로이트 사상에서 가장 빛나는 대목은 리비도에 대한 통찰이라고 평가한 빌헬름 라이히는 프로이트가 명성이 높아질수록 초기의 급진성을 회피했다고 비판하면서, 프로이트와 자신의 충돌은 교육을 잘 받은 중산층의 안락한 세계와 평범한 사람들의 진실한 삶의 충돌이라고 얘기한다.[1] 프랑스의 저술가 다니엘 게랭Daniel Guerin은 성혁명의 가능성을 품고 있던 초기 프로이트의 계승자로 라이히를 평가하면서 프로이트가 자신의 대담한 성 이론을 완화하고 성에 가해지는 폭력을 더 이상 고발하지 않으며 보수 기득권이 되자 라이히가 불만을 품었다고 기록한다.[2]

인간은 성관계를 통해 기쁨과 쾌락을 얻어야 행복할 수 있다는 빌헬름 라이히의 주장은 어찌 보면 상식일 법한 얘기인데, 막상 입을 열어 말하고 글 쓰는 사람은 지금도 매우 드물다. 더 나아가 라이히의 파격성은 이론에 그치는 게 아니라 대중 속에서 성 문화를 개혁하려 한 데 있다. 프로이트는 사람들이 문명의 성 도덕에 억압당하면서 신경병에 걸리고 성 기능의 저하를 비롯한 여러 문제들이 일어난다고 갈파했다. 그러나 인간들이 겪는 문제의 원인을 규명하고 진단하는 데는 주력했지 문제의 원인이 되는 문명과 사회도덕의 변화를 강력하게 요구하지는 않고 의뭉스럽게 뒷짐을 졌다. 그런데 빌헬름 라이히는 대놓고 성 문화를 변화시키려는 사회운동을 벌였고, 정신분석학자들은 거부감을 표시하고 손가락질을 했다. 일반 정신분석학의 흐름에서 벗어나 자신의 사상을 개척한 빌헬름 라이히는 정신분석가들이 성생활에 만족하지 못하고 불안해하기 때문에 성을 연구하면서도 불편하게 여긴다고 비판했다.

빌헬름 라이히에게는 성 해방이 중요할 수밖에 없는 이유가 있다. 어머니가 가정교사와 사랑에 빠진 사실을 라이히가 아버지에게 알리자 어머니가 자살하고, 3년 뒤엔 아버지도 죽는다. 어머니를 죽게 만들었다는 죄책감과 외도한 어머니에 대한 증오로 뒤엉킨 채 성을 혐오하기 쉬운 상황이었지만 라이히는 성 해방 쪽으로 시선을 돌린다. 성에 대한 억압과 엄격한 성 도덕이 아니었다면 아버지가 아닌 다른 남자를 향한 어머니의 사랑도 인정받을 수 있었을 테고 어머니가 자살하지도 않았을 테니 말이다.

인간에게 성은 끊임없는 흥미와 줄기찬 자극이기만 어떨 때는 목숨을 끊게도 하는 무시무시한 위협이 된다. 성 때문에 고통과 위험을 겪다가 죽어야 하는 사회가 아니라 성 덕분에 행복과 즐거움이 넘치는 세상이 되기 위해서라도 인간은 사랑과 성을 잘 알아야 한다고 여긴 빌헬름 라이히는 이렇게 말한다. "사랑과 노동 그리고 지식이 우리 삶의 원천이며 이것들이 우리의 생활을 지배해야 한다."[3]

애인과 사랑을 나누겠다고 아버지에게 말할 수 있을까?

현실에서 남성과 잠자리를 하는 여성은 누군가의 딸이다. 그런데 딸과 아버지 사이에서 성에 대한 얘기는 가뭄에 콩 나듯 나지도 않는다. 부모와 자식 사이에서 성은 대화의 주제로 적합하지 않다고 여긴다. 딸을 그렇게 사랑한다면서 자식의 고민과 문제들에 발 벗고 나서지만 정작 성 앞에선 성만 내며 붉으락푸르락해진다.

요즘 젊은 아빠들은 과거 세대보다는 성 인식이 높아져서 딸에게 연애를 권장하고 많은 경험을 해 보라고 이야기한다. 하지만 성관계는 은밀하게 통제하거나 적극 만류한다. 무의식 차원에서 딸을 뺏긴다는 질투가 조금 있을 수도 있고 나중에 딸 혼사에 지장이 있다는 걱정도 있겠지만, 그보다는 정서 차원에서 성에 대한 불편함에 붙들려 있기 때문이다. 자신에게 허락받지 않고 딸과 사랑을 나눈 남자에게 터져 나오는 아버지의 폭력성과 적대감은 자식을 소유물로 여기는 관습과 성을 대하는 자신의 태도에서 비롯된다. 성을 위험하고 천하게 여기니 자신의 딸이 사랑해서 하는 성행위마저 받아들이지 못한다.

예를 들어 왜 아버지는 딸의 사랑 행위를 '더럽히는 행위'라고 느끼는가? 그것은 무의식적인 질투 때문만은 아니다. 이것은 때론 살인까지도 저지를 수 있는 아버지들의 과격한 반응을 설명하지 못한다. 성기적 성은 사실상 천하고 더러운 것으로 여겨진다. 평균적인 남자에게 성행위는 단지 배설 행위나 정복의 증거이다. 여성은 본능적으로 그리고 당연히 이에 저항하고, 그녀의 아버지도 마찬가지다. 이러한 조건 아래에서는 성이 결코 즐거운 어떤 것을 의미하지 않는다. 성적인 것의 천함과 위험에 관해 오늘날 세상에서 쓰인 모든 것들이 여기에서부터 설명된다. 그러나 이러한 '성'은 자연스런 사랑이 병적으로 왜곡된 것이다. 그것은 모두가 몹시 갈망하는 진정한 사랑의 행복을 완전히 가려 버렸다.**4**

아직도 여성을 성의 주체성을 지닌 존재로 여기지 않는 분위기다. 아들에게 여자 친구가 있으면 대수롭지 않게 여기는 부모라도 딸에게 남자 친구가 생기면 근심한다. 부모들은 자기 딸이 이성 교제 없이 크다가 혼기를 맞아서 난데없이 훌륭한 남편감을 데리고 나타나기를 바란다. 하지만 이것은 모순된 일이다. 인간은 자신의 경험과 시행착오를 통해서 성장하고, 자신이 겪은 사람들의 폭만큼 타인을 이해하기에 남성과 사귄 경험이 적다면 어떤 남성이 좋고, 어떤 남자가 자신과 맞는지 알기 어렵다. 부모는 딸의 이성 경험을 차단하고 딸을 위하는 일이라면서 성에 무지하도록 압박을 넣어 결국 딸의 미래를 망치곤 한다.

성을 더럽게 여기고, 여성을 보호해 주겠다면서 여성의 성적 권리를 인정하지 않는 관습은 왜곡된 문화이며 정신이 병든 상태라고 빌헬름 라이히는 지적한다. 사랑하는 사람끼리 자연스럽게 성관계하는 것은 모두가 몹시 갈망하는 행복인데, 자연스러운 성생활의 감각을 잃어버리면 사랑을 나누는 타인을 비난하게 된다. 성이 사랑과 소통이라는 풍토에서 행복과 쾌락이라는 열매로 맺히는 게 아니라 배설과 위험이라는 풍토에서 자라 모욕과 죄악이라는 열매로 맺히고 있다. 제대로 된 성 지식을 가르치기보다는 성의 쾌락을 저주하면서 인습주의자들이 활개를 친다. 성을 둘러싼 환경과 인식이 비틀려 있기 때문에 성에서 만족을 누리기란 쉽지 않다. 많은 사람들이 평화롭지 못하고 전쟁 상태다. 내가 나를 억압하는 내전을 치르거나 끝없이 상대를 정복하려는 전투를 벌인다. 그 과정에서 성은 입에 담지 못하는 성난 괴물처럼 우리의 삶 한복판에 도사리게 된다.

여자들은 더더욱 방어적인 태도를 취할 수밖에 없다. 성과 연결되면 남들이 다 수군거리면서 조리돌림이 이뤄지고 한 여성의 인생은 벼랑으로 내몰리기 때문이다. 그동안 인류사에서 여성은 정복하고 사냥해야 하는 먹잇감에 가까웠다. 앞 시대의 여자들은 강간과 다를 바 없는 성행위를 당하고 자신은 더럽혀졌다면서 체념하듯 결혼했던 일이 비일비재했다. 황혼 이혼을 하는 부부들을 살펴면, 강간에 가까운 성관계 후 결혼을 한 뒤 폭력에 시달리다 아이들이 다 크고 나서 이혼을 감행하는 경우가 많다. 과거에는 '강제된 성'과 '동의된 성'을 구별하기가 쉽지 않았다.[5] 오싹하게도 그동안 데이트 강간이 남녀 사이의 데이트 과정으로 간주되어 왔다. 강제 성관계를 통해서 성을 학습하고 욕망을 구성했던 여성들은 자신의 경험을 나중에는 사랑이라고 치부했다. 이제 여성의 의식도 올라가고 성적 자율권이 확보되었으나 과거의 습성이 말끔하게 청산되지 않은 상태다. 성폭력을 사랑의 행위라고 믿는 남자들도 있고, 내가 얼마나 좋으면 남자가 이토록 집착하느냐며 은근한 자기만족에 사로잡힌 여자들도 있는 지경이다. 요즘도 연애를 고민하는 남자에게 상대 여자를 자빠뜨리라 충고하고, "따 먹는다"는 표현이 너무나 흔하며, "먼저 도장 찍는 놈이 임자"라는 말들이 남자들 사이에서 웅성거린다. 그런데 이런 표현과 행위가 여성에 대한 폭력임을 자각하는 남자는 그리 많지 않다. 그래서 어느 지방 도시의 기차역 통로에는 이런 현수막이 걸려 있기도 했다. "성폭력은 범죄입니다."[6]

빌헬름 라이히는 불행한 성생활을 하는 여성을 상담하면서 몸과 마음의 통합이 얼마나 힘든지에 집중한다. 성관계가 여성을 배려하면서 진행되지 않고 여성들이 굴복할 수밖에 없었던 성교 방식의 본질을 알아차린 라이히는 여성들이 몸으로는 욕망하더라도 마음으로는 성행위를 거부하고 저항하는 것을 이해했다.[7] 그래서 라이히는 사랑을 통해 성관계가 자연스럽게 이뤄지는 세상을 꿈꾸면서 성관계는 모욕이나 폭력이나 정복이 아니라 서로가 서로를 행복하게 만드는 사랑의 포옹이라고 목청을 돋운다. 모든 인간이 성을 통해 사랑을 나누고 싶은 욕망이 있는데, 성을 둘러싼 인식의 왜곡 때문에 부자연스러운 감정과 사회문화가 형성되었다고 빌헬름 라이히는 설명한다.

모두가 성을 탐내면서 두려워한다. 겉으론 쉬쉬하지만 밤이면 술 마시고 여러 유혹에 흔들린다. 어느 누구도 성 앞에서 떳떳하고 건강하기가 힘들다. 그래서 빌헬름 라이히는 성혁명과 성 해방을 주창한다. 단순히 신경증 환자들을 치료하거나 고통을 덜어 주는 일만 할 게 아니라 사회 차원에서 성 문화를 개혁해야 한다는 얘기다. 라이히는 성 문화를 변화시켜야만 왜곡된 성 문제들이 해결되고 신경증이 예방되면서 남녀가 행복하게 성생활을 할 수 있다고 전망했다.

오르가슴 불능의 남자

수많은 환자들을 상담하던 빌헬름 라이히는 사람들이 성관계하더라도 오르가슴을 못 느낀다는 걸 알아낸다. 많은 여성이 불감증이고, 많은 남성이 조루나 발기부전이다. 성을 더럽게 여기면서 자연스런 성관계를 맺지 못한 결과, 심리 문제와 함께 성 능력이 망가진 것이다. 그런데 사람들은 성을 더럽게 여기면서도 끝없이 성행위를 한다. 성은 불쾌한 것이라 생각하면서도 쾌감 때문에 얽매인다. 불쾌한 쾌감의 관계에 사로잡혀 있는 것이다.

라이히는 자신의 환자들이 예외 없이 성기 기능에 심각한 장애가 있는데, 남성들이 여성을 뚫고 압도하고 정복하는 왜곡된 의미로 성교를 받아들이고 있었다고 진단한다. 성관계에 몰입하면서 자신의 의지가 완화되는 무의지성과 주의력 상실이 일어나면서 오르가슴이 생기는데, 많은 환자가 자신을 놓아 버리는 해방감을 얻지 못하고 오르가슴도 느끼지 못한다. 여성과 많이 관계하고자 애쓰며 성관계를 한 여성의 숫자를 자랑으로 떠벌리는 남자들일수록 막상 온전한 오르가슴을 느끼지 못한다.

> 내 환자들이 자신들의 성행위 시의 행위와 경험을 정확하게 기술하면 할수록, 그들 모두가 예외 없이 성기 기능의 심각한 장애를 가지고 있다는 나의 임상적 확신은 더욱 확고해졌다. 특히 그것은 가능한 한 많은 여성을 소유하거나 정복하려 하고, 하룻밤에 여러 번 '할 수 있다'고 크게 떠벌리기 좋아하는 남성들에게 들어맞았다. 그런 남성들은 비록 발기 능력은 대단하지만 사정 순간에 전혀 쾌감을 경험하지 못하거나 아주 적은 쾌감만을 경험하고 심지어는 정반대의 것, 즉 혐오감과 불쾌감을 경험하기도 한다는 것이 명백해졌다.[8]

남자들은 틈만 나면 성관계하고자 아등바등하며 성욕에 불타오르고 얼큰하게 취해 어디까지 진도를 나갔는지 열을 내지만 상대를 얼마나 사랑하며, 관계가 깊어지면서 자신이 얼마나 기뻤으며, 만족하고 행복했는지는 이야기 나누지 않는다. 무용담은 차고 넘치지만 행복담은 들리지 않는다. 남자들은 아주 어려서부터 남자다워야 한다는 강박에 시달리면서 길러지고 자라다 보니 몸의 변화에 반응하면서 상대와 느낌을 나누려 하기보다는 얼마나 많은 여자와 잤는지 여부와 여자에게 짜릿함을 주면서 인정받아야 한다는 강박에 얽매여 성교 기계처럼 움직인다. 많은 남성이 강박 증세를 보이는데, 상황을 지배하기를 원하는 강박증자들은 자신의 행동을 상세하게 계획하고 타자의 욕망을 지배하려 하므로 성교할 때마저도 계속해서 계획하고 생각하고 말하면서 자신과 타인의 욕망과 쾌락을 통제하려 든다.**9** 일본의 사상가 모리오카 마사히로森岡正博에 따르면 많은 남성이 실제론 불감증이면서도 막상 성관계는 잘하려고 몰두한다. 남자들은 제대로 발기할 수 있는지, 그리고 여자를 느끼게 할 수 있는지로 자신을 평가하고, 이를 잘 해낼 때 어깨를 으쓱해하면서 콧대를 세우게 된다. 그래서 남자들은 사정하고 나서 만족과 행복보다는 공허함과 부질없다는 감정이 덮쳐 오더라도 자신의 감정에 집중하지 않는다. 오로지 자신이 남자답게 성관계를 잘해서 여자에게 만족을 줬는지만 집착하기 때문에 자신의 불감증은 안중에 없다.**10**

많은 남성이 사정하면서 약간의 짜릿함은 느낄지언정 충만한 희열과 아늑한 전율을 맛보지는 못한다. 오히려 짧은 쾌락 뒤에 이어지는 덧없음과 허무함에 사로잡힌다. 상대와 소통하면서도 자기 감각에 집중하다 끝내 자신의 의지가 와해되어야 오르가슴을 느낄 수 있는데, 남자들은 자신의 신체를 도구 삼아 상대를 정복하면서 인정받으려고만 한다. 독일의 사회학자 울리히 벡Ulrich Beck은 정욕의 목적이 일단 성취되고 나면 매혹의 대상이었던 타인의 육체가 어떤 매력도 없는 낯선 살덩어리로 보이는 상황을 이야기한다. 방금까지만 해도 너와 내가 하나가 되고 압도하는 흥분과 절박한 짜릿함으로 뒤엉켰던 그곳에서 많은 사람이 육류 검사관과 흡사하게 상대의 몸을 평가하고, 소와 돼지를 그저 한낱 고깃덩어리로 바라보는 푸주한의 눈길로 서로를 응시한다.**11** 프랑스의 시인 샤를 보들레르Charles Baudelaire도 자신의 골수를 그녀가 전부 빨아먹고 난 뒤 기운 없이 그녀를 돌아보는데 고름으로 범벅된 가죽 부대가 보일 뿐이었다고 탄식했다.**12** 보들레르는 섬뜩한 공포감에 두 눈을 감아 버렸지만, 얼마 못가 자신의 골수를 전부 빨아먹을 또 다른 여자를 찾아 다시 거리를 헤맸을 것이다.

성을 갈구하다 충족되면 곧장 혐오하는 태도로 돌변하는 현상은 남자들이 포르노그래피를 대할 때 반복된다. 처음에야 쏟아지는 날것의 육체에 흥분하더라도 정욕을 해소하고 나면 계속 전개되는 포르노가 끔찍하게 느껴진다. 포르노를 연속극 보듯 볼 수 없는 이유이고, 남자들이 성매매 여자들을 틈만 나면 찾으면서도 드팀없이 경멸하는 이유다.

여성의 불감증

여성의 성욕은 복잡하다. 여성은 오랫동안 통제받아 성욕을 자연스럽게 표출하지 못하면서 마음 안에 여러 단계의 깐깐한 검증 과정을 마련해 두고는 쉽게 성관계하지 않게 되었다. 그 결과 많은 여성이 자신으로부터 스스로를 보호하게 되었지만 성욕 부진에 시달린다.

성관계하더라도 긴장한 나머지 경직된 채 자신의 신체 감각을 억제하면서 의무감으로 성행위를 견디는 여성이 많다. 성욕 저하와 불감증은 여자들 뒤를 따라다니는 그림자다. 쾌감에 몸을 맡기면서 향락을 즐기다 해방감을 얻는 여자들도 있지만 남자가 서투르게 용쓰는 걸 지켜보다가 어색하게 성행위가 끝나 버리면 아쉬움에 입맛만 다시는 여자들도 있다. 어떤 여자들은 남자가 흥분한 것에 흥분되고 상대가 좋으면 자기도 좋아서 절정을 느끼지 않더라도 손을 잡고 살을 비비고 끌어안고 어루만지는 것만으로도 괜찮다고 생각한다. 함께 몸을 맞대는 것만으로도 좋은 일이지만, 성기의 만족을 얻지 않으면 결코 편안해지고 행복해질 수 없다고 빌헬름 라이히는 진단한다.

> 모든 종류의 정신질환에서 그 심각성의 정도는 성기 장애의 심각성과 직접적인 관련이 있다. 치료의 전망과 성과는 성기적으로 만족할 수 있는 충분한 능력을 확립할 수 있는가에 직접적으로 달려 있다. 나는 수년에 걸쳐 광범위하고 치밀한 작업을 수행하면서 수백 개의 사례들을 관찰하고 다루었지만 그 가운데 질 오르가슴 장애를 갖지 않는 여성은 단 한 명도 없었다.[13]

여자들이 애정 어린 성관계를 통해 절정에 오르면 삶이 훨씬 행복해지고 자신감도 생기는데, 문제는 성관계 하더라도 오르가슴을 느끼지 못하는 경우다. 프로이트가 어린 시절에는 음핵에 집착하면서 쾌감을 느끼던 소녀가 성숙하면 질로 오르가슴을 느낀다고 선언하자 프로이트를 추종했던 마리 보나파르트는 뜨악했다. 그리스의 왕자와 결혼했지만 남편이 동성애자라 욕구불만에 시달렸던 마리 보나파르트는 프랑스 총리를 비롯해 남편의 부관 등등 여러 남자와 연애했지만 절정을 느끼지 못했다. 마리 보나파르트는 의사들과 함께 243명의 여자들의 질 입구와 음핵 사이의 거리를 측정하는 한편 그들의 성생활을 면담하고 여성의 절정 경험을 기록한 보고서들을 수집하고 읽어나간다. 그러고는 음핵과 질 입구의 거리가 2.5센티미터를 넘지 않아야 남자의 성기가 여자의 성기를 찔렀다 빠져나가는 왕복운동으로 말미암아 절정을 느낄 수 있다는 결론을 발표한다. 마리 보나파르트는 3센티미터 남짓이었다. 절정의 황홀경을 너무나 열망하던 마리 보나파르트는 음핵의 위치를 아래로 옮기는 외과 수술을 받았지만 오르가슴을 느끼지는 못했다. 두 번째 수술을 받아도 별 효과가 없었는데, 사실 겉으로 돌출된 음핵은 빙산의 일각일 뿐이고 몸속에 더 깊은 신경 뿌리가 있다. 그녀는 자신을 성 불감증이라고 판단했다. 최근 연구에 따르면 여성마다 외음부 형태는 다양하고 질과 음핵 사이의 거리는 1센티미터부터 5센티미터까지로, 평균 2.5센티미터였다. 그런데 마리 보나파르트는 음핵부터 질까지가 아니라 음핵부터 요도까지를 측정했다고 한다. 음핵은 그런대로 찾기 쉽지만 요도는 찾기 힘들 뿐 아니라 자로 재는 일도 만만치 않다.[14]

　　마리 보나파르트는 질을 통해서 만족을 얻어야 성숙한 여인이라는 프로이트의 이론에 갇힌 비극의 사례다 질만 자극해서는 오르가슴을 느끼기 어렵다. 많은 여성의 경우 음핵이 기쁨의 원천이다. 애정 어린 전희와 음핵 자극이 충분히 이뤄진 뒤에 성기 결합이 되어야 절정에 오르기 수월하다. 여자가 누워 있고 남자가 움직여서 절정에 이른 적이 별로 없다면, 허벅지 근육을 긴장시키고 골반을 움직이면서 음핵이 자극되는 체위를 여성이 주도해서 시도하면 절정에 보다 쉽게 오를 수 있다.15

그런데 마리 보나파르트는 절정의 황홀경을 얻고자 노력이라도 했지, 대다수 여성은 오르가슴 근처도 못 가본 채 불만족스럽게 살아간다. 미국의 생리학자 알프레드 킨제이Alfred Kinsey의 보고서에서는 여성의 불감증 이유를 여러 가지 꼽는데, 무엇보다도 가부장 권위와 이기주의에 갇힌 남편에게 잘못이 있다고 지적한다. 남편이 아내에게 기쁨을 주려고 애쓰기는커녕 그저 자신의 성욕을 배설하는 데만 주력한 결과가 아내의 불감증이다. 그리고 결혼 전 성관계를 금지하는 도덕규범도 여성의 불감증을 유발하는 요인이다. 결혼 전에 억눌려 지내던 여자는 결혼했다고 해서 능동성을 갖게 되지 않는다. 킨제이 보고서에 따르면 결혼할 때까지 처녀였던 여성 가운데 75퍼센트가 결혼 후 1년이 지나도 절정을 느끼지 못하고, 처녀 시절에 자위하지 않거나 자위를 통해 황홀경을 느끼지 않은 여성 가운데 3분의 1이 결혼 후 5년이 지나도 오르가슴에 도달하지 못한다. 또한 어린 시절에 받은 잘못된 성교육이 여성의 오르가슴을 방해하고 억제한다. 현모양처가 되는 교육만 받은 여자들은 성에 대한 흥미가 철저히 억제되어 더욱 불만족스러운 성생활에 내몰리기 십상이다. 여기에 종교가 쐐기를 박는다. 신실하게 가톨릭 생활을 하는 여자 5명 가운데 1명꼴로 35세

이전에 절정에 이르지 못하는데, 이에 반해 가톨릭 종교의례를 지키지 않는 여자들 가운데엔 불과 2퍼센트만이 오르가즘을 느끼지 못했다.**16** 절정에 이르지 못하는 여성은 심리 문제뿐 아니라 아마 성 지식 부족과 남자와의 소통 부재로 체위가 한정되었으리라고 추측된다. 여성이 가장 오르가즘을 느끼기 쉬운 체위는 여성 상위다.

자기실현 하지 못한 채 가정주부로 살아가는 여자들이 남편과의 성관계에서 삶의 의미를 얻으려 하면서 '자아 없는 성'이라는 거대한 병을 앓는데, 정작 큰 만족을 얻지도 못한다고 미국의 여성운동가 베티 프리단Betty friedan은 안타까워했다. 절정도 주체성과 연결되어 있다. 베티 프리단은 사회로 나가 자신의 정체성을 찾으려는 노력이 여성의 오르가즘 증가를 가져왔다는 통계를 언급하면서 절정의 황홀경을 가장 완전히 즐기는 여자들은 자아실현을 위해 가장 많이 노력하는 여성이라고 말한다.**17** 최근 연구에서도 사회에서 생산성의 업적을 성취한 여자들이 그렇지 않은 여자들보다 훨씬 빈번하게 절정을 느꼈다.**18**

사디즘과 마조히즘

왜곡된 성 지식에 짓눌린 나머지 성관계마저 소극성과 수동성의 태도로 대하면 마조히즘의 성격을 띠게 된다. 마조히즘은 독일의 정신의학자 크라프트에빙Kraft-Ebbing이 만든 말로, 오스트리아의 소설가 자허마조흐Sacher-Masoch의 이름에서 유래한다. 여자에게 학대를 당하며 성적 쾌감을 느끼는, 마조흐의 소설 『모피를 입은 비너스』의 남자처럼 복종하면서 느끼는 수치심이나 신체에 가해지는 고통에서 성적으로 흥분하며 즐기는 상태를 마조히즘이라고 일컫는다.

빌헬름 라이히는 여자들이 마조히즘 증세를 띠는 까닭을 상당히 노력한 뒤에 알게 되었다면서 마조히스트는 부서지기 위해 고통당하는 상상을 한다고 주장한다. 그리고 몸에서는 자꾸만 긴장이 쌓여 가는데 두려움과 수치심에 갇혀서 자기 스스로는 성의 긴장을 풀 수 없기 때문에 상대에게 폭력에 가까운 성행위를 당하면서 이완의 상태를 추구하는 심리를 지니게 된 것이 마조히즘이라고 설명한다.

> 마조히스트적인 불만은 고통스럽고 해결할 수 없는 내부 긴장의 표현임이 판명되었다. 그러한 불만은 충동 긴장으로부터 해방되려는, 드러나거나 은폐된 처절한 요청이었다. 자신의 쾌락 불안 때문에 스스로 주도하여 만족을 경험할 수 있는 능력이 막혀 있으므로, 마조히스트는 자신이 깊이 두려워하고 있는 오르가슴적 해방을 다른 사람이 만들어 내는 외부로부터의 해방을 통해 기대한다.[19]

마조히스트는 자기 스스로 몸의 긴장을 해소하면서 쾌락을 얻지 못하므로 타인에게 고통당하는 방식으로 쾌락을 얻으려 한다. 상대의 폭력을 통해 쾌락을 느끼므로 자신이 몸소 쾌락을 느낀 게 아니라고 변명할 수 있는 셈이다. 그러나 이건 병든 심리고 자연스러운 충동이 아니라고 라이히는 진단한다. 모든 생물체는 자신의 신체에서 자연스럽게 쾌감을 추구하고 오르가슴을 느낄 수 있는데, 왜곡된 믿음에 사로잡혀 쾌락을 두려워하고 오르가슴 방출에 불안을 느끼면서 장애를 갖게 된 상태가 마조히즘이라는 주장이다.

마조히즘에 대한 철학계의 해석은 여러 가지가 있다. 프랑스의 철학자 장 폴 사르트르Jean-Paul Sartre는 마조히즘이 자신을 대상으로 만들면서 상대를 매혹시키는 것이 아니라 자기 자신이 대상이 된 것에 스스로 매혹되려는 시도라고 생각한다. 자유와 주체성을 강조한 철학자답게 사르트르는 스스로 대상이 되어 버리는 마조히즘이 유죄라고 평가하면서 마조히즘은 좌절될 수밖에 없다고 서술한다. 내가 대상이 되려면 타인의 시선에서 나를 바라봐야 하는데, 대상이 된 나를 타인의 시선으로 보는 것은 불가능하다. 대상이 되려고 해 봤자 나는 나일 수밖에 없다. 그래서 마조히스트는 대상성을 맛보려 할수록 더욱 자신의 주관성을 의식하게 되고 마침내 불안해진다. 마조히스트는 자신을 대상으로 구성하려고 하지만 알고 보면 자신을 대상으로 만들기 위해서 그런 나를 바라보는 상대가 필요하고, 나의 의도에 맞춰서 상대를 대상으로 다루는 셈이라고 사르트르는 분석한다.[20] 마조히즘도 단지 수동형의 당하는 태도가 아니라 교묘하게 상대를 조종하려는 속셈이 깔려 있다는 얘기다.

프랑스의 철학자 질 들뢰즈Gilles Deleuze도 마조히즘을 독특한 관점으로 해석한다. 그는 우선 마조히즘을 사디즘Sadism과 구분짓는다. 사도마조히즘Sadomasochism의 앞글자를 딴 SM이 널리 쓰이고 있을 만

큼 사드Sade와 마조흐Masoch는 함께 묶여서 취급되곤 하는데, 들뢰즈
는 마조흐가 사드와 전혀 다른 세계를 추구했다고 분석한다. 피해자
가 원하지 않는 고통을 주면서 쾌감을 얻는 사드의 인물들과 달리
마조흐의 인물들은 계약의 관계를 통해 박해자를 재구성하고 가르
치면서 자신이 원하는 고통을 당한다. 실제로 사도마조히즘을 연구
해 보면 주도권을 쥐고 있는 쪽은 행위의 지배자가 아니라 복종자다.

더 나아가 성의 쾌감을 부인하고 늦추면서 쾌감을 기다리는 마
조히스트들이 새로운 형태의 인간을 구현하고 있다고 들뢰즈는 말한
다. 마조히스트들은 고통이나 처벌 자체에서 쾌감을 느끼기보다는 쾌
감을 얻기 위한 필수 조건으로 고통을 대한다. 이 육체의 고통을 견뎌
내면 보상을 받으리라는 기대가 쾌락을 빚어내는 것이다. 마조히스트
는 자신의 죄의식과 불안을 해소하면서 성적 만족을 얻으려 하는데,
자신에게 가해지는 폭력이 성에 물들면서 성적 만족이 생기는 것이
다. 성은 놀랍게도 자신에게 가해지는 공격도 야하게 만든다. 유럽 중
세 시대에 수도사들이 성욕을 이기려고 몸소 등허리에 채찍질을 했는
데, 소스라치게도 성욕을 짓이기려는 채찍질에 성적 흥분이 발생하는
것이다. 인간의 성은 억압되어 없어진 것 같더라도 어김없이 다시 솟
구쳐 재성화再性化된다. 마조히스트는 폭력으로 성을 억압하지만 성적
이지 않은 폭력이 성적으로 되면서 생겨나는 만족을 추구한다.[21] 마
조히스트가 성과 무관한 탈성화脫性化를 추구하지만 성에서 벗어나려
는 행위 역시 재성화되어 버리는데, 다시 성적으로 되더라도 탈성화
하려는 과정이 반복되면서 탈성화 자체가 성화의 대상이 될 수 있다

는 가능성을 들뢰즈는 얘기한다. 예를 들어 돈이나 명예, 권력을 추구하고자 냉정하게 자신의 모든 정열을 쏟아 부어서 탈성화되더라도 그 행위들마저 리비도에 젖어들면서 성적 쾌감을 선사하는 것이다. 들뢰즈는 탈성화와 재성화의 반복이 일어나는 가운데 일종의 도약이 이뤄지면서, 성적 열정으로 성적인 사랑으로부터 자유로워짐을 추구하는 새로운 인간이 탄생할 수 있다고 주장한다.[22]

건강은 오르가슴 능력에 달렸다

현대 의학에서는 성행위를 크게 네 단계로 구분한다. 먼저 상대에게 반응하면서 몸이 달아오르는 욕망기가 있다. 그 다음으로 흥분기에 들어가면 점차 온몸의 근육들이 긴장되고 호흡이 가빠진다. 그 뒤에 절정기에는 사정하거나 오르가슴을 느끼는데, 1분 안에 심장이 무려 180회나 뛰고 호흡도 40회까지 증가한다. 절정이 끝난 다음 5~10분 사이의 휴지기가 찾아오고 천천히 평소의 상태로 돌아간다. 빌헬름 라이히도 자기 나름의 오르가슴 공식을 세운다. 먼저 성기관들의 혈액이 채워지고 긴장이 일어나면서 발기가 진행된다. 그 다음으로 마치 전기가 충전되듯 강한 흥분이 만들어진다. 그 다음 근육 조직에서 경련이 일어나고 성 흥분이 방출되면서 오르가슴에 이른다. 그러고는 성기가 이완되면서 편안해진다.[23]

남성 기준에서 성행위를 도식화한 느낌이지만, 라이히는 남녀의 성차가 크지 않다면서 오르가슴의 공식을 주장한다. 여성도 유두와 음핵이 발기되고 자극으로 질 벽이 팽창하면서 흥분되었다가 절정을 느끼고는 이완되는 과정을 거친다. 여성은 흥분과 이완의 속도가 남성보다 완만할 뿐이다. 프로이트는 리비도가 일어나 쌓였던 긴장이 한꺼번에 풀어질 때 신체에서 쾌락을 얻는다고 설명했다. 긴장은 불쾌고 긴장 해소는 쾌감이다. 긴장의 양이 많은 상태에서 긴장에 따른 흥분이 한꺼번에 빠르게 해소될수록 쾌락은 강렬해진다. 그래서 애무를 오래도록 정성들여 할수록 긴장은 깊고 넓게 축적되어 절정의 황홀감이 더 격하고 세차게 다가온다.

오르가슴을 느끼면 흥분은 부드러운 곡선을 그리면서 사라지고 편안한 심리 상태가 되면서 강한 수면 욕구가 생겨나고 상대에게 애착과 고마움이 들면서 다정다감해진다. 이와 달리 절정을 느끼지 못하고 그저 배설하거나 의무 방어를 치른 사람들은 무기력한 피로와 찜찜함, 반감, 짜증, 싫증, 심지어는 증오까지 느끼게 된다고 라이히는 설명한다.[24] 황홀경 뒤에 일어나는 심리와 상황은 프랑스의 철학자 알랭 바디우 Alain Badiou 가 사랑을 나누고 난 뒤를 묘사한 것과 닮았다. 알랭 바디우는 연인들이 격렬히 성교할 때조차도 두 사람이 사랑을 받아들였다는 증거로서 평화가 내려앉고, 잠에서 깨어난 아침에 사랑이 육신의 수호천사처럼 둘 사이를 엮어 준다고 앙증맞게 말한다.[25] 알랭 바디우 철학에선 사랑이라는 사건을 이어 가는 충실함이 중요한데, 사랑의 짜릿함을 오르가슴의 일종이라고 볼 수 있기에 바디우와 라이히의 개념을 섞으면, 사랑을 통해 오르가슴을 느끼는 일이 인생의 사건이고 그 경험을 충실하게 이어 나가서 생생하고 만족스레 살아 낼 때 삶의 방향과 의미를 변환시키는 가치가 생산된다.

만족스러운 짜릿함과 나 자신으로부터 해방되는 황홀감은 인간을 보다 성장시키고 평화롭게 만든다. 성 불만족에서 생겨나는 신경증은 어쩔 수 없는 상태거나 괴상한 사람들만 걸리는 고약한 질병이 아니라 풍토병과 같은 유행병이라고 라이히는 주장한다. 그는 성 억압을 당해서 만족스러운 성관계를 하지 못해 신경증을 비롯해 여러 정신질환이 발생하는데, 풍토병이 치료가 가능하듯 신경증도 성 만족으로 치료된다고 소견을 내놓는다. 라이히는 오르가슴 능력은 인간이든 돌고래든 모든 생물이 똑같이 지닌 원초의 생물학 기능이라면서 건강하기 위해서라도 오르가슴을 느껴야 한다고 외치면서 심리 건강은 성 흥분의 절정을 경험하고 쾌감에 얼마나 빠져들 수 있는지의 정도에 달려 있다고 주장한다. 라이히는 자연스럽게 사랑을 나누지 못하는 데서 사람들이 고통받고 비합리성의 행동을 하게 된다고 설파했다.

> 정신질환은 자연스러운 사랑 능력이 방해받아 생긴 결과다. 압도적인 다수의 사람들이 고통받고 있는 오르가슴 불능에서는 생물학적 에너지의 막힘(울혈)이 발생하는데 이것이 비합리적인 행동의 원천이 된다. 따라서 심리적 장애를 치료하는 데에는 우선적으로 자연스러운 사랑능력을 정립하는 것이 필요한데, 이것은 정신

적 조건뿐만 아니라 사회적 조건에도 달려 있다.[26]

사람들이 자연스러운 사랑 능력을 키워야 심리 장애가 치료될 수 있는데, 현 문명에서 자연스레 사랑을 나누는 경험은 개인의 다짐이나 의지로만 풀 수 있는 게 아니다. 라이히가 공산주의에 관심을 보이고 성혁명을 부르짖은 까닭도 개인 혼자서 성 문화를 바꾸긴 어렵기 때문이다. 국가와 사회가 개인의 안전과 행복에 기여하고 사람들의 건강과 수명까지 두름성 좋게 챙긴다면 개인의 성생활도 신경 써 줄 수 있다는 발상이 나오게 된다. 특히 장애인같이 성관계를 맺기 수월하지 않은 사람들에겐 사회제도 차원에서 보완해 줄 수 있는지에 대해 영화 〈섹스 볼란티어〉는 성도우미를 화두로 담아낸다. 영화 〈세션 : 이 남자가 사랑하는 법〉도 장애인이 성 치료사를 만나 성애의 눈을 뜨는 과정을 뭉클하게 담아낸다.

내밀한 성생활에 사회가 개입한다는 사실만으로 숨 막힐 듯 거부감이 들긴 하지만, 모든 걸 개인에게 맡기면 언제나 소외받는 사람이 생기게 된다는 사실을 부인할 순 없다. 현실에서 성생활은 너무나 불평등하고 불공정하다. 어떤 이는 날마다 지극한 쾌락을 향유하는데 반해 어떤 이들은 자신의 뜻과 상관없이 평생 금욕하며 불만족한 나날을 보낸다. 경제만이 아니라 섹스도 자본주의의 원리만이 유일 기준으로 작동하고 있다. 1968년에 서구권에서는 수많은 젊은이 무리가 타인을 배제한 두 사람만의 관계는 부르주아의 소유욕이라면서 집단생활을 통해 모두가 모두와 사랑을 나누는 세상을 꿈꾸면서 열린 애

정 관계를 시도했다. 하지만 그들의 취지는 아름다웠더라도 현실에서
이것은 강박이자 폭력일 수 있다. 인간은 공동체를 이루고 싶은 욕망
과 아울러 어떤 특정한 한 사람과 가깝게 지내고 싶은 욕망이 있고,
원치 않는 성행위는 견딜 수 없을 만큼 몸서리쳐지는 일이기 때문이다.

경제 영역의 사회주의는 한물갔다고 여겨지듯 성 영역의 사회주의
또한 과거 실패한 실험으로 평가받는다. 더구나 섹스 사회주의가 남성
들의 편의를 위한 몽상이라는 비판이 나오기 쉽다. 하지만 성관계의
공유가 남자들을 위한 발상이라는 것은 현실을 몰라도 아주 모르는
소리라고 철학자 김영민은 답변한다.[27] 개인의 능력에 맡겨서는 해소되
기 어려운 여성의 금욕과 그에 따른 불만이 어마어마하기 때문이다.

일본에서는 여자들이 약자인 일부 남성을 외면하면서 약자 남성
들이 연애도 못하고 성욕 해소가 되지 않아 괴롭다는 '성적약자론'이
공공담론 속에서 부상했다. 약자란 그 자체로 정해진 게 아니라 사회
에서 만들어진 현상이고, 여자들이 경제력이 충분치 않은 남자들을
선택하지 않아서 자신들이 성적 약자가 되었으니 여성과 사회는 성적
약자를 구할 책임과 의무가 있다고 자칭 성적 약자들은 소리쳤다. 한
국에서도 잘나가고 돈 많은 남자만 욕망하는 여자들을 질타하는 목
소리가 커지는데, 그렇다면 남자들에게 주목받지 못한 수많은 여성
성적 약자들을 구제하려고 남자들은 나서고 있는가? 왜 비인기녀의
불만과 고통은 들리지 않을까? 공공담론은 성별에 따라 다르게 반응
하고, 성별에 따른 권력의 비대칭은 엄연히 존재한다.[28]

성 흥분을 후련히 방출시키는 능력과 어떤 방해나 불안 없이 사랑의 행위에 몰입하는 능력을 가지고 있지 않다면 성격신경증을 앓고 있는 것이라고 라이히는 얘기한다. 오르가슴이란 자아를 내려놓고 황홀경으로 들어가는 체험인데, 성교에서 발생하는 압도된 경험을 두려워하면서 끊임없이 불안에 떨며 몰입하지 못하게 되면 오르가슴 불능이 된다.

라이히는 오르가슴 불능을 일으키는 요인으로 리비도가 자연스럽게 흐르지 않고 막혀 있는 상태인 성울혈을 얘기한다. 라이히는 자신이 성 억압당해 왔다는 인식을 해야 한다는 프로이트의 진단을 인정하면서도 한 발 더 나아가 자기 안에 있는 성울혈들을 제거해야 제대로 치유된다고 주장한다. 성울혈이 생기면 쾌락 능력을 상실하고 성에 대한 불안을 막고자 어떤 자극에도 흥분되지 않도록 성격이 딱딱하게 무장된다.29 빌헬름 라이히에 따르면 성격이 갑옷처럼 된 사람들은 자기 안의 욕망이나 본능의 자극에 둔감한 채 타인들의 시선으로 주조된 인조인간처럼 군다. 인습으로 자신의 본능을 짓이기고 짓누르는 사람들은 성생활의 기쁨을 알지 못하기 때문에 경직되고 허위의 자신감을 발전시키며 명예에 집착하면서 자기 삶을 위로하고 보상받으려 한다. 성을 도덕으로 받아들이면 자신의 성 능력을 증명하고자 강박 상태가 되거나 자신은 착하고 순수하다면서 남들의 성행위를 더럽게 여기며 불평과 분노를 하게 된다. 이와 달리 성을 쾌락의 차원에서 다

루는 사람은 즐거운 일로서 성을 대하고 향유하게 된다.[30]

　　일상에서 절정 경험을 누리지 못하면 불만과 분노로 내면이 그을
리게 되고, 공격성과 파괴욕이 분출된다. 말년의 프로이트는 인간의
파괴 충동과 죽음 충동을 언급했다. 그러나 라이히는 프로이트가 여
러 가지로 불만스러운 생활에다 병치레까지 한 결과 죽음 충동이란
개념에 빠져들었다면서 안타까워하며, 죽음 충동은 본디 내재된 본
능이 아니라 몸의 긴장이 쌓여서 해소를 바라는 무의식의 열망이라
고 해석을 달리한다. 라이히는 몸의 긴장감이 쌓이고 쌓이다 죽음 충
동으로 나타나는 거라면서 절정을 자주 잘 느끼면 죽음 충동에 시달
리지 않게 되고, 불안함과 난폭함도 줄어든다고 주장한다.

> 성격에 결부되어 있는 파괴성은 삶의 좌절과 성 만족의 결핍에 대
> 한 분노일 뿐이라는 것이 분명해지기까지 몇 년이 걸렸다. 분석가
> 가 심층에 이르면 모든 파괴적 자극은 성적 자극에 자리를 내준다.
> 파괴 쾌락은 단지 사랑에 대한 실망이나 사랑의 실패에 대한 반응
> 에 불과했다. 사람은 사랑이나 억압된 성의 충족을 위해 노력하다
> 가 극복할 수 없는 장애물을 만나게 되면 증오하기 시작한다.[31]

　　한 연구 결과가 이러한 라이히의 주장을 옹호한다. 신경심리학자
제임스 프레스콧James Prescott은 4백 개의 다른 문화의 사례를 수집하
여 조사한 결과 성적 자유와 폭력 사이의 상관관계를 발견한다. 혼전

성행위가 자유방임으로 이뤄지는 사회에서는 폭력의 수준이 낮았던 데 비해 혼전 성관계를 가혹하게 처벌하는 사회일수록 폭력의 빈도도 가파르게 치솟았다. 제임스 프레스콧은 이것을 마치 쾌락과 폭력의 양자택일의 선택처럼 보인다고 설명한다. 어릴 때 쾌락을 박탈당하면 폭력 성향의 성인으로 자란다. 아이들이 부모로부터 애정을 잘 받고 신체 접촉을 자주 하면 안정된 인격을 갖추듯 젊은이들이 자기 주도로 절정 경험을 잘 느끼면 사회의 폭력은 줄어든다.[32]

일이 잘 풀리지 않거나 타인에게 무시당한다고 느낄 때 인간 안의 공격성이 화산처럼 폭발한다. 인간은 사랑이 제대로 안 되고 실패할 때도 폭력을 휘두른다. 모든 것은 사랑의 문제다. 사람들이 보다 많이 접촉하고 더 많은 즐거움을 누리면서 산다면 다툼과 전쟁도 줄어든다. 사랑의 확산은 오래된 인류의 지혜이자 지구의 미래를 위한 필요 덕목이다. 성이 누군가에겐 성가심과 두려움이고 다른 누군가에겐 채워지지 않는 뱃구레를 들쑤시는 아귀처럼 되도록 방치하기보다는 사람과 사람이 만나도록 이어주는 징검다리이자 삶의 즐거움과 놀라움이 될 수 있게 만든다면 세상은 더 좋은 곳이 될 테고, 우리들은 보다 더 행복해질 것이다.

현대인의 외로움은 인간과 인간 사이가 진짜 멀어졌기 때문에 생긴다. 인간은 육체의 존재로서 타인의 육체와 접촉을 갈망하는데, 본능의 욕구인 신체의 친밀감이 채워지지 않기 때문에 외롭고 괴롭다. 육체의 접촉 욕망을 채우고자 남자들은 엉뚱한 데다 돈을 꼬라박으면서 이글거리는 기운을 생뚱맞은 데 쏟아 버린다. 여자들은 남 몰래 자위하거나 타인들을 말로 앙칼지게 할퀴면서 혼자 고독을 씹으며 살아간다. 남자와 여자의 딱한 몸부림을 줄이기 위해 일상에서 일부러라도 사람들이 접촉할 수 있는 멍석을 깔아 주는 사업을 생각해 볼 수 있다. 차가워진 인간관계 속에서 고통받던 서구에서는 접촉 사업이 생겨났다. 영국의 동물학자 데즈먼드 모리스Desmond Morris는 인간성 회복을 주창하며 전개되는 새로운 운동과 심리 요법들을 살펴보면서 친밀성과 신체 접촉에 대한 갈구가 현대 사회에서 얼마나 격하고 강하게 불타오르는지 이야기한다. 접촉 사업이나 모임은 종류가 많고 방식이나 기간도 다양한데, 공통 특징은 참가자들이 일정 기간 함께 생활하면서 대화를 포함해 여러 가지 상호작용을 경험한다는 데 있다. 인간은 육체를 소유한 것이 아니라 육체 그 자체라는 것을 알려 주면서 몸의 소중함을 일깨워 주는 작업을 하는 것이다. 참가자들은 서로의 몸에 기름을 발라 주고 끌어안고 팔짱을 끼고 어깨동무하고 쓰다듬고 어루만지고 보듬으면서 부둥켜안는다.**33**

성과 성

영국의 소설가 조지 오웰George Orwell은 성 본능은 세상의 권력에 복속되지 않는 사랑의 세계를 구축하기 때문에 일당 독재 전체주의국가에서는 순결을 강조하고 무슨 수를 써서라도 성욕을 억압하려고 한다고 소설 속 주인공들의 입을 빌려 이야기한다. 성관계를 맺으면 행복감에 나른하고 편안해지는데, 권력자들이 이것을 용납하지 않는다. 권력자들은 성욕을 박탈해서 사람들을 히스테리 상태에 빠지게 하여 무엇에든 저주하고 욕하는 적개심과 지도자 숭배를 유도한다.[34] 아돌프 히틀러Adolf Hitler도 1933년에 나체 공원들을 폐쇄했다. 인간 몸의 해방을 촉진하고자 실오라기 하나 없이 육체를 담담히 드러내고 덤덤히 받아들이는 나체주의는 국민들의 신체를 국가에 봉사하도록 통제하려는 국가사회주의에 어울리지 않는 자유분방한 사상이었기 때문이다.[35]

북한을 비롯한 전체주의국가는 일종의 종교 현상으로, 거기엔 성에 대한 통제와 억압이 존재한다. 빌헬름 라이히는 종교를 성과 연관지으면서 사람들이 천국이나 내세를 바라는 이유는 불행하기 때문이고 불행의 핵심에는 성 불만이 있다고 설명한다. 성에 대한 불안과 고통은 구원받고 싶은 욕망이나 육체에서 벗어나 천국에 가고 싶다는 소망으로 나타난다. 지금 내 삶의 고통으로부터 벗어나는 일이 구원이라고 한다면, 진정한 구원은 구원받고 싶은 갈망으로부터 구원되는 것이다. 자기 몸의 주인으로 지금 행복한 삶을 사는 사람에게는 구원받고 싶다는 욕망이 없다. 종교에 기대어 위안을 받으면 잠깐은 마음을 추스를 수 있지만 구원받고 싶은 갈망이 사라지지는 않는다.

성性에 대한 집착 뒤에는 성性의 무력감이 숨어 있곤 한다. 자신의 욕망을 더럽게 느끼도록 세뇌되면 줄기차게 솟아오르는 성욕이 자신을 괴롭히는 마귀처럼 느껴진다. 종교인들은 성욕에 흔들리지만 그 흔들림을 멈출 수 없다는 무력감에 시달리면서 자신이 얼마나 나약한 죄인인지 끊임없이 고백한다. 성욕을 억제당하도록 길러진 사람들은 욕망을 자신이 어찌하지 못하기 때문에 구원해 줄 초월자가 필요하게 된다. 종교가 사람들의 영성을 높이기보다 권위자에 무조건 맹신하는 교조주의로 흐르기 쉬운 까닭 중 하나일 것이다.

맹목으로 하나의 종교를 믿으면 자신의 정체성과 소속감이 확실해진다. 불안한 세상살이에서 든든한 반석 위에 자신이 우뚝 선 느낌마저 든다. 하지만 강렬한 정체성과 소속감은 자신의 종교만이 옳고 나머지는 모두 틀렸다는 고약한 독선과 타종교에 대한 지독한 배타성을 낳는다. 영국의 초월심리학자 스티브 테일러Steve Taylor에 따르면 영성의 종교 생활은 자의식이 약해지고, 타인에게 연민과 친절한 행동을 더 많이 하면서 인간의 숭고함과 고귀함을 키우며, 자신의 종교를 전파하는 데 열중하기보다는 오히려 다른 종교에 호의의 감정을 갖고 관심을 기울인다. 그러나 교조주의 종교 생활은 집단 정체성을 통해 안정감을 얻으면서 돈을 내거나 봉사를 하고 그에 따른 보상을 신에게 은밀하게 요구하는 이기성의 형태가 극대화된다.[36]

빌헬름 라이히는 많은 기독교인*과 상담하면서 종교의 황홀경도

---

* 이 책에서 말하는 기독교는 가톨릭, 개신교, 동방정교회, 성공회 등을 모두 포함해서 이르고 있다.

마조히즘의 기능에서 발생한다고 판단한다. 성욕을 참고 참으면 인간의 신체는 꿈과 환상을 통해서 성적 쾌락을 일으킨다. 아빌라의 테레사Teresa de Cepeda y Ahumada가 유명한 예다. 성인으로 추인된 테레사는 황홀경을 체험하고는 기록으로 남겼는데, 절정에 이른 성애와 너무 흡사하게 자신의 경험을 묘사해 읽는 이들의 얼굴을 붉어지게 만든다. 미국의 철학자 윌리엄 제임스William James는 종교에 대한 그녀의 생각은 신과 신자 사이의 끝없는 사랑의 유희였던 것 같다고 불경한 의도 없이 지적한다.**37** 사랑의 유희란 표현은 조금 완곡하게 번역한 것이다. 다른 책에서 번역된 윌리엄 제임스의 글을 보면 그녀의 종교관 중심에는 신과 벌이는 성적 연애 놀이를 하는 느낌이 있다고 적혀 있다.**38** 남성중심사회를 반영하듯 종교의 신이 대개 남성으로 형상화되므로 신과 성적 연애를 하는 것 같은 현상은 보통 여성 신자들에게서 나타나고, 이런 현상은 이창동 감독의 영화 〈밀양〉에도 담겨 있다. 프랑스 미뉘Minuit 출판사에서 발간한 조르주 바타유의 『에로티즘』은 이탈리아의 조각가 잔 로렌조 베르니니Gian Lorenzo Bernini의 작품 「성 테레사의 환희」를 표지로 삼고 있다.

영국의 생물학자 리처드 도킨스Richard Dawkins는 우리가 비판 의식 없이 종교를 수용하는 현상을 바이러스 감염에 비유하면서 성적인 사랑은 대단히 강한 힘을 발휘하기 때문에 종교 바이러스들이 성적인 사랑과 관련된 깊은 감정들을 활용하는 쪽으로 진화한 것은 놀랄 일이 아니라고 이야기한다.**39** 어떤 종교든 신실하게 믿으면 성적 절정과 비슷한 황홀경을 체험할 수 있다. 종교인들이 자신의 성욕을 해소하지 못할 때 성적 긴장으로부터 해방되고자 전능한 신이 자신을 구원해 주길 고대하게 된다고 빌헬름 라이히는 지적한다. 그리고 많은 종교인이 성을 죄악시 여기기 때문에 마조히스트처럼 외부의 신으로부터 성적 긴장의 해소를 요청하게 된다고 말한다.

> 종교적 황홀경은 전적으로 마조히스트적 메커니즘의 전형에 따라서 형성되었다. 사람들은 마음속에 있는 죄의 해방, 즉 내부의 성적 긴장으로부터의 해방 — 스스로는 만들어 낼 수 없는 해방 — 을 전능한 존재인 신으로부터 기대한다. 사람들은 생물학적 에너지를 지닌 채 그러한 것을 바란다. 동시에 그것은 '죄'로서 경험되기 때문에 사람들은 그것을 스스로 수행할 수 없다. 처벌, 용서, 구원 등의 형태로 다른 누군가가 그것을 수행해야 한다.[40]

금욕의 규범으로 성을 죄어치면 인간은 성스러워지기보다는 상스러워진다. 본능을 강요된 금욕으로 짓누를수록 사람들은 성 앞에서 무력해지며 자신을 구해 줄 신이나 권력자에 대한 갈망이 심해진다. 인간은 행복할 때 종교의 신이나 세상의 권력자에게 관심이 적어진다. 언제나 인생이 꼬이고 힘겨울 때 초월자와 권위에 기대려 한다. 수많은 고통 가운데 성욕은 종교인들에게 커다란 암초로서 신앙생활을 난파시킨다. 날마다 종교 단체에 가는 사람들 모두가 불행한 성생활을 한다고 단정할 순 없겠으나, 종교에 맹신하는 신도들의 성생활을 연구해 보면 굉장히 우울한 결과가 나올 것이다.

가면을 벗어라!

파괴성과 공격성은 쾌락의 부정에서 비롯되는데, 일찍이 가정에서부터 쾌락의 부정이 시작된다. 오래전부터 인간의 파괴성을 배양하는 곳이 바로 가정이었다. 빌헬름 라이히는 권위주의적 아버지가 가족들을 권위에 순종하도록 만든다며 가부장 제도를 비판한다. 가정에서부터 성장기 내내 성을 억압당한 사람들은 나중에 성인이 되어서도 자율성과 주체성을 갖지 못한다. 성과 관련해 어릴 때 흠씬 혼나거나 매질당한 경험은 나중에도 성을 부끄러워하거나 무서워하는 기억으로 남아 어른이 되어서도 권위에 거스를 엄두도 내지 못하게 하고, 금기에 대드는 건 꿈도 못 꾸게 만든다. 인간 정신을 옥죄는 올가미의 원형이 성 억압인 것이다.

성 억압은 자신감을 떨어뜨리고 수줍음을 키워 수동형 인간이 되게 한다. 무의식 깊숙이 공포가 뿌리내린 셈이다. 오랫동안 삶과 성을 억압당하면 불만스러워도 성에 대해 말을 꺼내지 못하듯 불만스러운 세상의 구조와 부조리에 대해서도 꾹 참게 된다. 세상의 불의에 맞서기는커녕 누가 강제로 윽박지르지 않더라도 알아서 기게 된다. 성에서 생겨나는 쾌락을 불안하게 여기면 자유로운 삶의 방식에 대해서도 불안하게 느낀다. 라이히는 자유에 대한 불안이 모든 종류의 정치적 반동의 가장 중요한 원천이라며 파시즘도 성 억압 때문에 생겨난다고 분석한다.

> 삶과 성을 부정하도록 길들여진 사람은 만성적인 근육 경련에 생리학적으로 결박되어 있는 쾌락 불안을 지니게 된다. 이러한 신경증적 쾌락 불안이 사람들 스스로 삶을 부정하고 독재를 낳는 세계관을 재생산하도록 만드는 토대다. 쾌락 불안은 독립적이고 자유로운 삶의 방식에 대한 불안의 핵심이다. 이러한 불안은 모든 종류의 정치적 반동과 개인·집단이 노동하는 사람들 다수를 지배하는 힘의 가장 중요한 원천이 된다.**41**

파시즘은 나쁜 독재자가 갑자기 하늘에서 뚝 떨어져 폭력으로 억압하는 체제가 아니다. 오히려 대중들이 강한 독재자를 숭상하면서 만들어진 체제가 파시즘이다. 독일의 히틀러와 이탈리아의 베니토 무솔리니Benito Mussolini, 스페인의 프란시스코 프랑코Francisco Franco 와 한국의 박정희 같은 독재자들에게만 비판의 화살이 향했는데, 라이히는 20세기 파시즘의 기반이 대중이라고 조준점을 바꾼다. 성 억압에 따라 노예근성으로 길러진 대중을 도마 위에 올린 빌헬름 라이히는 대중이 성 억압을 당하면 나중엔 스스로 억압당하기를 원하게 된다고 주장한다. 성 억압을 당하면 인간은 노예가 되며, 보수성과 수구성이 사회에 우거진다.

억압당한 자들의 특징은 자신을 직면하지 못한다는 것이다. 자신을 있는 그대로 바라보면서 받아들여야 하는데 그러질 못한다. 권력에 억압당하면서 특정한 모습만을 연기하며 그것을 자신이라고 믿기 때문이다. 그것이 나는 아니지만 '나'라는 거짓으로 만들어진 가면에만 온통 관심을 쏟는다. 우리는 자신의 내면을 들여다보길 두려워한다. 음탕함과 공격성, 탐욕이나 분노와 마주하면 식은땀이 나기 때문이다. 우리는 자기 안의 폭력성과 질투, 시기와 증오를 억압하고 남들에게 투사하면서 자신은 마치 그런 것이 없는 척한다. 그런데 빌헬름 라이히는 우리 안의 어둠이 성을 부정하는 문화 속에서 만들어진 인공의 산물이라면서 성을 긍정하지 못하면 공허함과 황폐함에 시달릴 수밖에 없다고 주장한다. 우리 무의식 깊은 곳에는 자연스러운 사회성과 성, 사랑 능력과 노동의 즐거움이 실존하고 작동한다면서 위선의 정중함과 가식의 사회성이란 가면을 쓴 채 살지 말고 자신의 심층 안에 있는 것을 꺼내서 살라고 주문한다.[42] 성을 긍정하며 살면 우리는 남들을 덜 미워하고 타인과 훨씬 덜 싸우면서 보다 더 만족스러운 삶을 살 수 있다는 얘기다.

이런 이야기를 들으면 빌헬름 라이히가 인간의 본성에 대해 지나치게 낙관하고 있다는 인상을 받을 수 있다. 우리 안에는 분명히 남들에게 떳떳하게 밝히기 어려운 것들이 득시글하다. 세상과 사회에 두려움을 느끼듯 우리는 내면을 들여다보는 일에 공포를 느끼고 외면한다. 힘겨울지라도 눈을 부릅뜨기보다는 내 안의 어둠에 잠식당하도록 자신을 방치한다. 미국의 심리학자 에이브러햄 매슬로 Abraham

Maslow도 비슷한 주장을 한다. 인간은 현실에 적응하기 위해 자신을 억제해 왔고 그래서 분열되어 있다. 자기 내부의 많은 것들이 위험을 초래하기 때문에 짓누르지만 사그라지기는커녕 종종 튀어나와 삶을 흔들게 된다. 그런데 우리 안에는 감추고 싶은 어둠만 있는 것은 아니다. 창조성, 힘, 잠재성도 있다. 매슬로는 우리 안의 본성을 억압하지 말고 표현과 장려가 최선이라고 충고하면서 본성이 삶을 이끌도록 허용한다면 인생은 더욱 건강하고 활기차고 행복하게 성장할 거라고 이야기한다.[43]

성을 파고들면서 새로운 사상을 펼쳤으나, 정신분석학회에서도 제명당하고 공산당에서도 쫓겨나 미국으로 망명해서 우주의 기운을 모으려다가 식품의약국에 검거되어 감옥살이 중에 심장마비로 사망한 비운의 사상가 빌헬름 라이히는 68혁명*을 거치며 재조명받는다. 파란만장했던 인생이었지만 그는 용기를 내어 세상의 위협과 자기 안의 공포에 맞섰다.

성에 용기가 필요한 까닭은 성이 일상의 밑바탕이기 때문이다. 성

---

* 1968년 5월 프랑스에서 학생과 근로자들이 일으킨 사회 변혁 운동이다. 1968년 3월 미국 베트남 침공에 항의하며 '아메리칸 익스프레스'의 파리 사무실을 습격한 여덟 명의 대학생이 전원 체포를 당하자 그 해 5월 이들의 석방을 요구하는 학생들의 대규모 항의시위가 이어지면서 발생하였다. 여기에 노동자들의 총파업이 겹치면서 프랑스 전역에 권위주의와 보수 체제 등 기존의 사회질서에 강력하게 항거하는 운동이 일어났고, 프랑스뿐 아니라 미국, 일본, 독일 등으로 번져 갔다. 그리고 남녀평등과 여성 해방, 학교와 직장에서의 평등, 미국의 반전, 히피 운동 등 사회 전반의 문제로 확산됐다.

억압을 당한 사람이 당당하게 권력과 자본과 종교를 비판하기는 어렵다. 성의 자유는 단지 쾌락을 위한 도구가 아니라 인생의 자유를 위한 대들보다. 용기를 내어 자기답게 살려고 노력하는 사람에게 성은 자신을 변화시키는 지렛대가 되어 준다.

금기를
어기고 싶은 욕망

조르주 바타유
『에로티즘의 역사』

페테르 파울 루벤스, 「레우키포스 딸들의 납치(강간)」(1617~1618)

신화는 인간의 상상력이 빚어낸 이야기로, 과거 인간 사회를 돌아볼 수 있는 자료가 된다. 인간은 자신의 지성만큼 신을 만들고 딱 그만큼 이해한다. 그리스 신화를 보면 여러 신들이 별별 해괴하고 끔찍하고 우습고 난폭한 일들을 벌이는데, 그때 그 시절 인간들의 생각과 믿음으로부터 그리 멀지 않았다. 루벤스의 이 작품을 보면 강간하려고 납치하는 장면 왼쪽에 사랑의 신 큐피드가 아리송한 표정으로 말에 매달려 있는데, 폭력과 사랑이 뚜렷이 나뉘지 않았음을 얼핏 드러낸다. 조르주 바타유는 금기를 위반하고 싶은 인간의 욕망을 적나라하게 파헤친다. 강간은 현대엔 엄혹하게 처벌하지만 끔찍하게도 인류사 내내 남성들의 흥분을 유발하는 일이었다.

광인인가 작가인가

여행에서 만난 낯선 사람과 나누는 진솔한 대화가 얼마나 설렐수 있는지를 아름답게 그려 낸 영화 〈비포 선라이즈〉는 줄리 델피Julie Delpy와 에단 호크Ethan Hawke가 기차에서 독서하는 장면으로 시작한다. 에단 호크의 책은 배우 나스타샤 킨스키Nastassja Kinski의 자서전 『내게 필요한 건 사랑뿐』이고 줄리 델피가 읽는 책은 조르주 바타유(Georges Bataille, 1897~1962)의 『마담 에드와르다』이다. 미국의 감독 리처드 링클레이터Richard Linklater는 두 권의 책으로 영화의 복선을 깔아 놓는다.

줄리 델피가 읽고 있던 책을 쓴 조르주 바타유는 평생 동안 에로티즘을 탐구한 사상가이자 문학가지만 당대에 제대로 인정받지 못했다. 그는 초현실주의의 교황이라 불렸던 시인 앙드레 브르통André Breton

과 사이가 모질게 틀어지며 모지락스럽게 대립했다. 앙드레 브로통은 바타유가 더럽혀진, 늙어 빠진, 음탕한, 불결한 같은 형용사를 미친 듯 남용하며 격정에 빠지고 황홀해한다면서 정신에 문제가 있다고 비판한다.[1] 장 폴 사르트르도 바타유가 정신분석학자에게 치료를 받아야 한다고 쓰면서 그의 사상에 손사래 쳤다.[2] 당대의 지식계를 주름 잡았던 초현실주의와 실존주의의 대표주자들이 등을 돌릴 정도로 생전에 별다른 주목을 받지 못했던 바타유는 죽은 뒤에 명성이 높아졌고, 미셸 푸코는 금세기의 가장 중요한 작가 가운데 한 사람이라고 추어올렸다.

바타유에게는 광기가 있었다. 바타유의 아버지는 장님이자 매독 환자였는데, 나중엔 백치 상태가 되어 걷지도 못했다. 게다가 바타유의 유년기는 전쟁 상황 중이었다. 바타유는 불구의 아버지를 버리고 피난 갔고, 홀로 버려진 아버지는 빈궁한 상태에서 고독하게 죽었으며, 바타유의 어머니는 심한 우울증에 정신착란으로 자살을 시도한다. 그래서 바타유에게 죄의식은 그림자처럼 평생 따라다닌다. 바타유는 종교에 의탁하면서 죄책감을 덜어 내려 했으나 어머니를 부양하기 위해 사제의 길을 접는다. 그러면서도 종교가 선사하는 환희와 신비주의에는 몰두했는데, 철학자 프리드리히 니체Friedrich Nietzsche의 사상을 만나면서 종교에 대한 환상이 와장창 깨져 나간다.

조르주 바타유는 1922년 스페인 마드리드로 여행 갔다가 투우사가 소와 대결하다 죽는 걸 목격하는데, 충격과 함께 잊지 못할 마력도 경험한다. 끔찍한 장면과 마주할 때 공포와 아울러 때때로 느껴지는 숭고함과 황홀감을 체험한 것이다. 도덕으로 판단하거나 상식으로 보면 불쾌하고 불편한 상황인데 야릇하게 마음이 흔들렸던 것이다. 그를 사로잡았던 강력한 체험은 에로티즘에 대한 탐구로 나아가게 했다. 가족사의 불행, 세계 대전이라는 대규모 전쟁, 건강하지 못한 신체, 남들과 공유하기 힘든 내적 체험들이 쌓이면서 바타유는 자기만의 관점이 생겨났고, 도서관 사서로 일하면서 독서를 통해 더 깊은 사상 체계를 만들어 간다.

알렉상드르 코제브Alexandre Kojève를 만나면서 바타유의 생각의 폭이 한층 넓어지는데, 코제브는 1933년부터 1939년까지 프랑스에서 강의하며 열풍을 일으켰다. 바타유를 비롯해서 앙드레 브르통, 자크 라캉Jacques Lacan, 레몽 아롱Raymond Aron, 모리스 메를로퐁티Maurice Merleau-Ponty, 루이 알튀세르Louis Pierre Althusser 등등 당시에는 이제 막 반짝이기 시작한 샛별들이었지만 20세기 지성계의 별자리를 구성하게 되는 거성들이 그의 강의를 듣기 위해 몰려들었다. 부정성을 자유라고 설명하고 인간이 동물과 구별되는 이유도 부정성에서 찾은 코제브는 주어진 자연성을 부정하며 살아 움직일 때에만 자유로운 인간으로서 실존할 수 있다고 자신의 사상을 피력했다.[3] 코제브의 사상은 바타유의 에로티즘 사유의 근간에 깔려 있다.

바타유의 인생에서는 여러 여인이 있는데, 그 가운데 첫 번째 아내였던 실비아 마클레Sylvia Maklès는 바타유와 이혼한 뒤 정신분석가 자크 라캉의 두 번째 아내가 된다. 자크 라캉은 첫 번째 아내와 두 번째 아내 사이에 각각 딸이 있었고 두 딸은 나중에 아버지에 대한 책을 썼는데, 성장 환경이 다른 만큼 그들의 감정은 사뭇 다르다고 한다.

바타유는 자신이 의도를 갖고 불편을 불러일으켰지만 그 불편은 필요한 것이라면서 자신의 글이 인류 앞에 놓인 심연에 다가가는 과정이라고 생각한다.4 그는 모두가 고개를 끄덕이는 뻔한 내용이 아니라 다들 고개를 돌리고 싶게 만드는 내용을 한결같이 끈질기게 파고들었고, 바타유의 통찰은 시간을 거슬러 살아남게 되었다.

자연을 부끄러워하고 혐오하는 인간

바타유에 따르면 인간과 자연은 대척하는 관계다. 우리는 자연이란 말을 들으면 조화롭고 여유로운 목가의 풍경을 떠올리지만, 실제 자연은 복잡하고 혼란스러우며 깨끗하지도 않다. 아무런 돌봄을 받지 않은 채 자연 상태에 내던져진 아이의 몸을 생각해 보라. 그래서 인간은 자연을 부정하면서 질서를 부여하고 청결함을 부과한다. 인간은 자기 자신마저 부정하는 동물이다. 인간이 자연을 통제하고 변화시키듯 우리는 자신의 자연스러운 속성을 받아들이지 않고 부정하려고 든다. 인간은 동물로서의 욕망, 성욕 충족 행위를 억제한다.

자신의 자연성에 금기를 둘러싸서 변형한 결과 우리는 성에 대해 아무것도 모른다는 순진한 표정을 짓고 점잔을 떨며 살아간다. 성욕에 휘둘리고 성에 대한 열망으로 가득하더라도 성이 없는 무성 인간인 것처럼 굴면서 가끔 부끄러운 홍조를 띨 뿐이다. 우리는 성을 수치스럽게 대하면서 입에 담지 않는 걸 미덕으로 여긴다. 인간은 자신이 태어난 곳을 잊으려고 애쓰고 성과 자신의 정체성이 연관 지어지는 것을 언짢아하면서 어떻게든 성의 흔적들을 지운다.

> 인간만이, 자신이 나온 곳, 결코 벗어날 수 없는 곳, 그 자연을 "부끄러워"한다. 그것은 우리에게 아주 예민하게 느껴진다. 인간화된 세계, 우리는 그 세계를, 자연의 흔적마저 지워 없앤 채 우리 식으로 배치했다. 특히 우리는 우리가 태어난 과거를 상기시킬 수 있는 모든 것을 멀리 떼어 놓았다. 인간은 모두가 자신들의 기원을 부끄러워하는 벼락부자를 닮았다. 그들은 기원을 생각나게 하는 것을 멀리한다.**6**

아우구스티누스Augustinus는 인간이 똥과 오줌 사이에서 태어난다며 진저리치면서 성을 수치스럽게 여겼고, 아마 여전히 적잖은 사람들이 성에 대해서 비슷한 반응을 한다. 하지만 성은 자연이다. 성에 대한 혐오는 자연의 거부다. 바타유는 위생 처리가 잘된 저 높은 곳에서 아래를 굽어보며 자신은 한 점 더러움도 없다고 믿는 사람들이 자연스러움에 대한 거부를 마치 대단한 가치처럼 아이들에게 주입시키려 한다고 핀잔한다.**7** 인간은 성과 무관한 존재가 아니고, 성은 더러운 게 아니다.

그러나 성을 부정하면 깨끗한 존재가 되는 양 사람들은 성을 더럽다고 여기면서 억제하려고 애쓴다. 하지만 결과는 늘 실패다. 성을 부정하는 우리는 속절없이 흔들리는 자신의 모습에 한숨 쉬면서 스스로를 한심하다고 평가한다. 성을 수치스럽게 여기는 건 그만큼 우리가 원치 않는 욕망에 이끌리고 있다는 뜻이다. 수치는 욕망의 다른 얼굴이라고 바타유는 콕 집어 말한다.**8**

성을 더럽고 수치스럽게 생각하면 밝은 곳에서 성을 이야기하지 못한다. 성은 어둠에 갇힌 채 보이지 않게 되고 비밀스러워진다. 그러나 이성의 세계인 낮이 저물고 욕망의 세계인 밤이 도래하면, 성은 어김없이 어둠처럼 인간을 덮친다. 인간은 자연을 부정하지만 다시 자연을 열망하면서 성을 탐닉한다. 바타유는 인간을 자연으로부터 떨어져 나오자마자 다시 자연으로 돌아가려는 존재라 말하며, 성이라는 자연으로부터 뿌리 뽑혀 있고 성으로부터 빠져 나오려고 하지만 다시 그 뿌리 뽑힌 자리를 향해 가는 존재라고 설명한다.**9** 인간은 성을 부정하지만 성의 흔적이 결코 지워지지 않은, 성의 존재다.

바타유의 주장은 그에게 영향을 끼친 니체의 사상과 닮았다. 니체는 인간이 자신의 모든 본능을 부끄럽게 여기게 되면서 유약해졌다고 질타한다. 인간이 천사처럼 되려고 하면서 동물의 즐거움과 순진함을 역겨워하게 되었고 그 결과 삶 자체가 무미건조해졌다면서 문명의 도덕을 비판한다.**10** 동물성을 긍정하고 수용하여 관능을 얻어 내라고 목소리를 높인 니체는 순결이 어떤 사람에겐 미덕일 수 있지만 대다수 사람에겐 거의 악덕이라고 단언한다.[11] 니체는 누군가 순결을 강조하면서 관능을 비난한다면 그 사람은 성 때문에 고통받는 사람이라면서 철학자 아르투르 쇼펜하우어 Arthur Schopenhauer를 겨눈다. 쇼펜하우어는 세계 정복이 아니라 자신을 극복하는 게 가장 큰 정복이라면서 자기 내부의 의지인 성욕을 꺾어서 완전한 동정童貞이 되라는 금욕주의를 설파했다.[12] 쇼펜하우어는 많은 이에게 존경을 받으며 자기 딴에는 명랑했지만 여성을 혐오하고 독설과 냉소를 쏟아 내며 염세주의에 푹 빠져 살았다. 쇼펜하우어는 성을 부정하면서 성에 고통받는 사람의 특징을 보여 준다.

봉인된 편지와 같은 에로티즘

바타유는 금기를 중요하게 사유한다. 금기를 통해서 인간은 동물성에서 벗어난다. 성에 금기라는 울타리가 세워지면서 자연으로부터 차단된 인간은 성행위 할 때 제한받게 된다. 어떤 누구도 성행위에 자유롭지 못하고, 심리라는 내부와 사회 관습이라는 외부 양쪽에서 제약을 당한다.

성관계는 단순히 벌거벗은 몸이 결합하는 상태를 넘어선다. 성은 사회가 정해 놓은 경계가 어디까지인지를 끊임없이 확인하는 작업이고, 나는 사회 규범과 어떤 관계를 맺고 있는지를 드러낸다. 성관계는 언제나 사회성을 지닌다. 자유로울 때조차 사회성을 지닌다. 내가 행사하는 성적 자유는 상대에게 영향을 미치면서 상대의 자유를 생각하지 않을 수 없게 하기 때문이다.[13] 성의 사회성으로 말미암아 사회는 성을 개인의 영역으로 한정하지 않고, 규범과 금기를 통해 제약을 가한다. 성은 금기에 둘러싸인다.

성에 둘러쳐진 금기는 인간을 동물로 되돌아갈 수 없게 막으면서 인간의 성행위를 동물의 성행위와 구분 짓게 한다. 인간의 성행위는 자연스럽게 이뤄지지 않고 금기를 거치면서 이뤄지기 때문에 에로티즘이 발생한다. 성관계가 늦은 저녁에 집밥을 먹듯 심드렁하게 이뤄진다면 야하게 느껴지지 않는다. 그러나 성은 금기에 둘러싸여 있어서 쉽게 접근하지 못한다. 성행위를 한다는 건 세상이 하지 말라는 규범을 깨뜨리는 행위다. 에로티즘은 금기를 어길 때 발생한다.

바타유는 에로티즘을 봉인된 편지에 비유한다. 봉인된 편지를 받았을 때 혹시 원치 않는 게 들어 있을까 봐 걱정되는 두려움과 아울러 묘한 기대감에 괜히 떨리면서 선뜻 개봉하지 못하지만 자꾸만 열어 보고 싶은 욕망이 치밀면서 결국 열지 않고는 못 배긴다. 이것이 금기를 둘러싼 인간의 심리다. 금기는 성행위를 정말 금지하기보다는 이전의 자연 세계에는 존재하지 않던 규칙 위반의 쾌락을 만들어 낸다. 금기가 새로운 쾌락을 만들어 내는 것이다.

누구나 다 가질 수 있는 것은 별로 갖고 싶지 않다. 금지의 대상이고, 아무나 가질 수 없어야 욕망이 더욱 들끓는다. 정신과 의사 프란츠 파농Frantz Fanon은 자신의 고향 남자들이 프랑스에 오자마자 백인 여성과 자려고 안달했던 이야기를 했다. 인종차별이 극심하던 당시에는 흑인 남성에게 백인 여성은 성관계를 할 수 없는 대상이었기 때문에 백인 여자를 가지면 더더욱 커다란 성취를 느끼면서 진정한 남성성을 얻게 된다고 흑인 남성들은 생각했다.[14]

하지 말라고 하면 얄궂게도 더 하고 싶다. 처음부터 이뤄질 수 없기 때문에, 그래서는 안 되기 때문에, 해서는 안 된다고 남들이 다그치기 때문에, 인간은 도리어 그것을 욕망한다. 금기가 없었다면 오히려 하고 싶은 마음이 없었을지도 모른다. 금기를 인식하게 되자 금기를 어기면 어떨지 음흉한 상상이 날개를 펼친다. 두려움과 수치심은 양념처럼 더욱 흥미를 돋운다. 자책과 후회로 말미암아 별거 아닐지도 모르는 악덕에서 더더욱 벗어나지 못한다. 죄책감이 더해지면 이전과는 비교할 수 없을 만큼의 흥분과 아찔함이 주어진다.[15]

율법이 탐내지 말라고 명하지 않았다면 탐심을 몰랐을 거라면서 계율 때문에 죄가 마음속에서 떠오르고 모든 탐나는 마음이 일어나게 됐다고 「로마서」 7장 7절과 8절에 기록되어 있다. 평소에 입에 담지 않지만 사람들의 마음속 후미진 곳에선 금기를 위반하고픈 욕망이 소용돌이친다. 많은 남성이 수녀에게 흑심을 품고, 많은 여성이 승려나 사제를 보며 마른 침을 삼킨다. 그들은 가질 수 없는 존재라는 상징이 있기 때문이다. 그리고 성으로부터 벗어나고자 하는 사람들이기 때문에 욕망을 자극하는 성욕의 대상이 된다.

금기를 통해 성을 부정한 인간은 금기를 어기면서 다시 성으로 회귀할 수밖에 없고, 이때 에로티즘이 발생한다. 금기가 있어야만 그리고 그 금기에 저항해야만 에로티즘이 생긴다. 완전히 거부했던 성을 인간은 다시 욕망한다. 바타유는 사람들이 그토록 역겨워하고 밀어내던 성을 그리도 쉽게 되돌아가 탐닉하는 걸 보면 놀라지 않을 수 없다고 말한다.[16] 우리는 맨 처음에는 성에 저항하는데, 저항은 정말 성을 원치 않는다는 뜻이 아니다.

> 저항은 우리에게 욕망의 존재를 확인시켜 주는 증거이자, 욕망이라는 확실한 제국이 갖는 힘의 반증이다. 만약 부정의 여지없는 거부감을 극복해 내기가 그렇게 고통스럽지 않았다면 우리는 욕망이 그렇게 강한 것인 줄 몰랐을 것이고, 욕망을 자극하는 그 강한 힘을 욕망의 대상 안에서 찾아내지도 못했을 것이다.[17]

우리는 성의 유혹과 성욕에 저항하면서 고통을 겪게 되고, 속절없이 성의 세계로 넘어가면서 욕망의 강렬한 힘을 알게 된다. 천박하고 저급하다면서 거부되었다가 다시 욕구되는 자연은 이전의 자연과 다르다. 한 번 부정되었던 자연이므로 그저 동물의 충동으로 행해지는 성이 아니다. 금기를 통해 부정되었다가 위반하면서 에로티즘을 빚어낸 성은 일종의 저주를 통해 변형된 자연으로, 인간을 열광시킨다.[18]

쉽게 얻는 건 쉬이 싫증이 난다. 장애와 금기가 있어야 더욱더 안달하면서 원하게 된다. 많은 사람이 자주 성행위 하면 금세 열정이 식는 까닭도 이전까지는 성관계가 금지였는데, 성관계라는 불규칙이 규칙이 되어 버렸기 때문인지 모른다. 사람들은 또 다른 금기에 도전하면서 새로운 자극과 신선한 일탈을 추구한다.

인간 안의 넘쳐 나는 힘

여성은 엄마 뱃속에 있는 임신 20주째에 난자 수가 최대 600만~700만 개에 이르다 출산할 때 50만 개를 갖고 태어나 난자를 배출하는 사춘기에 이르면 5만 개 정도를 갖고 있고 평생 450개 남짓의 난자를 사용한다. 몇 백만 개의 난자들은 세포 자살이라는 기능을 통해 깨끗이 파괴되고, 산산조각 난 난자들은 이웃 세포들 속으로 흡수된다.[19] 정자는 한층 더 낭비된다. 남성은 하루에 대략 억대의 정자를 생산하고 일생 2조 마리가 넘는 정자를 만들어 내는데, 그 가운데 몇 마리만 수정된다. 정자가 난자를 만나더라도 임신의 절반은 자연 낙태되고, 여성이 임신한 사실을 알고 있더라도 20퍼센트가량은 자연 유산된다. 정자와 난자의 생산과 결합의 과정은 굉장히 소모적인 것처럼 보이지만 본디 자연의 원리는 낭비와 탕진이다. 자연은 구두쇠나 깍쟁이처럼 굴지 않는다. 최적과 축적이 아니라 낭비와 탕진이 자연의 속성이다.

조르주 바타유는 여태까지 생산에 주목하던 지식인들과 달리 소모를 강조한다. 태양이 아무런 대가 없이 햇살을 주면서 만물을 성장하게 돕듯 자연의 원리는 아끼고 저축하는 게 아니라 써 버리고 수모하는 것이다. 인류 사회는 여태껏 재물을 모으다가도 한순간에 탕진했고, 그 흔적이 지금도 축제로 이어지고 있다. 프랑스의 인류학자 마르셀 모스Marcel Mauss는 인간이 자신의 이익을 위해서만 움직이는 '경제 동물'이 되어 계산기처럼 살게 된 것은 최근의 일이며, 오랜 세월 물자를 분배하고 증여하는 체계가 지배해 왔다고 설명한다.**20** 마르셀 모스에게 영향을 받은 조르주 바타유는 증여가 자신이 가진 것을 잃어버리게 하지만 그와 동시에 상대에게 영향을 끼치면서 완성된다고 통찰한다. 아낌없이 자신을 내주면서 의미를 얻는 태양처럼 말이다. 그래서 증여는 인간의 한계를 뛰어넘어 우주의 무한 운동에 결합시켜 주는 미덕이 있다고 바타유는 이야기한다.**21** 증여가 제대로 이뤄지지 않아 물자가 골고루 분배되지 않고 과잉 축적될 때마다 전쟁 같은 재앙을 겪었다고 바타유는 우려의 목소리를 낸다.

자연의 물자를 쌓아 두기만 하면 파국이 도래하듯 신체의 기운도 쌓아 두려고만 하면 문제가 생긴다. 소모해야 건강해지기에 의지로 금욕하려고 해도 인간은 자신도 모르게 정력을 써 버린다. 성행위는 낭비와 소모의 행위인데, 바로 그렇기 때문에 열망의 대상이다. 그동안 효율과 생산, 저축과 절약, 성실과 축적 같은 원리로 일상이 돌아갔고 성장을 목표로 살아왔더라도 성욕에 사로잡히면 무턱대고 힘을 소비하고 아무런 소득 없이 자산을 낭비해 버린다. 일상이 파괴될 만큼 성에 탐닉하면 절정을 느끼면서 '작은 죽음'을 맞이한다.**22** 거의 죽음에 가까울 만큼 '나'라는 존재가 붕괴되기에 황홀하다.

자연의 법칙은 맹목에 가까울 정도로 단순하며 인간의 삶도 자연의 법칙에 따라 치솟음이자 넘침이고 터져서 소진되고 마는 대소동이라고 바타유는 얘기한다.[23] 우리는 안정과 균형을 추구하더라도 이글거리는 힘을 주체하지 못하고 때때로 위험에 빠질 만큼 써 버린다. 헛되게 낭비할 때만 쾌락을 얻을 수 있기 때문이다.[24] 뒷일은 생각하지 않고 저녁부터 새벽까지 서로를 탐닉하는 연인이 부럽고, 내일을 잊은 채 즐기는 축제가 즐거운 이유다.

강도 높은 소모는 공포의 감정을 불러일으키지만 그 덕분에 에로티즘이 더 강렬해진다. 단순한 성관계가 아니라 공포와 증오와 고뇌와 수치심과 죄의식이 더해질 때 에로티즘이 작동된다. 인간이 사랑에 빠질 때 남김없이 내 모든 걸 상대에게 주는 이유도 막대한 소모가 에로티즘을 증가시키기 때문이다. 서로가 함께 소모하는 것이 사랑이라고 바타유는 설명한다.

> 주체에게, 사랑의 대상은 원칙적으로 극대 소모를 상징하며, 그 소모는 삶의 행복을 보장해 주되, 지나쳐서 고뇌를 안겨주지는 않는 그런 소모다. 사랑의 대상은 종종 엄청난 소모의 의미를 갖는다. 여자는 축제와 장식으로 그녀를 사랑하는 사람을 망하게 할 수 있다. 고뇌가 소모의 의미를 갖는 것은 바로 그런 때다. 연인들의 소모는 일치를 이룰 때, 그 가능성의 정도에 따라 '정확하게' 진전한다. 사랑은 오직 소비를 위해서, 오직 쾌락에 쾌락을 더하기 위해서, 기쁨에 기쁨을 더하기 위해서 연인들을 결합시킨다. 연인들의 사회는 소모의 사회다.[25]

서로에 대한 호감에 관능의 욕망이 결합할 때 사랑이 탄생한다. 바타유에 따르면 스스로를 파멸시키고 싶고 남김없이 자신을 잃어버리고 싶은 바람이 관능의 욕망이고, 두 사람이 함께 관능의 바람으로 뒤섞여 같이 소모할 때 사랑이다. 이토록 소모를 향해 둘의 열정이 타올라 많은 것이 잿더미가 되는데 끊임없이 다시 타올라야만 사랑이 지속된다.26 관능의 욕망이 잠깐 타올랐다가 더 이상 소모할 게 없으면 두 사람은 더 이상 사랑하지 못하고 한때의 '불장난'이라고 생각하게 된다. 연인들이 불안정한 결합 상태에서 모든 걸 소모한다면, 부부는 안정된 상태에서 부를 축적하고 증식한다.

어그러진 사회가 만들어 낸 강간 문화

금기를 어길 때 흥분되고 에로티즘을 얻는다는 생각은 불편함을 낳는다. 바타유의 논리대로라면 남자들이 여성의 저항에 맞닥뜨릴 때 자기 행동에 문제의식을 갖기보다는 더 큰 흥분을 느끼게 되기 때문이다. 금기를 어기려는 심리는 강간 문화와 연결되어 있다. 2012년에 인도와 미국에서 벌어진 성폭행 사건을 계기로 부각된 강간 문화란 개념은 한마디로 여성에 대한 성폭력을 용인하는 문화 환경을 일컫는다. 여성의 권리와 안전을 중요하게 여기지 않는 의식과 성폭력을 미화하면서 여성의 신체를 사물처럼 여기는 태도 그리고 마구 범람하는 여성 혐오의 언어를 통해 강간 문화가 형성된다. 강간 문화 속에서는 여성이 처음엔 싫어하더라도 나중엔 즐긴다는 망상이 남자들에게 주입된다. 바타유도 비슷한 얘기를 한다.

> 에로티즘은 인간이 성행위에 대해 가질 수 있는 가장 심각한 공포의 다른 의미다. 그러한 반응들은 사랑 때문에 남자를 피하는, 그러나 자신의 의지와는 상관없이, 그러니까 의지보다 강한 열정적 충동 속에서 나중에는 그를 더욱 사랑하게 될 줄도 모르는 채 그를 피하는 놀란 처녀의 반응들과도 유사하다.[27]

강간이 어떤 비정상의 남자가 저지르는 범죄가 아니라 현실의 문화임을 아프게 일러 주는 용어가 강간 문화다. 강간 문화 속에서 여성은 강간을 당할 수도 있다는 두려움으로 위축된다. 미국 여성 5명 가운데 한 명 그리고 남성 71명 가운데 한 명은 강간을 당한다는 통계도 있을 정도다.[28] 굉장히 많은 여성이 강간을 당한다는 통계는 그동안 신빙성의 논란을 겪어 왔지만 강간의 실상을 외면하지 못하도록 경각심을 촉구하게 만든다. 강간은 아주 흔한 일도 아니지만 매우 드문 일도 아니다. 강간은 언제 어디서든 일어난다. 대부분의 남성이 강간을 저지르지 않고 대다수의 여성이 강간당하지 않는데도 강간 문화는 성별에 따라 행동의 범위를 비대칭하게 만들고, 여성을 주눅 들게 하면서 남성에게 종속시키는 효과를 낳는다.

그렇다면 왜 강간 문화가 퍼져 있을까? 남자의 성욕에 세상이 너

그럽기 때문이다. 술 먹고 성폭력을 저질러도 그럴 수 있다고 여기거나 솜방망이 처벌을 한다. 여자들은 밤거리를 돌아다니지 말고 단정한 옷차림을 하고 조심하라는 얘기를 시도 때도 없이 내내 듣지만, 남자들은 타인의 존엄을 지켜야 하며 성욕을 느낄 때 어떻게 처신해야 하는지에 대해서 도통 듣지 못한다. 성욕을 충족시키기 위해 여성의 인권을 무시하는 강간 문화 속에서 많은 남성이 여성의 욕망과 상관없이 자신이 원하면 성행위를 할 권리가 있는 것처럼 여긴다. 데이트 강간과 배우자 강간도 이에 포함된다. 강간하는 내용의 포르노가 널렸고, 심지어 여성이 차 트렁크에 발목이 묶인 채 실려 있는 사진이 유명 남성 잡지에 대문짝만하게 버젓이 실리는 문화 속에서 남자들은 성욕을 채우지 못하면 분노와 폭력을 당연한 것처럼 발산한다. 아직도 많은 남자들이 성폭력의 해악에 둔감하고, 폭력에 동반되는 흥분에 도취되어 있다.

강간 문화는 남자에게 성관계를 해 줘야 하고 남자에게 섹스를 빚지고 있다는 믿음을 여성에게 주입시킨다. 강간 문화는 폭력을 통해 욕구를 채우려는 남자가 아니라 남자에게 욕망을 불러일으킨 여자가 잘못이라는 믿음을 바탕으로 구축되므로 그 안에서 피해자들은 자신의 어떤 행동이나 말, 옷차림이 남자의 욕구를 불러일으킨 게 아닌지 자책의 수렁으로 빠져든다. 강간을 당한 여자에게는 잘못이 없으며 동의하지 않은 성관계는 강간이라는 걸 대중에게 알렸던 여성운동은 권력의 문제로서 강간을 조명한다. 모든 강간은 충동에 의해 일어나는 욕망의 범죄가 아니라 힘의 행사일 뿐이며 모든 남성이 모든 여성을 공포 상태에 두기 위해 행하는 의식적인 위협의 과정이라고 여성학자 수잔 브라운밀러 susan Brownmiller 는 주장했다. 성폭행이 피해자의 나이나 외모와 무관하고 성욕과도 상관없이 잔혹한 방식으로 행해지고 피해자에게 수치심을 주기 위한 지배의 행동이라는 생각이 여성주의자들의 노력으로 서구 사회에 널리 퍼졌다.[29] 인류학자 김현경도 남성의 성욕만으로는 성폭행이 설명될 수 없다고 언급한 뒤 성폭행은 남성 지배 사회가 조장하고 묵인하는 일종의 의례이며 피해자에게 여성임을 자각하게 하면서 복종의 교훈을 주는 것을 목표로 한다고 말한다.[30] 사회문화가 여성과 남성의 행태에 큰 영향을 미치기에 여성학자들은 권력과 성차별 문제를 파고든다. 에리히 프롬도 인간의 추악한 성향뿐 아니라 아름다운 성향도 고정된 본성이 아니라 사회 과정의 결과이자 문화의 산물이라면서 인간을 형성하는 사회의 중요성을 강조한다.[31]

성범죄와 권력이 결부되기 때문에 우리는 권력을 지닌 가해자를 제대로 처벌하기보다는 진실을 은폐하면서 성범죄를 방치하는지도 모른다. 서구에는 기독교 신과 신부 그리고 친부라는 세 아버지 Father 가 있다. 그런데 가톨릭 신부들은 전 세계에서 오랫동안 아동들을 성폭행해 왔다. 신부를 아버지라 믿으면서 따랐던 수많은 동심이 추악한 방식으로 파괴되었는데, 그동안 가톨릭에서는 신부들을 처벌하지 않고 교구만 옮기도록 한 경우가 많았다. 그리고 이는 똑같은 범죄를 저지르도록 방조하는 결과를 낳았다. 영화 〈스포트라이트〉는 사제들의 성폭력을 밝히는 일이 얼마나 힘든지를 보여 준다. 현대에 와서도 이처럼 밝히기가 어려웠는데 과거에 묻혔던 사건들이 얼마나 많았을지 오싹하다. 평론가 크리스토퍼 히친스Christopher Hitchens는 그동안 학교나 고아원에서 추악한 늙은이와 노처녀들이 아이들에게 얼마나 피해를 끼쳤을지 생각하면서 섬뜩해한다.**32** 여전히 권력의 그늘에서 수많은 피해자들의 입을 누군가 막고 있을지 모르고, 피해자들이 재갈을 풀고 소리쳐도 우리의 귀에까지 전해지지 않을지 모른다.

강간범의 목적

인간의 양육 발달에 환경이 엄청난 역할을 한다면서 인간성의 변치 않는 일부라 여겨지는 행동 양상들조차 단지 문명의 결과일 뿐이라는 사실이 하나씩 하나씩 밝혀졌다고 문화인류학자 마가렛 미드 Margaret Mead는 주장했다.**33** 문명의 차이 때문에 행동 특성의 차이가 발생하고 문화가 인간의 삶에 미치는 영향력이 지대하다고 믿은 마가렛 미드는 사모아 섬에 가서 청소년들을 연구한다. 그리고 연구 결과를 토대로 사모아의 청소년들은 성행위를 자유롭게 할 수 있는 환경에서 어른으로 순조롭게 성장한다면서 문화를 바꾸면 여러 사회문제를 해결할 수 있다는 희망을 전했다. 그런데 사모아에서 짧은 시간 머물다 떠난 마가렛 미드와 달리 수년 동안 그곳에서 연구한 문화인류학자 데릭 프리먼Derek Freeman에 따르면 사모아에서도 청소년들의 성교가 자유롭게 일어나지 않는다는 여러 정황과 청소년의 성행위에 어른들이 관대하지 않다는 정보를 제시하면서 사모아는 서구 사회와 달리 유연한 규범을 가진 사회에 대한 증거가 될 수 없다고 지적했다. 사모아에서도 젊은 여자의 처녀성을 보호하면서 여성의 성행위에 민감하게 반응하는 집단이 존재했고, 높은 지위의 남성과 결혼하고자 하는 여성은 반드시 처녀막이 온전해야 했으며, 강간이 거의 없다는 마가렛 미드의 얘기와 달리 처녀만 공략하는 강간범을 가리켜 따로 부르는 말마저 있었다. 마가렛 미드도 처녀 강간을 알고 있었지만 대수롭지 않은, 우연히 일어난 사고처럼 취급했다. '문화 규범이란 인간이 임의로 창조한 산물'이라는 신념에 사로잡힌 마가렛 미드는 사모아 문화에 대한 그릇된 정보를 갖고, 연구자로서 경험이 부족한 상태에서, 어설픈 언어 구사력으로 사모아 사람들과 원활하게 소통하지 못한 가운데 자신이 보고 싶은 것을 보고 그려 내고 싶었던 사회의 모습을 그려 냈다.**34**

여성주의자들이 성폭력에 관해서 마가렛 미드와 같은 오류를 저질렀는지도 모른다. 성폭력은 여성을 예속시키는 효과를 낳지만, 남자들이 여성의 예속을 목적으로 성폭력을 저지르는 건 아니다. 강도의 목적이 돈이나 재물이듯 성범죄의 목적은 성이다. 인간이 도덕을 철두철미하게 지키는 것은 아니기에 어떤 남자들은 성욕을 느끼고 불만족을 해소하고자 성폭력을 저지른다. 여성이 유혹하거나 옷을 야하게 입었기 때문에 발생한 일이 아니다. 여성의 존재만으로 남성은 자극받고 흥분된다. 특히나 젊고 예쁜 여자라면 시각적 페로몬 같은 효과를 발휘한다. 그녀는 자신의 의도와 상관없이 주변 남자들의 성호르몬을 활성화시키고, 자극을 받은 남자들은 좀 더 친절해진다든지 더 자주 웃는다든지 아는 체가 늘어난다든지 평소와 다른 행동을 하게 된다.**35** 한 연구에 따르면 매력 있는 여성과 간단히 이야기하는 것만으로 테스토스테론 농도가 평균 14퍼센트 증가한다. 남성호르몬이라 불리는 테스토스테론이 증가한다고 해서 곧장 성 행동을 한다는 건 아니다. 테스토스테론은 혼자 작동하지 않으며 수용체를 통해 신체에 영향을 미치지만, 성호르몬이 증가한다는 것은 성 행동과 밀접한 상관관계가 있다. 악질 성범죄자에게 화학적 거세를 하는 이유도 성호르몬의 위력이 분명하기 때문이다.

남자들이 권력을 이용해 저지르는 여러 형태의 성폭력은 사회문제로서 지금보다 훨씬 야무지게 적발하고 야멸차게 처벌해야 하겠지만, 강간을 초점에 놓고 보면 대개의 강간범들은 사회계급이 낮고 사회로부터 소외당한 사람들이고 욕구 불만으로 분노한 상태. 돈 많고 권력 있는 남성들이 저지르는 성범죄도 그들이 돈과 권력을 이용해 상대의 의사를 무시하면서 벌어진다. 이때 그들을 그렇게 행동하도록 만든 원인은 강간범들과 똑같이 성이다.

자신의 신분과 능력만으론 매력 있는 여자를 만날 수 없을 때 어떤 남자들은 강간을 저지른다. 강간범들은 강간이 아니고서는 피해자 같은 여자와 관계할 수 없었을 거라고 진술했는데, 이는 사실일 거라고 미국의 진화심리학자 도널드 시몬스Donald Symons는 설명한다.**36**

강간은 성차를 보여 준다. 대다수 여성은 권력이 생겼다고 해서 강간을 저지르지 않는다. 게다가 남자들은 성욕을 참지 못하고 범죄를 저지르는 성폭행범을 용납하지는 않으면서도 성욕이 성범죄의 원인이 될 수 있다는 걸 인지하는데, 여자들은 성욕을 참지 않고 폭력을 동반해서 해소하려는 발상 자체를 하지 않기에 성욕과 폭력의 관련성을 지각하지 못한다. 성범죄를 막기 위해서라도 강간을 도덕으로 비판하는 데 그치지 말고, 성욕에 대한 면밀한 연구와 인간에 대한 냉철한 이해를 바탕으로 한 제대로 된 교육이 요구된다. 진정한 계몽은 우리의 그늘에 불을 켜는 것이다.

과학자들은 여성주의자들이 강간범의 동기에 대해서는 오판했다고 비판의견을 낸다. 여성운동가들은 강간이 여성을 종속시키려는 목적으로 이뤄진다고 주장하면서 나이 많은 불임 여성도 강간당하는 사례와 콘돔을 사용하거나 임신과 무관하게 강간하는 사례를 드는데, 미국의 인지과학자 스티븐 핑커Steven Pinker는 이런 경우는 드문 데다 일반 남자들도 나이 많은 불임여성과 성관계하고 임신과 무관한 성행위를 하거나 콘돔을 사용한다면서 반박한다. 남성이 여성을 억압하기 위해 강간한다는 주장에 따르면, 성행위 도중 여성이 싫다고 말했는데도 멈추지 않고 행위를 지속해 성폭행을 저지른 경우 이 남자의 목적이 처음엔 성행위였다가 나중엔 권력 행사에 따른 여성 억압으로 변하는 희한한 상황이 된다.

어떤 남자가 성폭력을 저지를 때 여성 억압이 목적일 수도 있지만 대다수의 남자는 성욕과 연관되어서 성범죄를 저지른다. 강간과 섹스의 동기는 중복되고, 이를 뒷받침하는 증거들은 놀랄 만큼 많다. 침팬지, 고릴라, 오랑우탄 같은 인류의 친척뿐 아니라 곤충, 새, 포유류들 안에서도 때때로 강압으로 성교가 이뤄지고, 강간은 모든 인간 사회에서 벌어진다. 또한 대개의 강간범은 희생자에게 심각한 상해를 입히는 폭력이 아니라 성교를 할 수 있을 만큼의 폭력을 휘두르는데, 피해자의 신체가 크게 다치면 임신과 출산이 불가능하다는 강간범의 무의식적 우려가 반영된 결과일 것이다. 또한 강간이 성욕과 상관없이 벌어지는 무작위의 폭력이라면 강간 피해자들이 다른 범죄를 당한 여성 피해자의 연령 분포와 비슷해야 할 텐데, 강간 피해자들의 연령 분포는 만 13세부터 만 35세까지 가임기 여성에 몰려 있어 다른 폭력 범죄 희생자들의 연령 분포와 확연히 다르다. 그리고 강간범들을 보면 성적 경쟁이 가장 치열한 젊은 남성의 숫자가 비교할 수 없을 만큼 압도한다.[37]

성폭력이 여성을 억압하려는 남성의 술책이라는 주장이 힘을 얻으면서 실제로 성폭력을 줄이고 예방할 수 있는 조치가 이뤄지기보다는 남성을 향한 분노와 비난만 이뤄졌다. 피해가 있는 만큼 제대로 울분을 표출하는 일도 필요하지만 성폭력이 왜 발생하는지 이유를 규명하는 일이 필요했다. 하지만 그동안은 성폭력 발생 이유를 규명하는 데 소홀한 경향이 있었다. 강간의 이유를 제대로 공론화하는 일은 우리 모두에게 굉장히 불편한 일이기 때문에 회피하고 있는지도 모른다. 암세포가 인간의 신체에서 생겨나는 게 자연스럽다고 해서 암과 싸우는 일을 인류가 멈추지는 않듯 강간의 가능성이 남성에게 있다고 해서 강간이 합리화되는 것은 아니다. 암에 대한 의학 지식을 바탕으로 이전보다 더 나은 투쟁을 하고 있듯, 강간에 대한 생물학 지식이 더해지면 인류는 강간과 더 잘 싸울 수 있다.

윤리학자 피터 싱어Peter Singer는 문화가 인간의 이기심을 중화하거나 전환시킬 수 있다면서 처벌에 대한 두려움이 강간을 방지하는 것은 분명하다고 이야기한다. 과거에 제대로 수사되지 않았던 사건들도 최첨단 과학 기법을 통해 샅샅이 조사하고 추적해 제대로 처벌하는 문화가 갖춰진다면 인간은 문화의 영향을 받기 때문에 강간을 포함한 특정한 행동들이 억제될 것이다.**38**

강간 환상과 허락된 폭력

성폭력이 범죄라고 자각되고 사회에서 처벌하게 된 지 그리 오래되지 않았다. 조르주 바타유는 많은 여성이 강간당한 이야기를 주고받으면서 즐긴다고 말한다.**39** 이는 눈곱만큼도 공감하기 어려울 만큼 추악하게 뒤틀린 인식이다. 그러나 남자 중 상당수가 여성이 거부하더라도 나중엔 즐기게 될 거라는 망상에 여전히 취해 있어서 폭력과 성적 욕망이 밀접하게 연동되어 작동한다. 성행위로부터 공격성과 폭력, 위협을 분리해서 성행위를 진정한 성관계로 독립시키는 일은 남성 지배와 남성 중심성의 심장부를 공격하는 일이라고 여성운동가 글로리아 스타이넘Gloria Steinem이 부르짖은 이유다. 쾌락은 고통과 무관하다고, 여성이 자유의지와 힘을 발견하면서 성관계의 주도권을 갖고 쾌락을 경험하게 될 거라고, 남성도 힘으로 여성을 누르지 않고 협력하여 성관계를 할 때 훨씬 큰 즐거움을 누릴 것이라고, 오랜 시간이 걸리고 상당한 저항을 받겠으나 여성에겐 몸의 지혜가 있다고 글로리아 스타이넘은 말한다. 공감과 협력을 통해 쾌락을 증진시키는 성혁명 투쟁이 필요한데, 이때 주력군은 우리 여성들이어야 한다면서 글로리아 스타이넘은 자유와 안전 그리고 인생과 쾌락을 힘주어 소리친다.**40**

글로리아 스타이넘의 바람이 현실에서 더 실현되기를 바라고, 조르주 바타유의 발언을 쓰레기통에 버리기에 앞서 조금 더 생각해 볼 만한 건더기가 있기는 하다. 강간 현장의 비명 소리를 들으면 여성의 음부로 혈액이 왕성하게 공급된다는 연구 결과를 파고든 캐나다의 성과학자 메러디스 치버스Meredith Chivers는 성이 연관되지 않은 단순한 공포나 희열만으로는 여성의 음부가 흠뻑 젖지 않는다는 걸 밝혀낸다. 이를테면 강간범을 피해 도망가는 여성의 모습과 광견병에 걸린 개를 피해 달아나는 모습을 보여 준 결과 여자들은 오직 강간범을 피해 도망가는 장면에서만 음부의 혈류량이 늘어났다. 오랜 세월 여자들은 성폭행을 당해 왔기에 여성의 뇌는 여러 몸서리쳐지는 성폭행 각본들을 상상으로 연출하면서 성폭행을 예방하려고 한다. 강간 환상을 통해 불길한 미래를 그려 보며 여러 위험신호에 민감하게 반응하고, 좀 더 신중하고 조심하려는 동기가 부여된다. 강제로 침입하는 남자의 음경에 질이 망가지는 걸 막기 위해서 성적 신호를 받으면 여성의 음부는 자동으로 젖게 되는데, 이건 성폭행 이후 생길 수 있는 상처와 감염에 대비하기 위한 생리적인 반사작용일 수 있지만 여성의 음부가 젖은 것을 흥분과 무관한 일이라고 잘라 말하기는 어려울 수도 있다. 메러디스 치버스는 강간 피해 여성 치료 과정에 참여했는데 강간 피해 여자들이 음부가 축축해지는 경험뿐 아니라 오르가슴을 느끼기도 했다는 고백과 기록들을 접하면서 고민에 빠진다. 그런데 이렇게 생각해 보면 어떨까? 대부분의 사람은 간질이면 웃는다. 하지만 좋아서 웃는 것은 아니다. 간지러운 그 느낌이 끔찍할 정도로 싫은 사람도 다른 사람이 간질이면 웃게 되는 것이다. 이 실험에서의 반응 또한 그런 종류의 것이라 여겨진다. 생리적이고 자연적인 반응일 뿐, 좋아서 반응하는 게 아니란 거다. 그렇기에 이 실험의 반응이 성폭력을 당했을 때 피해 여성도 반응을 보이고 좋아했다는 주장의 근거나 반박 자료로 쓰일 수 없다. 자연적인 반응이 아닌, 교감을 중요하게 생각하는 여성의 특성을 생각해야 하는 것이다. 상대의 감정과 신체를 존중하지 않고 자기 멋대로 침범하면서도 자신의 행동을 정당화하려는 비민주성은 남녀 관계를 넘어 인간관계에서 극복해야 할 구시대의 망령이다.

성과학자 제니 비보나Jenny Bivona와 조지프 크리텔리Joseph Critelli는 꽤 많은 여성이 강압적인 성행위에 흥분한다는 연구 결과를 발표하면서 실제로는 그 수치가 더 높을 거라고 주장한다.**41** 많은 여성이 갖고 있는 강간 환상에는 사회에서 명망 있고 잘생기고 권력을 지닌 남자들이 등장한다. 여러 연구에 따르면 폭력 위협이나 저항 불능 상태에서 권위에 복종하는 환상이나 성관계를 강요당하는 상상 자체가 여자에게 짜릿한 자극이 되고, 금기를 깨뜨리면서 생겨나는 수치심과 공포감이 훨씬 큰 흥분과 절정으로 치닫는다고 보고된다. 성적 욕망에 대한 죄의식을 면제받고 섹스의 빌미를 제공한 책임감을 짊어지지 않기 위해서 가식으로나마 저항하다가 무력하게 제압당하는 환상을 여자들이 즐긴다고 볼 수 있는데, 굴복이라는 여성의 백일몽이 여성 뇌에서 타고나는 것인지도 모른다고 인류학자 헬렌 피셔Helen Fisher 는 추측한다. 인간뿐 아니라 동물 세계에서도 암컷의 성적 굴복이 유독 보편화되어 있기 때문이다. 여자들은 스스로를 성적 욕망의 대상으로 본다면서 헬렌 피셔는 굉장히 많은 여성이 능욕당하는 환상을 갖고 있는 현상을 언급한다.**42**

혹시나 생길 오해를 불식시키고자 다시 한 번 명토박아 두면 강간은 심각한 범죄고, 강간에 대한 환상이 있다고 해서 여자들이 강간을 바라는 건 절대 아니다. 자신의 연구가 여성의 신체 결정권을 박탈해서 강간을 원한다는 듯한 오해를 낳는 걸 막고자 신체의 흥분이 성관계에 동의한다는 뜻이 아니라고 역설한 메러디스 치버스는 그동안의 연구를 되짚어 보고 실험도 시행하면서 남자는 육체와 심리가 일치하는 데 반해 여자는 불일치한다는 사실을 찾아낸다. 남자가 발기하면 남자의 마음도 온통 흥분해 있지만 여자는 육체가 흥분했다고 해서 마음이 흥분하기는커녕 자기 몸이 흥분해 있다는 사실조차 잘자각하지 못한다. 여성용 성 흥분제 개발이 어려운 이유이기도 하다.

남성은 그저 혈류량을 증가시키면 손쉽게 성욕이 증가하지만 여성의 심리는 여러 층으로 성욕을 점검하도록 장치가 갖춰져 단순히 성적 자극을 받는다고 성욕이 불거지지는 않는다.

더구나 강간에 대한 환상은 여자 이성애자의 다양한 백일몽 가운데 하나고 남성들도 비슷한 환상을 갖고 있다. 미국의 성생리학자 윌리엄 매스터스William Masters와 버지니아 존슨Virginia Johnson에 따르면 남자 이성애자와 동성애자가 자주 꿈꾸는 1위, 2위 환상도 강압적인 성적 만남이다. 남자 이성애자와 여자 동성애자는 자신을 성폭행하는 사람이나 당하는 사람의 역할을 바꿔가며 상상했고, 남자 동성애자는 집단성폭행의 환상을 이따금 계획하거나 준비하는 역할을 맡는다.[43]

인간의 환상에서 나타나듯 흥분과 쾌감은 도덕규범으로 제어되지 않는다. 도덕성을 위반하고 범죄를 저지르면서까지 황홀함을 느끼려고 들면 곤란하겠으나 때때로 합의를 거친 '허락된 폭력'을 통해 쾌감을 높이는 방안은 개인의 취향으로 이해할 수 있을 듯하다. 이를테면 상대의 눈을 안대로 가리거나 끈으로 손을 묶는 방법을 쓰거나 황소가 사정없이 뜸베질을 하듯 평소보다 더 거칠게 공이질하는 것만으로도 흥분은 고조된다. 우리는 사랑하는 사람과의 관계에서 상대를 위해야 한다는 걸 명심하고 성관계에 임하기 때문에 성관계의 쾌락이 감소된다고 관계 치료사 에스더 페렐Esther Perel은 지적한다. 두터운 사회화를 통해 자신의 본능을 억누르고 내면의 동물성을 길들인 결과, 밋밋함과 밍밍함이 침대의 언저리를 맴돌곤 한다. 성적 흥분을 통해 행위에 몰두하면서 타인의 존재를 지워 버려야 에로티즘과 오르가슴을 느낄 수 있는데, 상대를 소중하게 생각한 나머지 아끼는 도자기 다루듯 대한다. 그래서 인간은 오히려 잘 알지 못하거나 소중하게 생각하지 않는 상대와 자유롭게 욕망을 발산하면서 잊지 못할 흥분과 파격의 쾌감을 나누기가 쉽다. 친밀한 사이이기 때문에 도리어 쾌감을 나누지 못하는 안타까운 상황이 벌어지니, 에스더 페렐은 잠자리의 분위기를 확 바꿀 수 있는 방법으로 무자비한 행동을 권유한다. 깊은 유대 관계라는 아궁이이기 때문에 피어오를 수 있는 연기가 무자비한 행동이다. 서로 신뢰할 수 있기에 죄책감이나 민망함 없이 색다른 행위들을 연출할 수 있는 것이다. 오래된 연인 사이에선 때로는 무자비함이 친밀함에 이르는 길이다.[44] 물론 대다수 여성은 존중받고 소중하게 여겨진다는 느낌과 정서 교류를 중요하게 여기므로 과감한 성행위는 합의를 통해 진행되어야 한다.

　남성 안에 온갖 욕망이 들끓듯 여성 안에도 안전한 '친밀한 성관계'에 대한 욕망 외에 본인 스스로도 경악할 만한 환상이 들끓는다. 조르주 바타유는 우리가 연애하고 사랑을 나눌 때 소모를 단죄하기보다는 소모하지 못하는 무력함을 단죄할 거라면서 상대를 부정하는 방식으로 과감하게 금기들을 위반할 때 에로티즘의 마지막 영역이 열린다고 이야기한다.

개인적 사랑은 우리로 하여금 파트너에게 무엇이 이로운가, 파트너가 어느 정도의 고통을 견딜 수 있는가에 대해 사랑하게 한다. 반면 에로티즘의 마지막 영역은 상대의 부정에 의해 비로소 열린다. 파트너와의 공조를 통해서는 겉보기와 달리 강밀성*에 이를 수 없다. 그 영역은 차라리 공조에 등을 돌린 채, 공모 너머로, 과감한 잔인성과 범죄로 위반을 배가시킬 때, 새로운 형태의 폐허를 무차별하게 추구할 때 접근이 가능하다.[45]

상대를 부정할 때 발생하는 에로티즘은 위험해 보인다. 하지만 어쩌면 불편한 사실을 건드리기 때문에 위험하게 느껴지는지 모른다. 상대에 대한 부드러운 배려로 빚어진 관계만이 아니라 때론 거친 열정에 격한 흥분이 생기는 건 부인하기 힘들다. 쾌락만 추구하는 것을 좋은 관계라고 할 순 없겠지만 새로운 느낌을 공유하고자 참신한 발상과 신선한 행위를 시도해 보는 건 색다른 자극이 될 수 있을 것이다.

성을 대하는 인간의 이성

인간은 겉보기에는 예의 바르지만 혼자 있을 때 어떤지 그 누구도 모른다. 한 달 정도 하루 24시간 자신의 일상을 한 순간도 빠짐없이 녹화한 뒤 본다면 우리는 경악할 것이다. 자신이 생각하는 점잖고

● 프랑스 철학 용어. 이 문장에서는 강하면서도 밀도 있는 관계를 뜻한다.

단정한 모습과는 어울리지 않는 행동들을 목격하게 될 것이다. 우리는 대다수 시간에는 정숙하지만 어떤 시간에는 그렇지 않다. 분명히 내 안에 있지만 평소에는 인식하지 않고자 애써 외면하는 행동과 욕망이 있다. 인간은 자신이 어떤 존재인지 제대로 파악하지 못한다. 우리의 머릿속에서 작동되는 환상을 모조리 영상으로 보여 주는 기계가 발명된다면, 우리 모두는 충격 받을 것이다.

인간은 일상을 살지만 자주 일탈을 벌인다. 대개 낮은 일상의 세계고 밤은 일탈의 세계다. 성실하고 얌전한 여자라도 혼자 있는 밤이면 앙큼하고 되바라진 요부를 꿈꾸기도 한다. 집에서는 천사처럼 상냥한 남자라도 밤이 되면 타락의 세계에서 뒹굴기도 한다. 하지만 자신이 낮과 밤의 세계에서 전혀 다른 행동을 하는 존재라는 것을 우리는 절절히 직면하지는 않는다. 그냥 당연하다고 합리화하거나 별로 생각하지 않는다. 바타유는 아빠가 되어 딸과 놀 때는 중독된 돼지처럼 자주 찾아가 뒹굴던 못된 장소를 잊는다면서 각자의 세계는 다른 세계를 모르거나 모른 척하는 것이 인간 사회의 규칙이라고 말한다.

> 양립 불가능성은 한 개인에게서도 보인다. 가족 내에서 남자는 상냥하기가 천사 같다. 그러나 밤이 오면 타락의 세계를 뒹군다. 가장 놀라운 것은 각각의 세계는 다른 세계를 모르거나 적어도 모른 척하는 것이, 내가 암시하는 세계들의 규칙이라는 점이다. 어찌 보면 아버지는 딸과 놀아 줄 때는 자신이 중독된 돼지처럼

즐겨 찾던 못된 장소를 잊는다. 딸과 어울리는 상황에서 일체의
까다로운 규칙들을 어기던 불결한 자신이 기억난다면 그것은 끔
찍한 일이다.**46**

바타유의 통찰을 현대의 인지과학은 이중개념주의로 설명한다.
인간의 뇌에는 여러 가치 체계들이 공존하는데, 대립하는 가치 체계
가 한꺼번에 활성화되지는 않는다. 한쪽이 생생하면 다른 쪽은 잠잠
하다. 미국의 인지언어학자 조지 레이코프George Lakoff는 우리가 금요
일 밤이나 토요일 밤에는 술 마시고 도박하고 성관계에 몰두하면서
질펀하게 놀다가도 일요일에는 경건한 종교 모임에 가는 까닭을 토요
일 밤에 나를 주도하는 인지 체계와 일요일에 나를 지배하는 인지 체
계가 다르기 때문이라고 설명한다.**47** 우리 안에는 정반대의 가치를
추구하는 체계들이 있지만 우리 자신이 모순됐다는 걸 인지하지 못
한 채 상황에 따라 행동한다. 우리는 평소엔 일탈의 행동에 대해 공포
와 거부감을 갖더라도 금요일 밤이 찾아오고 금기가 무너지는 순간
이면 공포와 불쾌는 흥분과 쾌락이 되어 버리고, 금기를 피하기는커
녕 그 일탈을 과감히 탐닉한다. 용납할 수 없던 것들이 우리를 장악
하는 것이다.**48**

인간은 금기를 어기며 일탈할 때 약간은 제정신이 아니게 된다.
인간은 성관계할 때 인지 기능이 현저히 떨어지는데, 성관계를 상상하
기만 해도 미래를 계획하는 사고 능력이 저하된다. 오랫동안 성관계를
하지 못해 몸이 괴로운 상황에서도 합리성은 훼손된다. 인간은 성에

눈멀 때 미래를 무시한다. 많은 사람이 실제가 아닌 영상을 보면서 흥분한 채 시간과 정력을 날려 버리는 이유다. 연애하는 영화나 야한 영상에 흥분한 뇌는 짝짓기에 연결된 신경 중추를 자극하면서 계획하고 합리성으로 판단하는 신경 중추를 닫는다. 뇌는 실제 흥분되는 상황과 영상을 구분하지 못한다. 뇌는 매력 있는 상대가 앞에 있으면 사랑을 나누도록 진화했기 때문에 영상을 보면 마치 자신이 경험하는 것처럼 흥분하게 된다. 연예인들은 우리 환상 속에서 사랑을 나누는 연인이 된다. 본능으로 말미암아 우리는 현대 대중매체들의 온갖 유혹과 공략에 취약한 상태다.

이처럼 인간에게는 비합리성과 광기가 있는데, 주류 학문은 간과했다. 그러다 그동안 잘 다뤄지지 않았던 인간의 특성을 반영하면서 행동경제학이라는 새로운 학문이 탄생했다. 기존의 경제학은 자신의 이익을 최우선으로 고려하는 합리적 주체로 인간을 간주하는데, 행동경제학은 인지 구조에 따라 편향되게 선택하고 행동하는 제한된 이성의 주체로 인간을 간주한다. 자신의 이익을 최우선으로 도모해야 마땅한 사람들이 어리석기 짝이 없는 행동을 벌일 때마다 주류 경제학자들은 식은땀을 흘리면서 제대로 설명하지 못하고 있을 때 행동경제학은 왜 우리가 비합리적인 행동을 하는지 명쾌하게 설명한다. 아무리 예의 바르고 친절하고 성실한 사람일지라도 성적 흥분에 사로잡혔을 때는 스스로 통제하지 못할 뿐더러 자신이 조심함을 버리고 거친 행동을 할 수 있다는 사실조차 알지 못했다는 것이 여러 연구를 통해 밝혀졌다. 평소의 나는 욕망에 휩싸였을 때의 나를 제대로 알지 못하기에 우리는 욕정을 잘 통제한다고 오판하기 쉽다. 욕정에 사로잡힐 때는 기존의 옳고 그름의 경계가 흐려진다. 미국의 행동경제학자 댄 애리얼리Dan Ariely는 아무리 많은 경험을 한다고 해도 성적 흥분 상태에서 어떻게 행동할지를 평소에 파악하는 것은 불가능하다고 잘라 말한다. 성적 충동은 매우 흔하고 평범하지만, 그 충동이 일어날 때 자신의 행동을 얼마나 지배할 수 있는지 정확히 아는 사람은 없다.[49]

평소엔 지킬 박사처럼 살더라도 우리 안엔 분명 하이드가 도사린다. 내 안엔 어찌할 수 없는 충동이 있다. 난 분열된 존재다. 나는 그것을 하고 싶지 않다. 하지만 그럼에도 불구하고 난 이미 그것을 하고 있다.[50] 의지만으로 온전하게 다스려지지 않는 뭔가가 내 안에 있다. 성욕이 없는 척하는 사람은 남들이 없는 곳에서 멋쩍은 행동을 하거나 이상 증세를 띠게 된다. 그렇다면 성을 짓누르고 억누르지만 끊임없이 성에 휘둘리고 휘말리면서 인생을 탕진하기보다 성을 일상 안에 제대로 자리매김시켜야 하지 않을까?

버트런드 러셀은 동거를 제안한다. 일정 기간 동안 젊은이들이 아이 없이 함께 살면서 결혼 생활을 미리 경험하면 이성에 대한 경험을 쌓고 지식을 터득할 수 있다는 얘기다. 어차피 대학에 간다고 해도 젊은이들은 그동안 참아 오고 눌러 왔던 욕망을 뿜어내며 온통 연애와 성에 몰두하니, 자연스레 동거를 할 수 있는 환경이 된다면 성에 대한 집착에서 벗어나 자신이 정말 원하는 관계와 이성에 대한 이해가 싹트리라고 러셀은 내다본다.[51] 이러한 러셀의 전망이 지나치게 낙관적인 것인지도 모른다. 그런데 이미 대학가 앞에는 동거하는 젊은 이들이 많다. 청춘의 동거 문화를 음지로 내몰기보다는 동거를 사회의 양지로 꺼내어 포옹하려는 노력을 이미 선진국들은 앞서서 다 시행했다. 동거 문화가 훌륭하니 적극 권장하자는 얘기가 아니다. 다만 음지에서 이루어지는 것은 탈도 많고 상처도 생기니 양지로 끌어올려 주자는 것이다.

연속성과 애무

성sex은 나누다, 자르다는 어원sexe에서 파생되었다. 성이 잘리고 나뉘었다는 증거다. 성은 그 자체로 결핍을 내포한다. 성은 인간을 오롯이 홀로 가만히 두지 못한다. 인간 안에는 끊임없이 타인과의 결합을 바라는 욕망이 치밀어 오른다. 성은 나를 넘어서 누군가와 합일하도록 이끄는 동력이다.

인간은 타인과 세상으로부터 분리되어 있다. 불연속한 존재로 고독한 인간은 연속성을 꿈꾼다. 우리가 성을 추구하는 까닭도 자의식을 넘어서 타인과 하나가 되는 총체성과 연속성을 원하기 때문이다. 자연으로부터 떨어져 나와 금기를 만들고 자의식을 갖게 된 인간은 고립감을 느낀다. 그래서 인간은 자신으로부터 벗어나기 위해 부정했던 자연으로 돌아가 자연과 하나가 되려고 하고, 나를 부수기 위해서 폭력을 용납하기도 한다. 평소에는 불연속성에 처하더라도 성을 통해 '나'라는 의식이 용해되어 총체성에 이르기에 인간은 신앙을 갖듯 예술을 탐미하듯 성교하게 된다.

> 포옹하고 있으면, 욕망의 대상은 마치 종교적 대상 또는 예술적 대상과도 같이 항상 존재의 총체성으로 승격된다. 그 총체성은 우리가 스스로를 분리 가능한 개체(분리된 개체 또는 분리되었다고 믿는 개체로서의 순수 추상)로 여기는 만큼 우리가 빠져들게 되는 총체성이다. 한마디로, 욕망의 대상은 포옹하고 있으면 우리 자신이 비춰 보이는 거울로서의 우주이며, 총체성이다. 그리고 용해의 최고조의 순간에 섬광처럼 빛나는 강한 불빛은 가능성의 방대한 영역을 비추며, 그 위로 개체의 두 연인들은 그들이 원하는 자극에 민감하게 반응하면서 기진한 채 넋을 잃는다.**52**

인간은 자기 자신의 존재를 알게 되었지만 이와 동시에 다른 동물들이 모르는 외로움을 알게 된다. 자연으로부터 분리되어 자신의 존재를 인식하게 된 인간은 덧없이 짧은 삶을 살다 죽게 되리라는 사실과 어찌할 수 없는 무력함을 인지하면서 고독에 휩싸인다. 에리히 프롬은 고독의 감옥으로부터 풀려나와 어떤 형태로든 다른 사람과 결합하지 않으면 인간은 미쳐 버릴 거라면서 인간의 가장 절실한 욕구는 분리 상태를 극복해서 고독의 감옥을 떠나려는 욕구라고 말한다.**53**

고독의 감옥에서 벗어나려는 욕망은 너무나 강해 인간은 타인과의 분리 상태를 몹시 싫어하고 누군가와 접촉하려고 본능처럼 움직인다. 미국의 자아초월사상가 켄 윌버Ken Wilber는 은둔한 지 7개월 만에 가장 큰 문제가 생겨났다면서, 자신이 가장 그리워한 것은 성행위도 대화도 아닌 단순한 사람의 손길이었다고 고백한다. 그는 살갗의 욕망이 휘몰아친 3~4개월 동안 고통 속에서 책 작업을 한 뒤 주저앉아 매일 30분씩은 울었다고 털어놓는다.[54] 타자의 살결을 그리워하고 만지고 접촉하고 싶은 욕망은 모든 생명이 지닌 원초의 뿌리 깊은 갈망이다.

켄 윌버는 관조와 명상을 통해 살갗의 욕망을 떨쳐냈다고 하지만 대부분의 평범한 인간은 외로워지면 접촉이 가능한 사람들이 머릿속에 떠올라 괜히 오랜만에 전화 걸어 약속을 잡거나 아니면 타인과 접촉할 수 있는 곳으로 간다. 미용실에 가고 안마를 받으러 가고 무도회장에 가고 병원에 간다. 크게 아프지 않고 경미한 사안이지만 우리는 누군가 나를 꼼꼼히 만져 주고 자상하게 챙겨 주고 섬세하게 쓰다듬어 주고 얘기를 진지하게 귀담아 들어주기를 원하여 의사에게 간다.[55] 현대에는 컴퓨터와 텔레비전, 휴대전화 등등 온갖 전자공학 기계들이 우리의 인지 환경이 되고 정신의 공간을 점령해 버렸지만 그래도 인간은 몸과 몸이 접촉하기를 바라며 다정하게 교류하기를 원한다.[56] 타인과 친밀하게 마주치지 않고도 살아갈 수 있는 현대에도 인간은 인간다운 접촉을 원한다. 인터넷과 전화를 매개로 누군가와 연결되었다는 감흥에 취하더라도 우리는 육체의 존재이므로 육체의 만남을 원하고 육체의 소통을 통해서 행복과 안정을 얻는다. 그래서 원격 회의를 통해 얼마든지 의사소통하고 의견을 조율할 수 있는 세상에서 계약서를 체결하거나 중요한 의논을 해야 할 때는 식사 자리를 마련해서 같이 시간을 보낸다.**57** 털이 많이 없어진 인간은 영장류들처럼 털 고르기를 하지는 않지만 다른 누군가와 접촉해 서로 몸을 매만지고 싶은 욕구는 과거 그대로다.

접촉 욕망은 애무에 대한 사유로 이어진다. 장 폴 사르트르는 상대를 쓰다듬는 건 타인의 몸을 내 것으로 만드는 일이라고 생각한다. 사르트르에 따르면 상대를 애무하는 것은 내 손가락 아래에서 타자의 육체를 내 뜻대로 가공해서 소유하는 행위다.**58** 사르트르는 상대를 내 것으로 만들고 지배해서 나를 확장시키는 기술로 애무를 바라보는데 반해 리투아니아 출신의 철학자 에마뉘엘 레비나스Emmanuel Levinas는 애무를 통해 우리가 접촉 이상의 차원으로 넘어간다고 생각한다. 레비나스는 우리가 손으로 애무하면서 찾으려는 것은 상대 육체의 특정 부위가 아니라면서, 애무하는 사람도 찾으려는 게 무엇인지 모르고 있다는 사실이 애무의 본질이라고 이야기한다.**59** 그래서 애무는 어떤 목표나 계획이 전혀 없는 놀이로, 일상의 행위가 아닌 세계 너머를 향하는 손짓이라고 레비나스는 생각한다. 애무를 통해 인간은 잠깐이라도 자신으로부터 벗어나 다른 차원으로 인도된다는 주장이다.

금기가 사라질 때, 축제!

인간은 금기를 만들고 자신들이 만든 금기를 꾸준히 어기면서 에로티즘을 느낀다. 금기가 아예 없는 것은 인간이기를 포기하는 일이므로 금기를 없앨 순 없다. 그런데 모두가 다 같이 금기를 어기는 때가 온다. 그동안 우리의 행동을 지시하고 얽어매던 끈들이 한꺼번에 끊기는 축제가 열리면 무규칙이 규칙으로 돌변하면서 인간의 동물성이 뿜어진다. 평소에 하면 잡혀갈 옷차림과 행동을 하는 사람들로 거리가 북새통이 되고, 그동안 쉬쉬하던 성행위가 축제 때는 허용되면서 짝짓기는 매우 신속하고 광범위하게 이뤄진다.

이제 모든 일을 그동안 규칙들이 지시하던 것과는 반대로 하는 일만이 중요하다. 규칙들은 광포한 동물적 충동 속으로 휩쓸려 보이지 않게 될 것이다. 일상 시에는 우리가 두려움에 떨면서 지키던 금기들이 갑자기 그 효력을 상실한다. 끔찍한 짝짓기들이 발생한다. 이제 어떤 행동도 역겨운 행동이 되지 않는다. 지극히 소심한 사람들조차도 평소에는 극히 두려워하던 일들을 기꺼이 희구한다. 그들은 방종의 대상에 대한 끔찍한 공포 때문에 벌써 도취한다. 두려움이 거기에 도취의 의미를 부여한다.**60**

축제에 참여하는 사람들은 그동안 거부하던 충동에 자신을 내맡긴다. 웅크리고 감추던 것들이 터져 나와 넘치면서 동물성이 폭발해 그동안의 생활 방식은 날아가 버린다. 축제는 일상과 딴판이고, 모든 일탈이 정상으로 받아들여지는 난장판이다. 그동안 힘들게 노동했던 결과물을 무절제하게 써 버리고 사람들은 서로를 희롱하며 즐긴다. 마치 파멸할 것 같지만 그 파멸의 유혹 덕분에 유흥은 한층 더 아찔해지고 황홀한 기분이 파다해진다. 자연을 부정했던 금기를 단체로 위반하는 축제에는 광기가 휘몰아치고 우리를 휩쓸어 버린다. 물론 아쉬움을 머금고 축제는 끝난다. 그동안 억눌렸던 것들이 증폭되어 터지면서 짜릿한 세계를 맛본 우리는 다음을 기약하며 일상으로 돌아와 다시 노동하게 된다. 우리는 주말이나 휴가 같은 일종의 축제를 기다리며 노동한다.

　네덜란드의 역사가 요한 하위징아 Johan Huizinga 는 고대 문화에서 경쟁은 늘 신성한 축제의 일부를 이루고 건강과 행복을 가져오는 활동이었다고 얘기한다.**61** 그러나 현 시대에는 신성한 축제의 의미가 수그러들었다. 우리는 행복하게 살기는커녕 경쟁에 치이다 못해 그저 언젠가 주어진다는 행복을 기다리며 살아지고, 삶의 생기는 사라진다. 날마다 축제를 벌이듯 살 수 없기에 우리는 성을 탐닉하는지도 모른다. 축제보다는 성이 훨씬 간단하고, 일상으로의 복귀도 수월하기 때문이다. 그러나 프랑스의 문예이론가 롤랑 바르트 Roland Barthes 는 성행위는 잠시 열린다 해도 금지에 의해 곧장 통제받는 축제라면서 다정함의 중요성을 언급한다. 일상에서 펼쳐지는 매순간의 다정한 몸짓과 감미로운 조화는 우리에게 지속되는 축제다.**62**

　우리는 놀이하듯 살지 못한다. 어느새 일상을 뒤흔드는 진정한 축제는 드물어지고, 지방정부가 축제를 열어 주면 돈과 시간을 들여 관광하면서 인생을 때우는 사회가 되고 있다. 우리는 쉬는 시간에 TV를 켜 놓고 남들이 노는 걸 바라본다. 우리는 어떻게 놀아야 하는지 알지 못해서 스마트폰만 들여다보는 건지도 모른다. 엉성한 쾌락과 알량한 축제가 우리 삶의 일상이 되면서 인생은 더더욱 지루해졌다.

4.

우리 모두의 첫 경험

베티 도슨
『네 방에 아마존을 키워라』

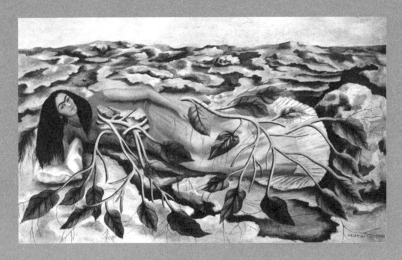

프리다 칼로, 「뿌리」(1943)

멕시코의 화가 프리다 칼로의 이 그림은 여성의 몸과 대지의 연결을 통해 자신의 뿌리를
인식하고 수긍하는 것이 여성 정체성의 원천임을 형상화한다. 여성의 뿌리는 바로 여성
의 몸이다. 베티 도슨은 여성 자신의 성에 대한 긍정이 곧 여성이 힘을 얻는 과정이라고
주장한다. 자기 몸과 성을 사랑하지 않으면 결코 자존감이 높아질 수 없다. 베티 도슨은
여성이 자신의 몸을 이해하고 탐구하도록 이끌면서 여성들이 해방되어 아름답고 행복하
게 살아가는 세상을 꿈꾼다.

68혁명의 자위 전도사

인류사를 되돌아보면 현재 여자들이 누리는 권리는 그동안 당연하기는커녕 상상조차 못했던 일들이다. 영국에서 성 평등을 화두로 꺼냈던 철학자 존 스튜어트 밀John Stuart Mill은 신이 부여한 질서를 깨는 미치광이라거나 부도덕하다는 비난을 받았다. 성 평등에 찬성하는 남자도 늘어나는 가운데 자신을 격렬하게 증오하는 여성이 많아서 존 스튜어트 밀은 당황했다. 여성이나 남성이 하나의 집단이 아님을 알 수 있는 대목이다. 어느덧 존 스튜어트 밀의 주장이 상식처럼 느껴지게 됐지만, 뭐든지 처음 일어나는 일은 낯설고 이해받지 못하기 일쑤다.

알려지지 않았더라도 수많은 여성이 역사 내내 투쟁해 온 가운데, 여성의 삶을 확 바꾼 여성운동은 인류사에 크게 두 번 일어났다. 먼저 일어난 19세에서 20세기 초까지 이어진 제1의 여성운동은 피를 흘리면서 투표권을 획득한다. 이후 수그러들었던 여성운동의 물결이 1960년대부터 다시 솟구친다. 제2의 여성운동은 그동안 억눌리고 감춰진 여성의 다채로운 욕망을 세세하게 표현하면서 서구 사회에 커다란 영향을 미쳤다. 정치 제도를 뜯어고치거나 경제 체제를 바꾸는 혁명이 아니라 우리가 겪는 일상의 변화를 꿈꾸면서 기존의 남자와 여자의 행태에 고민하며 평등한 관계를 모색하는 여성운동이 일어난 것이다.

제2의 여성운동을 주도한 인물 가운데 한 사람인 글로리아 스타이넘은 하트(heart)라고 읽히고 사랑을 뜻하는 상징으로 쓰이는 ♡가 심장과 전혀 닮은 구석이 없다면서 오히려 여성의 자궁과 더 비슷하다고 신선한 이의를 제기했다. 글로리아 스타이넘은 더 나아가 ♡가 심장이 아니라 여성 성기의 상징일지도 모른다면서, 오랫동안 남성 지배가 이어지며 ♡가 여성 힘의 원천에서 사랑과 낭만의 뜻으로 의미 축소가 일어났다고 한탄한다. 그러고는 곧바로 베티 도슨(Betty Dodson, 1929 ~)과 뉴욕의 한 카페에서 함께했던 기억을 꺼낸다. 베티 도슨은 자위의 해방성에 대해 유쾌하게 설명하며 사람들을 잔뜩 흥분시켜 놓고는 정작 자신은 왜들 이렇게 흥분했냐며 아무렇지 않은 듯 능청스레 행동했다.[1]

예술가로서의 사명감이 있던 베티 도슨은 그동안 짓눌렸던 욕망에 눈뜨도록 도운 여성 해방의 선구자다. 자위를 통한 몸의 감각을 익히는 강습회를 주최하면서 여자들에게 신체를 탐구하도록 이끈 베티 도슨은 강습회에 남자들의 참가도 받았다. 여자들과 남자들이 다 같이 발가벗고 모인 뒤 각자 누워서 잔잔한 음악을 들으며 자위하는 모습과 그 사람들에게 절정의 감각을 느끼도록 지도하면서 자신도 자위하는 베티 도슨을 상상해 보라. 1960년대부터 1970년대는 정말 뜨거운 시절이었다. 정치학자 한나 아렌트Hannah Arendt는 자신의 스승이었던 철학자 칼 야스퍼스Karl Jaspers에게 1848년에서 자신들이 배웠듯 다음 세기의 아이들은 1968년에서 배울 것이라고 편지했다.[2] 1848년 유럽에서 일어난 혁명°과 그 결과에 대해 많은 사람이 고뇌하며 사유했듯 1968년에 일어난 함성과 변화가 오랫동안 메아리치리라는 전망이었다.

1968년의 폭발은 성이라는 화약을 통해 일어났다. 피임약의 보급과 여성운동이 만나면서 여성의 주체성은 이전과 확연히 달라진다. 1960년대에 여성의 변화가 얼마나 극적이었는지 잘 보여 주는 일화가 있다. 영국의 종교학자 카렌 암스트롱Karen Armstrong은 1962년에 수녀원에 들어갔다 7년 후 환속했는데 세상이 너무 크게 변해 있었다. 카렌 암스트롱이 17세의 나이에 수녀원에 들어갈 때만 해도 성에 대한 공포심을 단단히 주입받으며 자라서 혼전 성관계의 위험이 뼛속 깊이 새겨져 있었는데, 68혁명의 물결로 사회는 격변이 일어나 남자와 여자

___

° 1848년 이탈리아에서 시작되어 프랑스, 독일, 오스트리아 등으로 파급된 유럽 동시 혁명. 혁명의 내용은 각 지역에 따라 달랐지만 그 이념은 유럽의 민주화였다.

는 사귀든 사귀지 않든 스스럼없이 어깨동무를 하고 공공장소에서 애정 표현을 했으며, 여성들은 다리가 훤히 노출되는 짧은 치마를 입은 채 당당히 활보했다고 그 시절을 돌아본다.[3] 여성주의자들은 안기는 여자에서 안는 여자가 되자면서 사랑에 적극 뛰어들었고, 거리에선 수많은 남녀가 입 맞추며 세상의 모든 금지를 금지하자고 소리쳤다. 동성애자들도 거리로 나와 존재감을 드러내며 시위했다. 물론 성 해방 투쟁의 결과에는 양면성이 있다. 먹는 피임약을 통해 임신의 불안이 누그러지자 성관계는 굉장히 쉽게 벌어졌고 이것은 여성에게 한편으론 해방이었으나 다른 한편에서는 남성의 여성에 대한 성 착취가 강화되는 결과를 낳았다. 여성은 자신이 자고 싶은 남성과 성관계를 가질 수 있었지만 누군가 성관계를 요구하는데 꺼려하면 해방된 여성이 아니라는 비난을 들으면서 원치 않아도 남성의 만족을 위해 성관계를 가졌다.[4] 이런 시행착오를 겪었지만 그 결과 서구 사회는 훨씬 높은 수준의 여성 인권과 자유로운 성 문화를 갖추게 되었다. 유럽과 미국의 여자들이 더 많은 자유를 누리는 것은 투쟁의 결과다.

여성주의는 그동안 감춰지고 배제되었지만 분명히 존재하던 수많은 여성의 경험과 생각을 건져 올리면서 서구 백인 남성의 경험과 생각만이 인간의 보편화된 역사고 진리라는 환상에 균열이 생기게 하고 깨뜨렸다. 세계는 단 하나의 역사와 사실로 이뤄진 곳이 아니다. 내가 어떤 시각으로 세상을 보느냐에 따라 세계는 전혀 다르게 보인다. 따라서 중요한 건 내 관점이 과연 어디에서 어떻게 생겨났는지 추적하고 성찰하고, 타인의 세계관과 경합하고 소통하는 일이다. 미국의 생물학자 도나 해러웨이Donna Haraway는 무엇이 세계에 대한 합리적 설명으로 간주될 것인가에 대한 투쟁은 '보는 방법'에 대한 투쟁이라고 이야기한다.[5]

베티 도슨은 그동안 무시되고 외면당한 자위를 끄집어내면서 새로운 투쟁을 벌인다. 그는 모두가 하고 있지만 아무도 얘기하지 않는 자위를 파고들었다.

나의 첫 경험 상대

내밀한 사이가 되면 언제 첫 경험을 했느냐는 물음을 서로 주고받고는 한다. 특히 남자들은 애인에게 슬그머니 물어보면서 괜찮다고, 다 지나간 일이라면서 고백하기를 채근한다. 남자들은 이상하다. 여자들이 일찍 성 경험을 했다고 하면 뭔가 아쉬워하면서도 안도의 표정이 된다. 자신이 첫 남자가 되지 않아 조금 서운한 마음과 함께 첫 남자가 아니기에 다행이라는 마음이 섞여 있는 걸거다. 한 여자의 첫 남자가 된다면 알 수 없는 짜릿함을 선사하기도 하겠지만 묵직한 부담감과 무거운 책임감이 부여된다고 느끼기 때문이다.

그런데 베티 도슨의 주장대로라면 첫 경험에 대한 물음과 답변 모두 헛다리 짚는 얘기다. 우리 모두의 첫 경험 상대는 자신이 손이기 때문이다. 베티 도슨은 첫 경험을 한 순간을 맨 처음 자위했던 때라고 이야기한다.[6] 우리는 한 사람도 빠짐없이 손으로 첫 경험을 했다. 물론 자신은 자위한 적 없다고 발뺌하는 사람들도 있겠지만 아직 '나'라는 의식도 제대로 정립되지 않은 아기일 때 우리는 성기를 만지고 놀았다. 심지어 엄마 뱃속에서 탯줄이 달린 아기들도 손으로 성기 언저리를 만진다. 그렇다면 정확하게 말해 우린 언제 처음 성 경험을 했는지 알지 못한다. 그저 기억나는 자위 가운데 가장 오래된 기억을 떠올릴 수 있을 따름이다. 절정에 이르는 형태의 성행위는 아닐지라도 성기를 만지면서 발생하는 쾌감을 어린 아기들이 좋아하고 즐기기에 육아하는 과정에서 부모들은 자신의 아이가 성기에서 손을 떼게 하고자 고뇌하게 된다.

베티 도슨은 자위가 가장 원초의 성 표현 방식이자 한평생 지속되는 자기 자신과의 애정 행위이며 가장 안전한 섹스라고 선전한다.[7] 임상수 감독의 영화 〈처녀들의 저녁식사〉를 보면 성욕이 치민다고 자위 기구를 사면서까지 성욕을 풀어야 하느냐며 연(진희경 분)이 못마땅해 하자 호정(강수연 분)은 자위를 좀 한다고 해서 우리가 비천해지거나 못되지는 것이 아니고, 안 한다고 해서 우리가 고상해지고 착해지는 것도 아니라며 자위를 옹호하고, 순(김여진 분)은 자위만큼 평화롭고 경제적이고 깨끗한 섹스가 없다고 맞장구친다.

대다수 사람들이 자위를 탐탁지 않게 여기는 건 자위가 억압되어 있기 때문이다. 인간이 직립보행하게 되면서 원하든 원치 않든 서 있든 앉아 있든 손이 성기 근처에서 어른거리게 되었다. 자연스럽게 손은 성기 부분에 닿게 되겠지만 거의 모든 종교에서 성기에 손을 갖다 대는 일을 금해야 한다고 규정한다.[8] 고대 그리스의 철학자 시노페의 디오게네스Diogenēs는 만인 앞에서 당당하지 않다면 혼자 있을 때도 떳떳하지 않다며 광장에서 뻣뻣해진 자신의 성기를 손으로 잡고 담담하게 자위를 했지만, 그 뒤로 종교가 득세하고 성 규범이 강화되면서 자위는 사생활의 영역으로 축소되거나 금지되었다. 세계에서 이슬람 신도가 가장 많은 인도네시아에서는 (사문화되었지만) 자위하다 걸리면 참수한다는 참담한 법률 조항이 있다고 한다.

자위에 대한 담론에서도 여성과 남성은 비대칭하다. 대놓고 자위에 대해 얘기하진 않더라도 남자들이 자위한다는 건 어느 정도 공공연하게 인식된다. 한 조사에 따르면 하루에 적어도 한 번씩 자위를 한다고 응답한 남성의 비율이 54퍼센트에 이르렀다.[9] 이에 반해 여자들의 자위는 침묵 속에 싸여서 여자가 자위한다는 사실을 모르는 남자들이 부지기수다. 여자들 스스로도 자위하는 걸 부끄러워 말하지 못하거나 신체를 억압하며 금욕하려는 태도에 갇혀 있다.

여성의 자위를 누군가는 역겹게 생각하거나 거부감을 드러낼지 몰라도 많은 여성이 자위한다는 사실을 없앨 순 없다. 미국의 여성학자 셰어 하이트Shere Hite에 따르면 여자아이의 45퍼센트가 만 8세가 되기 전에 자위를 통해 오르가슴을 느꼈으며, 만 12세로 올라가면 60퍼센트까지 올라간다. 대다수 여자아이들은 자위하는 걸 혼자서 배웠고, 자위를 통해 쾌감을 느끼는 건 자연스러운 일임에도 죄책감을 느끼며 숨어서 자위했다.[10]

베티 도슨은 자위가 여성 해방의 중요한 역할을 한다며 여성 억압의 핵심은 성적 즐거움을 위해 자신의 몸을 만질 수 없다는 데에 있다면서 자위를 해방시키겠다고 서약한다. 자위는 자기 몸의 감각을 익히는 중요한 학습이다. 자위하지 않은 여자가 남자와 성관계를 할 때 절정을 경험하기란 쉽지 않은 일이다. 자기 몸을 잘 모르는 여자의 신체를 남자는 더더욱 모를 수밖에 없다. 성에 대한 정보 부족으로 불필요한 상처와 고통을 받은 사람이 성의 쾌락을 배울 수 있는 가장 좋은 방법이 자위다. 자위에 대한 잘못된 선입견으로 생겨난 죄의식에서 벗어나 자기 자신의 몸을 탐구하라고 베티 도슨은 강력하게 권한다.

> 아이나 어른이나 할 것 없이 우리는 자위에 대한 죄의식으로 괴로워한다. 자위를 하지 않았을 때 사람들은 더 쉽게 조종당하고 현재의 상태에 순응하게 된다. 특히 자신이 불감증이라고 생각하거나 파트너와의 성관계에서 오르가슴을 느낀다는 확신이 없는 여성들에게 자위를 권한다. 그들의 성적 억압 상태를 개선시켜 줄 수 있는 유일한 방법은 자위다. 조루증이 있는 남성이나 이성 간의 섹스에서 만족할 만한 자극을 못 느끼는 남성도 자위를 통해 자신의 성적 반응에 대해 배울 수 있다. 자위를 하면서, 자신에게조차 숨겨야 하는 것으로 배워 온 비밀스러운 성적 사실들을 몸과 마음을 통해 탐구할 수 있는 기회를 얻을 것이다.[11]

자위를 무척 많이 하는 청소년들은 고민에 빠져 있기 일쑤인데,

자위에 대한 교육은 제대로 이뤄지지 않는다. 자위는 자연스러운 행태지만 다른 성관계와 마찬가지로 지나치면 해로울 수밖에 없는데, 성교육을 심도 있게 배우지 못한 사람들은 자위의 수렁으로 빠져들고 자책과 혼란으로 밤시간을 탕진하기 쉽다. 단순히 하지 말라는 겁박을 넘어서 자신의 몸과 성을 주도하며 자제할 수 있는 힘을 기르는 성교육이 절실한데, 대부분 청소년들은 자위에 대해 어른들과 함께 이야기하지 못한 채 친구들끼리만 쑥덕댄다. 그래서 베티 도슨은 자위가 모든 학교의 성교육 내용에 포함되어야 한다고 강조한다. 성 충동은 반사회성을 지니고 감춰야 할 부끄러운 것이 아니라 오히려 성 충동 억압이 반사회적이고 비인간적인 것이다. 자위를 사회가 용인하고 교육하는 건 우리 사회가 새로운 단계의 문명으로 도약하는 일이라고 베티 도슨은 목청을 돋운다.[12]

나의 아름다운 성기

베티 도슨은 자기 성기가 추하고 음순이 짝짝이라는 잘못된 생각 때문에 자기혐오에 시달리면서 길이를 같게 하려고 짧은 쪽을 비비고 만지면서 자위했고, 남자들이 애무하면 오르가슴은커녕 자신의 성기 모습이 떠올라 마음이 몹시 불편했다고 털어놓는다. 누가 구강성교를 해 주는 것도 싫어했으며 늘 어두운 곳에서만 성행위 한 것도 자기 몸이 싫었기 때문이다. 그러다 구강성교로 황홀경을 선사한 남자가 베티 도슨의 성기가 아름답고 정상이라면서 다른 여자들의 성기가 나오는 포르노 잡지를 보여 주자 오랫동안 심리 치료를 받았어도 몸에 대한 혐오감을 치유할 수 없었던 베티 도슨은 자기 성기가 이상하지 않다는 걸 이해한다.[13]

여성의 성기는 원래부터 혐오감을 주거나 추한 것이 아니지만 외음부를 아름답고 매력 있다고 느끼던 사회에도 성기에 대한 강한 수치심이 존재한다.[14] 수치심은 과도한 성 노출을 제지하면서 어느 정도 자신을 보호하는 기능을 한다. 하지만 수치심이 지나치다 못해 성기에 대한 혐오로 가득하여 성기가 없어지는 상상을 하는 이들도 있다. 베티 도슨은 대부분의 여성이 자기 성기를 예쁘다고 생각하기는커녕 어떻게 생겼는지조차 모른다면서 거울 앞에서 자위하는 모습을 지켜볼 수 있는 용기가 필요하다고 주장한다. 성과 불화하고 있다면 자신이 성의 존재라는 심상을 만들어야 한다는 얘기다. 화장실에 갈 때마다 자기 성기를 볼 수밖에 없는 남성과 달리 여성은 일부러 보려 하지 않으면 볼 수 없기에 음핵을 포함해 성기를 인식하고 수용하는 일이 중요하다. 자신의 성기를 이해해야 연인에게 어떻게 애무하고 자극해야 하는지 알려줄 수 있다. 실제로 여성보다 오히려 남성이 여성의 외음부가 어떻게 생겼는지 알고 있는 경우가 더 많다. 영화 〈처녀들의 저녁식사〉에서 연(진희경 분) 역시 거울 앞에서 자기 성기를 보는 장면을 전환점 삼아 적극성과 주체성이 생기고 여러 변화가 일어나며, 여성 상위를 시도하면서 그동안 느껴 보지 못했던 오르가슴을 만끽하게 된다.

여성은 아직도 주체라기보다는 대상으로서 평가받고 간주되고 있다. 여성 스스로도 자신의 몸이 예쁘게 보이고 어느 정도의 몸매일 때에만 성적인 쾌락을 느낄 가치가 있다고 길들여졌으며, 자기 신체에 손대는 걸 꺼려한다. 여자들은 자기의 유방을 만지려고 하지 않고 만지면 어떤 느낌인지 알려고도 하지 않는데, 크리스티안 노스럽에 의하면 유방을 만지는 행위를 자위라고 생각해 죄의식을 느끼고 유방이 남성을 위한 것이라는 편견을 가지고 있기 때문이다.[15] 여성은 마치 세 들어 사는 사람처럼 자기 몸을 향유하지 못하고 엉성하게 점유한 채 지낸다. 많은 여성이 성에 대한 무지와 여러 가지 처벌을 두려워하면서 자신의 성기를 만지지 못하고 여자다움에 갇혀 오르가슴도 못 느끼고 자신의 몸을 수치스럽게 여긴다.

> 여성들은 음핵이 살아 있음을 느끼게 하는 오르가슴에 대한 정보는 접어 두고 자신의 성기는 열등하다고 생각하며, 여성의 주된 가치는 생식과 남성에게 성적 쾌감을 안겨 주는 데 있다고 생각한다. 성적 쾌감을 전혀 느끼지 못하기 때문에 여성의 성기가 혐오스럽고 거추장스러운 것이며 수치스러움의 원천이라는 생각을 하게 되는 것이다. 이런 성적 억압이 여성다움이란 올가미로 여성을 구속하는 것이다.[16]

그런 낮은 자존감의 근본 원인은 여성성을 긍정하지 못하고 자기 성을 혐오하는 미 옵 이므노 여성이 변화할 때 성이 적극 매개되지 않을 수 없다. 성은 정체성의 근간이다. 자신의 성기와 몸을 긍정하고 사랑할 수 있을 때, 여성은 자유로워지고 성숙해진다. 어릴 때부터 올바른 성교육을 통해 성에 대한 지식을 높이고 자신의 성기가 아름답다고 생각한다면 높은 자존감을 갖고 인간답게 살 수 있으리라고 베티 도슨은 힘주어 이야기한다.**17**

그동안 자기 성기를 부끄러워하고 제대로 직시하지 못했다면 자신의 성기를 관찰하면서 성기의 이름을 발음해 보라고 베티 도슨은 권장한다. 처음엔 보지라는 말이 혐오스러운 욕처럼 들려서 소스라칠지도 모른다. 하지만 보지나 자지는 표준어로, 인간 신체의 한 부위를 가리키는 말일 뿐이다. 시도 때도 없이 자지와 보지를 중얼거린다면 좀 이상하겠지만 머리와 팔을 언급하듯 상황에 따라서는 얼마든지 보지와 자지에 대해 언급할 수 있어야 하는데, 보지와 자지라는 말에는 보이지 않는 장벽이 에워싸고 있는 것만 같다. 베티 도슨은 익숙해질 때까지 거울을 보면서 백 번이고 천 번이고, 보지, 보지, 보지, 보지, 보지, 보지라고 반복해서 소리쳤다. 그러자 더 이상 그 단어가 끔찍하게 들리지 않게 됐고, 여성 성기에 대한 긍정의 인상을 퍼뜨리기 위해 강연이나 글을 쓸 때도 보지란 말을 사용하게 된다.**18**

전 세계에서 공연된 연극 〈버자이너 모놀로그〉를 만든 이브 앤슬러Eve Ensler도 입 밖으로 소리 내어 보지를 말한다는 건 두려운 일이라면서, 맨 처음 보지라고 말할 때 누군가 당신을 후려칠 것 같은 죄책감과 함께 잘못을 저질렀다는 느낌을 갖게 된다고 말한다. 그러나 수백 번 그리고 수천 번 보지라고 말하면 보지는 내 몸의 한 부분이자 알짬이라는 걸 인식하게 되며, 나의 야성을 지우고 진정한 욕망을 잠재우기 위해 그동안 수치심 같은 것들이 나를 억압해 왔다는 걸 깨닫게 된다고 이브 앤슬러는 차분히 설득한다.[19]

나이 많은 여성들의 성생활

미국의 발달심리학자 캐롤 길리건Carol Gilligan은 여자들이 착한 여자와 나쁜 여자에 대한 구분을 배우면서 활력을 잃어버린다고 안타까워한다. 문란하고 점잖지 못한 여자로 취급받는 걸 두려워하는 여자들은 성과 연관되면 나쁜 여자처럼 여겨지는 세상에서 성의 기쁨을 포기한다.[20] 자신의 진짜 목소리를 잠재운 채 정숙해지고자 자신을 억압하면서 감정이 메마르고 얼굴 표정이 딱딱한 여자가 되어 버리는 것이다.

어릴 때 그토록 생기 있고 활달하던 여자들이 금세 지친 어머니가 되고 유순한 가정의 노예로 변해 버리는 현실에 발을 동동 구르던 베티 도슨은 사랑하는 여자들에게 자위를 권하는 전화를 시작한다. 그는 여러 해 동안 남편 없이 혼자 살고 있던 일흔을 앞둔 어머니에게 전화해서 요즘 오르가슴을 위해 자위하시느냐고 묻는다. 뜬금없는 물음에 어안이 벙벙한 어머니를 상대로 자위는 질 내벽을 촉촉하게 해 주고 호르몬의 분비를 촉진시키며 자궁을 수축시켜 주므로 어머니처럼 혼자 사는 사람은 꼭 자위를 해야 한다고 권유한다. 베티 도슨의 어머니는 딸의 전화를 계기로 자위를 시작하고 오르가슴을 느끼고 잠도 푹 잘 수 있게 됐다면서 자위가 진짜 성관계보다 더 좋았다고 흐뭇하게 이야기 나누며 딸과 한결 가까운 사이가 된다.

> 그 전화 통화로 우리 모녀는 성에 관한 대화를 시작했는데, 이전에는 20년 동안 한 번도 그런 대화를 나누어 본 적이 없었다. 점점 우리는 대화할 때마다 성에 관한 얘기를 나누게 되었고 자위에 대한 정보를 교환하기도 하고 자위에 대해 보다 상세한 내용도 얘기를 했다.
> 어머니는 어렸을 때 정기적으로 자위를 했다. 그녀는 아버지와 데이트를 하고 집에 돌아오면 성적 흥분을 가라앉히려고 자위를 하곤 했다고 한다. 자위를 함으로써 어머니는 아버지와 결혼하기 전까지 소위 순결이란 것을 지킬 수 있었다.[21]

건강해진 베티 도슨의 어머니는 질염으로 고생하는 자신의 친구에게 자위하라고 조언했다가 절교 선언을 당한 뒤 더 이상 친한 사이에서도 자위를 주제로 대화하지 말아야겠다는 쓸쓸한 교훈을 얻는다. 하지만 자위를 통해 오르가슴을 즐기는 것만으로 어머니의 삶에 있어서 대단한 성혁명이었다고 베티 도슨은 평가한다. 나이 많은 사람들은 성 충동을 삼가야 하고, 성행위를 하면 뭔가 비정상이고 잘못된 것처럼 죄어치는 사회 통념에 맞서서 베티 도슨의 어머니는 자신의 즐거움을 포기하지 않고 향유한다.

자식들이 성장하면서 성에 대한 호기심이 나타날 때 준비되지 않은 부모들은 무조건 억압하며 자식을 위선에 찬 인물로 만든다. 마찬가지로 자식들 또한 부모가 나이가 들어서도 성관계를 맺는다는 걸 알고는 충격을 받는다. 그래서 부모와 자식 사이에선 침묵만이 감돈 채 각자 알아서 성생활을 한다. 자식과 부모가 오랫동안 서로 배려하고 의지해야 하는 관계라면 성에 대해서도 대화할 수 있어야 할 텐데 성에 대한 말들은 혀 뒤쪽에 숨겨져야 한다.

나이 들고 정기적으로 성관계하는 상대가 없다고 해서 성욕이 몽땅 증발되어 버리는 것은 아니다. 성 만족을 얻으려는 욕구가 자주 일어나지 않더라도 사랑을 나누고픈 욕구는 인간이라면 누구나 갖고 있다. 중장년층이나 노년의 여성들은 애액이 젊을 때처럼 분비되지 않을 때 윤활제를 활용할 수 있다. 그리고 여러 성 기능 보조제가 나와서 노년의 남성들도 성생활을 할 수 있다. 하지만 아직 노인들의 성은 당당하게 양지로 나오지 못하고 있고, 특히 여성 노인들의 경우 자기 성욕은 물론 노년기의 성생활에 부정적인 시각을 드러낸다. 배우자와 사별해도 여필종부랍시고 수절이 오랫동안 강요된 결과 여성 스스로도 완강하게 성욕을 부정하면서 다른 노인들의 성생활도 부정한다. 그동안 억제되고 희생의 삶을 살아온 여성은 자신들의 태도를 남들에게도 요구하면서 성 문화 변화에 반대하는 세력이 된다. 여성의 평균 수명이 더 긴데 여성 노인이 성욕을 부정하다 보니 노인에겐 성욕이 없다는 고정관념이 더욱 강하게 확산됐다. 그래서 노인을 상대로

한 성교육은 기존의 사회규범을 성찰하고 비판 의식을 키우는 내용이어야 하고, 노인의 성생활은 출산과 관련이 없기 때문에 고리타분한 가부장주의 방식에서 벗어나 건강에 도움이 될 뿐 아니라 인간관계의 유대를 촉진시키면서 삶의 생기를 키우는 운동이자 놀이라는 점을 알려 주는 식으로 진행되면 좋다.[22]

노인들은 어려서부터 주입된 생각과 살아온 관성에 따라 삶이 딱딱하게 굳어 있어서 점잖은 척하지만 우울하고, 권위를 내세우지만 외롭다. 노인들에게 필요한 건 자기 삶을 되짚는 성찰과 변화를 꿈꾸는 용기다. 사랑이 없다면 사람이 살 수 없다. 나이가 들었다고 해서 사랑 없이 생활하면 칙칙하게 살다 더 일찍 죽을 뿐이다. 성생활을 멀리하는 건 수명 단축뿐 아니라 피부에도 해를 끼치는 작용을 한다. 스코틀랜드의 과학자들이 10년 동안 3천5백 명을 연구하니 실제 나이보다 7년에서 12년까지 젊어 보이는 사람들은 성생활을 활발하게 유지한 것으로 조사됐다. 젊음을 유지한 사람들은 일주일에 평균 3회 정도 성행위를 할 만큼 성행위에 대해 긍정의 태도를 가지면서 일반인들과 큰 차이를 보였다.[23]

부모가 성욕을 갖고 있는 존재라는 걸 받아들이지 않는 건 부모를 인간으로서 바라보지 않기 때문이다. 부모를 즐겁게 하고 행복하게 해 주는 게 효도라면, 부모의 노년 성생활을 지지해 주는 일이 진정한 효도다. 노인이 사랑을 잘 나누는 만큼 사회는 평화로워진다. 우리가 노인들의 성에 대해 거의 생각하지 못하고 있다는 건 그만큼 우리가 노인을 무시하고 있다는 뜻일 뿐 아니라 우리의 노년도 불행해지리라는 암울한 미래를 뜻한다.

베티 도슨의 자기 고백

남성의 정액에 여성의 우울증을 경감시키는 성분이 있다는 연구가 있다. 고든 갤럽Gordon Gallup과 레베카 버치Rebecca Burch의 연구에 따르면 정액에는 몸과 마음을 진정시키는 물질과 아울러 낭만과 애착을 불러일으키는 성분 등 온갖 호르몬이 가득 들어 있어서 여러 화학작용을 일으키는데, 그 가운데 생리 불순을 줄이고 우울증을 감소시키는 효과도 있다.[24] 우울증을 앓는 여자들은 우울증을 앓지 않는 여자들보다 자위를 훨씬 더 자주 한다는 통계 결과도 있다. 우울증을 앓는 여자들은 자위를 자가 치료의 수단으로 활용하기 때문이다. 우울증을 앓는 여자들은 우울증을 모르는 여자들보다 질의 윤활 작용이 처지며, 성관계하면서 통증을 더 많이 느꼈고, 오르가슴에 도달하지도 못했으며, 삶의 즐거움과 만족도 떨어졌다. 우울증 환자들은 일상에서 만족감을 좀처럼 느끼지 못하기 때문에 자위를 통한 오르가슴으로 기분 전환을 시도한다. 또한 우울하기 때문에 타인과 상호작용하면서 성관계를 치르는 일이 버겁게 느껴지므로 손쉽게 자위를 선택한다.[25]

베티 도슨은 부부 생활에서 성생활이 엉망이었고, 전혀 오르가슴을 느끼지 못해 혼자 자위하며 죄책감과 우울증에 시달렸다고 고백한다. 많은 부부가 눈만 마주치더라도 감전된 것처럼 뜨거워지던 신혼 생활을 거쳤더라도 시간이 갈수록 성은 깜부기불처럼 뜨문뜨문 희미해진다. 부부의 침실에서 뜨거운 땀방울과 행복의 감창소리는 사라져 버리고, 아이들이라도 생기면 부부가 있는 안방은 조심스럽게 들어와야 하는 은밀한 장소가 아닌 아이들이 들락날락거리는 마당 같은 무성의 공간으로 변한다.[26]

가정 안에서 성이 흐트러질수록 가정 바깥은 성으로 흐드러지게 피어난다. 밤이 되면 도시는 성으로 요동치고 여울진다. 도시의 낮과 밤이 달라지듯 자신이 생각하는 일상과 실제로 살아가는 모습은 딴판이기 일쑤다. 가족 안에 성이 없는 만큼 가정 바깥에서 성이 분출한다. 수많은 사람들이 주색잡기하고 성매매를 한다. 이것은 일그러진 남성 문화다. 남성 문화에서 성은 철저하게 권력을 확인하고 위계에 따라 배분되는 전리품이자 상대에게 뭔가를 얻기 위한 거래품이다.

성이 사랑으로 이뤄지지 않는 경우가 많다. 가정 안에서도 성은 남녀 사이의 거래이곤 하다. 여성이 여성에게 하는 조언을 보면 성관계를 요구하는 남자들에게 까다롭게 굴면서 비싼 대가를 치르게 해야 한다는 내용들로 가득하다. 많은 여성이 우회해서 절묘하게 성을 상품처럼 다룬다. 베티 도슨은 자신의 결혼 생활을 돌아보면서 사랑 때문에 결혼을 했다고 말했지만 사실은 남편의 경제력에 의존하면서 안정의 대가로 섹스를 제공했으며, 여자가 정당한 보상을 받지 못하는 사회에서 살기 때문에 결혼을 섹스와 흥정했다고 고백한다.

백마 탄 왕자님을 기다리며 섹스를 접어 두었든, 애인에게 공짜로 섹스를 해 주었든, 혼외정사를 하지 않고 정숙했든지 간에 여자들은 섹스를 가지고 거래를 했던 것이다. 여성의 성기가 여성으로서의 성적 가치 대신에 경제적 가치를 갖게 될 때 결혼이란 그저 매춘의 합법적인 형태에 지나지 않는다. 어떤 부인들은 스스로를 돈을 조금밖에 못 받는 매춘부라고 느끼고, 어떤 남편들은 혹사 당하는 섹스 기계라고 자신을 불쌍하다고 말하는 게 하등 이상할 게 없다.**27**

결혼의 득과 실을 계산할 때, 많은 여성이 결혼을 통해 안정과 돈을 얻고 성의 주체성과 자유를 잃는다. 독일의 여성학자 알리스 슈바르처Alice Schwarzer는 경제력이 없어 남편이 원할 때마다 성관계하는 것을 매춘 행위로 보면서, 어린 자녀들 때문에 원하지 않는 결혼 생활을 지속하고 있다면 하루 빨리 부부 관계를 마감해야 한다고 얘기한다.**28** 알리스 슈바르처와 상담하던 한 여성도 스스로 벌어먹고 살 수 있는 능력이 없는 모든 여자는 언제라도 대기 상태로 있다가 성관계하는 신세이므로 남편에게 고용된 창녀나 다름없다고 자신의 경험을 근거로 여성의 처지를 예리하게 분석한다.**29** 여성운동에서 집안일의 경제 가치를 재평가하고자 심혈을 기울이는 동시에 여성의 경제 독립을 힘주어 권장하는 까닭은 남자에게 의존하는 남녀의 결합은 매춘의 일종으로 전락하기 십상이기 때문이다.

프리드리히 엥겔스Friedrich Engels도 인류사를 톺으면서 일부일처제의 다른 쪽엔 성매매가 있고, 실제로는 남자들이 광범위하게 이용하고 있으면서도 정작 비난의 포화가 성 판매 여성에게만 쏟아진다고 언급한다.**30** 엥겔스는 '남녀 사이 결합'은 돈을 곧바로 주느냐 나중에 다른 방식으로 보상하느냐 하는 차이가 있을 뿐 성매매와 그다지 다르지 않기 때문에 여성이 남성에게 의존할 수밖에 없는 경제 구조를 바꿔서 성 평등한 사회가 되어야만 돈 때문에 하는 결혼을 끝낼 수 있다고 주장했다.

미국의 여성학자 케이트 밀렛Kate Millet도 성 판매 여성의 역할은 여자들이 성을 제공하는 대가로 경제 지원을 받으면서 살아가는 가부장제의 상황을 과장한 것이라 보아도 된다고 주장한다. 그리고 성 판매 여성에게 가해지는 불명예와 싸늘한 처우는 가부장제가 여성들의 성을 욕망하면서도 통제하고 멸시하는 문화가 반영되어 있다고 말한다.**31** 많은 남성이 성 판매 여성을 자신의 밑바닥에 두고는 성 판매 여성과 자신을 비교하면서 스스로를 정말 순수하고 깨끗한 사람이라 여기는 착각과 오만의 동굴에 갇힌 채 성 판매 여성을 성적 대상으로 끝없이 착취한다.**32**

김기덕 감독의 영화 〈파란 대문〉에서 성 판매 여성을 경멸하던 한 여성이 나중엔 성 판매 여성을 대신해 성 판매를 해 주는 장면이 나오듯 성 판매 여자들과 여염집 여자들을 가르는 장벽은 생각보다 높지 않다. 성관계를 두고 벌어지는 남녀의 양상과 성 산업에서 빚어지는 풍경의 유사점을 예민하게 헤아리지 못하면서 자신을 성 판매 여성과 비교하는 것조차 불쾌하다고 느낄수록 성 판매 여성은 으슥한 곳으로 더 밀려나고 성 문화는 더욱 일그러진다. 남성 위주의 성 문화를 비판하고 변화를 도모하면서도 가부장제가 그어 놓은 여자들의 위계로 말미암아 여자가 여자를 업신여기고 내리깎는 일을 심각하게 고민할 필요가 있다. 술 먹듯 성매매 하는 남성들과 차고 넘치는 성 불감증 여성들 그리고 성 산업에 종사하는 수많은 여성이 차별받는 세상은 가부장제의 기막힌 폐해를 고스란히 드러낸다. 옛날과 그리 다르지 않게 아직도 도덕이란 정조대로 여성의 성을 손아귀에 쥐려는 남성 권력이 떵떵거리는 한편에선 수많은 여성이 음지로 내몰린다.

오늘날 산업화된 성매매는 남자와 여자 사이의 권력 차이에서 발생하는 결과이자 현대 결혼 제도의 샴쌍둥이다. 가부장제는 관리하면서 보호하는 여자와 언제든 접근할 수 있는 여자로 여성을 구분한다. 남자들의 성욕을 그대로 승인하는 것은 수치스러운 일이나 그 욕구를 불만족스럽게 내버려 두는 일은 위험하기 때문에 사회는 특정한 계층의 여성들을 성매매 하도록 배치해 왔다고 버트런드 러셀은 언급한다.[33] 한국에서도 오랫동안 미군 기지 옆에 '양공주'들을 국가 차원에서 관리했으며, 과거 통금 시간이 있던 시절에 외국인과 잠자리하면서 외화 획득에 기여하는 여자들에겐 통행금지 면제라는 나름의 특권과 '관광 안내양'이라는 공식 명칭이 부여됐다.[34]

베티 도슨은 낭만 어린 이상에 집착할수록 더 많은 성 억압과 결제 국의 풍속을 강요당한다면서 듬직하고 다정한 남자가 자신을 보호해 주길 바라며 기대려는 여자의 태도가 남자와 평등한 성관계를 갖지 못하게 한다고 지적한다. 베티 도슨은 과거를 돌아보면서 평등한 성관계를 하지 못한 채 남자를 붙잡아 두고자 성을 이용했고, 남자를 소유하려는 욕심과 질투심을 사랑이라는 이름으로 정당화했다고 털어놓는다.[35]

여성 해방의 방향

여성운동이 격렬하게 일어나고 남성 중심 사회에 균열을 내면서 많은 권리를 얻어냈고, 그동안 남성에게 주어졌던 특전이 덜어져 여성에게 배분되었다. 이 과정에서 여성도 남성도 불만이 많다. 여자들은 아직도 너무나 많은 성차별이 도사리고 있다고 불퉁거리고, 남자들은 과거 남성의 특전에는 책임과 의무가 동반되었는데 여자들이 사회 진출해서 특전을 얻는 만큼 책임과 의무를 짊어지려고 하느냐며 볼멘소리를 한다. 젊은 남자들이 요즘 또래 여성을 싸잡아서 공격하는 까닭은 오랜 세월 이어진 여성 혐오 역사 속 진부한 현상의 반복으로도 볼 수 있지만, 여성들도 경쟁 상대가 되면서 경쟁이 한층 격화되어 너무나 큰 압박에 시달리며 불안과 불안에 사로잡힌 가운데 과거의 여자들이 상상하지도 못한 혜택을 누리는 현대 여성들이 자신의 몫만큼 책임을 다하지 않아 공평하지 못하다고 느껴 성 평등 흐름에 반발하고 있다고도 해석된다. 성 평등 시대에 맞춰서 남자들이 집안일부터 솔선수범하고 여성의 경험과 생각을 존중하며 평등한 태도를 일상에서 갖추고 있는지 의문이지만 이와 아울러 여성이라서 면제되던 의무를 여자들이 적극 감당하려고 하는지에 대해서도 의문이다. 이를테면 아직도 적지 않은 수의 여자들이 결혼할 때 남자가 집을 해 오는 것을 당연하게 여기는 데다 국방의 의무에 여성이 누락되거나 배제된 상황에 이의를 제기하지 않는다. 국방과 안보를 심각하게 자기 일로 여기지 않고 일부의 여성들만 직업으로서 군인이 되는 상황이다. 장교와 부사관은 하면서 병사는 하지 못하겠다는 것은 남성들의 여성 혐오에 기름을 붓는 격이다. 그간 제외된 영역에서 권리를 얻은 만큼 그동안 신경 쓰지 않았던 영역의 의무에 대해 여성이 진지하게 고민해야 한다는 얘기다. 물론 여성이라서 겪게 되는 경력 단절과 기회의 차별은 대폭 개선하고 시정하는 가운데, 사회제도의 변화와 아울러 여성들의 성찰도 요구된다. 남자들의 변화 속도가 여성보다 훨씬 굼뜨게 느껴져 답답하지만 그렇다고 해서 모든 여성이 성평등을 실천하고 있다고 평가할 수는 없다. 많은 남성이 변화된 시대 문화에 적응하지 못한 채 혼란을 겪으면서 분열되어 있듯 많은 여성이 과거에 여성이 바라던 욕망과 현재 성평등에 맞게 새로이 구성된 욕망 사이에서 혼란을 겪으며 분열되어 있다.

　사상가 뤼스 이리가레이Luce Irigaray는 생명은 중성이 아니기에 남성과 똑같은 대우를 요구하는 여성운동은 허망하다면서 여성에 맞춰 사회와 문화의 질서를 수정하는 일이 필요하다고 주장했다.36 이리가레이의 말마따나 여성에 맞춰서 세상의 변화가 더 일어나야 하듯, 남자들 사이의 경쟁도 누그러지고 승자와 패자 사이의 간극이 좁혀져야 더 나은 사회가 된다. 남성들 사이의 맹렬한 경쟁은 남성들의 건강뿐 아니라 여성에게도 해롭다. 영국의 사회역학자 리처드 윌킨슨Richard Wilkinson은 남자들 사이의 위계질서가 엄격할수록 여성의 지위가 낮다고 분석한다. 남자들 사이의 위계질서가 공고하고 남자다움이 중시되는 문화에선 남자 같은 활동력을 보이는 소수의 여자들이나 남자들이 좋아하는 외모를 지닌 여자들을 제외한 대다수 여성은 더욱 종속되고 남성보다 낮은 지위를 갖게 된다. 권위가 덜 중요하고 남성의 힘보다는 소통 능력과 친화력이 중시되는 평등주의 사회에서만 여성의 지위가 진정으로 향상된다. 한마디로 우월한 위치를 놓고 벌이는 남자들의 경쟁 강도가 약해져야 여권이 강해진다.

놀랍게도 여성의 지위가 높아질수록 남성의 건강 수준도 높아진다. 인간 사회에서 위계질서는 권력을 둘러싼 남성 사이의 투쟁으로 형성되는데, 여성의 지위가 향상되어 남자다움에 대한 압박이 수그러들고, 남성 사이의 경쟁이 줄어들면 보다 평등한 사회가 되어 남자들이 폭력과 위험한 행동을 저지르는 빈도가 적어진다. 남성의 폭력은 처음이야 남자들을 향해서 쏟아지면서 서로를 때리고 죽이지만 결국 여성과 아이들에게 미친다.**37** 여성이 보다 많은 권력을 갖는 사회의 모습을 권력자의 성별이 남성에서 여성으로 바뀌어 그동안 여성들이 짓밟혔듯 남성들이 짓눌리는 사회의 모습을 상상하는 것은 남성 특유의 어리석은 망상이다. 여성이 권력을 가진 사회는 남성 사이의 경쟁이 줄어들고 남성의 책임을 여성이 함께 지게 되며, 남자와 여자의 성관계는 보다 더 원활해지고 더 큰 기쁨과 더 진한 쾌락이 사회를 적시게 된다. 여성이 권력을 가진 사회는 여성뿐만 아니라 남성도 살기 좋다.

여성이 더 많은 권력을 갖고 사회를 주도하는 세상에서 여성은 자신의 희생을 담보로 가족과 타인의 행복을 뒷바라지하는 과거에서 벗어나, 보다 더 자신의 행복을 중요하게 여기는 쪽으로 변화될 것이고 이런 변화는 세상을 더 행복하게 할 것이다. 남성들의 폭력과 이기심처럼 눈에 띄게 드러나지는 않았지만, 그동안 여성들이 옥죄어 있었던 만큼 여성들의 분노와 불만은 암암리에 자식과 가정과 사회에 악영향을 끼쳤다. 여성들은 자신이 옥죄어 있으니 남들도 얽매이도록 엄혹한 규범으로 성을 죄어치는 것이 아닌, 자유의 평등을 추구하는 쪽이 현명하다. 자신이 먼저 행복해야 아이를 낳아도 행복할 수 있다.

남녀 관계가 행복하다면 오늘날처럼 이토록 세대 간 갈등이 심할까? 특히나 어머니가 성생활에 만족한다면 자식에게 그릇되게 집착하는 일이 많이 줄어들 것이다. 버트런드 러셀은 어머니가 성생활에 만족한다면 자식에게 그릇되게 집착하는 일이 줄어들 거라면서 행복한 여성이 불행한 여성보다 더 좋은 어머니 역할을 하리라고 내다봤다.**38** 불행한 부모가 꼭 나쁜 부모가 되는 것은 아니지만, 불행한 부모는 자신의 욕심을 자식에게 투사하고 자식을 자신의 뜻대로 조종하려는 경향이 행복한 부모보다 클 수밖에 없다. 여성의 행복이 꼭 부부 관계에 국한되는 건 아니겠지만 정말 아이들을 행복하게 키우고 싶은 여성이라면 남편과의 관계뿐 아니라 자신의 행복 상태를 깊게 고민할 필요가 있다.

매서운 시집살이는 그동안 여자들이 얼마나 불행했는지를 드러내는 현상인지 모른다. 예전에는 한국의 많은 여성이 여러 이유와 상황으로 불만족한 채 오랜 세월 아들 뒷바라지를 하는 게 유일한 낙이었는데, 며느리라는 젊은 여자가 애지중지한 아들을 빼앗아가니 당연히 갈등이 생긴다.

그동안 세상은 남성의 성욕과 만족을 살뜰하게 챙겼지만 여성의 성욕과 만족은 살천스레 방치했다. 여성을 지배하기 위해서는 성에 대한 무지가 필요했기 때문이다. 성에 대한 무지는 호기심을 억누르고 지성 발달의 장애가 된다. 심지어는 백치미라는 말까지 만들어 내 무식함을 미화하는 담론이 퍼지자 일부 여성은 자신은 잘 모르니 남성에게 의지하면서 지도받는 것이 미덕이라는 망상에 갇히기도 했다. 무지와 성 경험의 부재는 상통한다. 러셀은 여자들이 성에 대한 공포 때문에 호기심을 억누르면서 지성의 발달이 저해되었고, 그 결과 성관계를 두려워하며, 세상을 깊고 넓게 알기를 원치 않는다고 지적하면서 오랫동안 독신 상태로 고립되어 지내면 지성이 소심해지고 수줍어지는 현상이 매우 흔하다고 말한다.**39** 과거의 여성뿐 아니라 현재의 여성과 남성도 타인과 내밀한 관계를 맺지 않으면 사회성이나 인간에 대한 이해를 비롯한 지성이 저하되는 현상이 나타난다. 소극성과 생기 없는 모습은 억압된 사람의 공통된 특징인데, 그렇다고 이들에게 성욕이 아예 없지도 않다. 하지만 성에 대해 잘 모르기 때문에 잘못된 선택을 한다. 경험을 통해 자신이 어떤 관계를 원하는지 알 수도 있을 텐데, 성 억압을 당한 여성은 아예 선택의 기회조차 차단되어 있다.

여러 남자를 만나고 겪어 봐야 이 남자와 내가 같이 인생을 걸어 갈 수 있을지 제대로 판단할 수 있다. 하지만 자의든 타의든 오랜 시간 금욕한 여성은 조금이라도 성관계를 맺게 되면 곧장 그 남자와 결혼하려는 경향이 많은데, 순결 교육의 결과 여성의 시야가 좁아지고 슬기가 졸아들었기 때문인지도 모른다. 앞 시대의 수많은 여성이 강제로 성관계를 당한 뒤 어디에도 하소연하지 못한 채 그 남자와 꼭 결혼해야 하는 줄 알고 결혼한 뒤 까맣게 타들어 가는 가슴으로 인고의 결혼 생활을 했다. 그리 멀지 않은 시대의 이야기다. 성 해방의 물결이 흘러 넘쳐서 흥건하게 적셔야 할 갑갑하고 황량한 곳이 아직도 너무나 많다.

성관계 시 상대방을 배려하는 자세

이혼한 뒤 거울을 통해 자위하고 남자가 보는 앞에서도 자신의 몸을 애무할 수 있게 된 베티 도슨은 새로 사랑하게 된 남자와 함께 자위하면서 최상의 오르가슴을 느낀 날을 성적 독립 기념일이라고 부른다. 베티 도슨은 오르가슴에 대해 갖고 있던 환상에서 벗어나 남성과 평등해지려면 고고하게 높은 자리에 있을 것이 아니라 몸을 숙여 아래로 내려와야 한다는 사실을 깨달았다고 이야기한다.[40]
자위의 좋은 점은 상대의 욕구를 충족시키기 위해 오르가슴을 느끼는 척 시늉할 필요가 없을뿐더러 오직 자신의 신체 감각에 집중할 수 있다는 것이다. 자위할 때는 상대를 만족시키지 못했다고 자책하거나 거부당할까 봐 두려워하지 않아도 된다. 킨제이 보고서에 따르면 남성이 삽입 후 사정하기까지 평균 2분 30초 걸린다. 이 정도의 시간은 여성의 육체가 달아오르기도 어려운 시간이다. 여자는 누워만 있는 상태에서 오르가슴을 느끼려고 안간힘을 쓰고, 남자는 위에 올라가 힘쓰는 체위만 구사한 채 사정을 늦추려고 어지간히 버둥거리는데, 결국 둘 다 실패한다. 성관계가 허망하게 끝나면 남자는 민망하고 여자는 퉁명스러워진다.

뻔한 체위와 성기 결합으로만 진행되는 성관계에 신물 난다면 서로 입장을 바꿔 보는 경험을 해 보라고 베티 도슨은 권한다. 남자가 누워 있고 여자가 위에 올라가 힘을 쓰는 것이다. 대부분 3분을 못 버티고 여자들은 지친다. 역지사지의 경험을 한 여자들은 남성에게 동정심을 갖고 이해심이 넓어지면서 남성의 부담을 덜 수 있는 체위에 관심을 갖게 된다.[41] 남자와 여자의 성기 결합만이 성교라는 편견에서 벗어나 다채로운 체위를 시도하고 서로의 심리와 감정을 소통하면서 보다 만족스러운 성관계를 더불어 성취하라고 베티 도슨은 조언한다.

남자들은 대개 성행위를 잘 해낼 수 있을까 하는 불안감을 갖는 것 같았다. 남자들은 너무 급하게 절정에 이르거나 발기가 중간에 사그라들까 봐 조바심을 많이 낸다. 여성들도 성행위에 대한 불안감을 갖고 있는데, 자신이 섹시하지 않다는 조바심이나 성교할 때 촉촉하게 젖지 않는다거나 오르가슴을 못 느끼는 것에 대해 걱정한다. 나는 남자들의 이야기를 들으면서 그들은 자신이 느끼는 오르가슴의 질에 대해서는 별로 신경 쓰지 않는다는 것을 알 수 있었다. 그들은 상대 여성에게 성적 쾌감과 오르가슴을 주는 데만 신경 쓰고, 파트너가 보이는 반응을 보며 자신이 얼마나 '좋은 연인'인가를 평가한다. 여성들은 섹스를 두려워했고, 남성들은 성적 실패를 두려워했다.**42**

여성과 남성은 각각 여자다움과 남자다움에 사로잡혀 있다. 그래서 여성은 남성에 의해 오르가슴을 느끼길 얌전히 기다리고, 남성은 여성이 어떻게 하는 걸 좋아하는지 잘 모르는 상태에서 여성을 절정의 꼭대기에 올려놓아야 한다는 책임을 부여받는다.**43** 남자들은 성관계 뒤 선방했다고 생각하면 어김없이 "느꼈어?" "좋았어?"라고 묻지만 여자들은 진실을 얘기하지 못한다. 남자든 여자든 성행위를 즐거운 소통이라기보다는 부담스러운 승부처럼 여기는 것이다.

대다수 여성은 남성과의 성관계에서보다 자위할 때 절정에 쉽고 편하게 도달한다. 어디를 어떻게 자극해야 기분이 최고조에 이르는지 알고, 타인에게 평가당하는 두려움에서 해방되어 좀 더 자기 감각에 몰입하고 몸을 정성들여 지긋이 달굴 수 있기 때문이다. 개개인마다 흥분 속도가 다른 가운데 성별에 따라 흥분의 시차는 뚜렷이 존재한다. 여성과 남성이 함께 황홀경을 누리려면 여성의 신체를 빨리 덥히는 일보다는 남성이 흥분을 조절하는 쪽으로 성관계가 진행되어야 한다. 아직 몸 풀리고 되지 않은 여자 앞에서 남자가 결승선을 통과해 버리는 희극이자 비극이 연출되지 않기 위해서라도 남자들은 성기 결합 전에 손과 입과 혀와 몸 등 여러 도구를 통해 충분히 여성을 흥분시키고 여성이 도저히 참을 수 없어서 넣어 달라고 할 때 삽입해야 쾌감이 한결 고조된다. 여성이 먼저 절정의 봉우리에 오르도록 배려하는 남자의 태도는 행복한 성관계의 필수 조건이다.

1960년대 여성운동에서 터져 나온 요구 가운데 전희라는 내용이 많았다. 그동안 달궈지지도 않은 상태에서 여성의 질 안으로 남자의 성기가 불쑥 쑤시면서 억지로 들어가 막무가내로 절구질하다 황급하게 사정해 버리는 식으로 성관계가 치러져 전희 부재와 배려 부족에 넌더리 나 있던 여자들은 여성운동을 통해 남자들의 성 행태를 비판하면서 여성의 요구 사항을 알리고 성행위 방식을 변화시켰다.[44] 애무의 중요성이 차츰 전파되자 남자들은 자신이 자위할 때처럼 빠르고 격한 손놀림을 그대로 여성의 몸에 적용하는데 이는 여성에게 어금니를 꽉 깨물게 되는 당황스러운 아픔을 선사한다. 천천히, 부드러움을 기본으로 하되 이따금 신선함과 강렬함을 주는 것이 애무의 구성 요소다.

성관계 초기에는 성행위 습성이나 성에 대한 태도가 달라 두 사람이 동시에 황홀경을 느끼는 것이 쉽지 않으나 사랑을 나누면서 상대에 대한 이해가 높아지면 점점 더 평등하게 오르가슴을 얻을 수 있다. 독일의 성 계몽가 귄터 아멘트Gunter Amendt는 중요한 건 자기 자신뿐 아니라 상대방도 오르가슴에 도달하길 원하는 마음이라고 충고한다.[45] 서로 상대방을 배려하는 자세를 갖추고 있다면 동시에 절정의 정상에 도달하지 못한다고 해도 앞서거니 뒤서거니 하면서 절정에서 야호를 외칠 수 있다.

잠자리에서 주체성과 상상력을

황홀경을 남자에게만 맡겨서는 여성이 쾌락을 향유하기 어렵다. 베티 도슨은 자기 오르가즘을 여자들이 책임져야 한다면서, 성의 책임감은 자신이 평등한 인간이라는 기본 선언과 상통한다고 의미를 부여한다.[46] 베티 도슨은 남녀가 같이 애무하고 자위도 하게 되면 서로의 몸에 대해 더 알게 되고 상대의 반응을 더 잘 익힐 수 있다면서, 자위가 성관계 중에 하나의 과정으로 추가 된다면 훨씬 다양한 성생활과 색다른 재미를 느낄 수 있다고 귀띔한다.[47] 우디 앨런Woody Allen의 영화 〈애니 홀〉을 보면 여자 친구와 냉랭해져 고민하는 주인공이 은발의 신사에게 아내가 침대에서 인위적인 자극을 원하느냐고 묻자 그 남자는 자신들은 커다란 진동 계란을 쓴다고 답변한다. 우디 앨런이 흘려들었던 이 생뚱맞은 답변 속엔 나이가 들어서 즐거운 잠자리를 유지하는 데 귀담아 들을 만한 뭔가가 있을지 모른다. 성관계할 때 도구를 사용하는 상상력 말이다.

베티 도슨은 여성주의의 환상이나 성교 같은 건 없다고 생각한다면서 바람직한 행동과 언어만 써야한다는 강박에 사로잡혀서 잠자리에서조차 욕구와 열정을 표현하지 못한 채 자신을 규제하고 검열하려 든다면 삶의 즐거움과 창의성은 상실하게 될 거라고 우려한다. 반드시 잠자리를 반듯이 해야 한다는 강박은 삶의 기쁨을 질식시킨다. 저마다 자신의 기호와 취향을 존중받는 가운데 방종으로 치닫지 않는 지혜와 아울러 자신의 경계선을 넓혀 가는 개방성이 곁들어진다면 우리의 성생활은 훨씬 신명나고 아름다워질 것이다.

> 성 해방은 여성들도 성에서 즐거움을 찾고 쾌감을 느끼게 하는 것이다. 페미니스트 모권주의의 이상인 '일부일처제적인 관계 속에서 동등한 존재들의 영속적인 사랑'을 반대하는 것은 아니지만 그들이 내가 원하는 성적 다양성이나 비非일부일처제, 포르노를 즐길 수 있는 자유 등을 통제하거나 검열하지 않기를 바란다. '정치적으로 올발라야 한다'는 개념이 창의성을 죽이고, 자연스러움을 규제하고, 농담까지 검열하려 든다면 결국 우리는 자신을 비웃을 수 있는 능력도 상실하게 될 것이다.**48**

    죄책감이나 수치심에서 벗어나 자신의 몸을 애무하고 상대를 만족시켜 줘야 한다는 중압감에서 자유로워지면, 성욕을 자연스럽게 여기고 성관계를 할 때 기존의 조신한 몸동작에서 벗어나 거친 숨소리를 내면서 생생하게 몸을 움직이게 된다. 성 해방의 목표가 올바른 성관계는 아니라면서 온갖 환상들을 억누르지 말라고 베티 도슨은 충고한다.
    인간이 얼마나 상상력이 뛰어난 존재냐면 외계인에게 납치당했다는 기록들에 흔히 성 경험이 들어간다. 19세기에 영국과 미국에서 영성주의운동이 부상할 쯤엔 유령과 성관계를 가졌다고 꽤 많은 사람이 보고했다. 여전히 악마 숭배 제의 때 아이들과 젊은 여자들을 성 학대한다는 소문이 떠돈다. 실제로 외계인과 악마와 유령과 성관계를 한다는 건 그 경험이 정말 낯선 존재와 연관된 일이라기보다는 인간의 욕망과 환상에 연관되었음을 스스로 들통 내는 것이다. 낯선 존재와 성 경험했다는 고백은 신비롭다기보다는 굉장히 인간스러운 현상이라고 미국의 과학사학자 마이클 셔머Michael Shermer는 이야기한다.49 인간의 인지 체계는 어떻게든 무엇이든 성과 관련지으면서 작동되는 측면이 있다. 그래서 자신이 의식하진 못하더라도 무의식중에 혹시나 하면서 이런저런 상상과 환상이 작동된다. 그 결과 외계인이나 악마나 유령이나 괴물은 우리의 공포를 반영하면서 때때로 야릇한 흥분을 일으킨다. 우리가 가지고 있는 성에 대한 불안과 매혹을 그들에게 투사하기 때문이다.

프로이트는 행복한 사람은 환상을 갖고 있지 않다면서 성행위에 대한 환상은 우리가 신경증에 걸린 증거라고 주장했으나, 최근의 연구 결과들은 프로이트가 헛소리한 것이라는 걸 보여 준다. 강간 환상부터 권위에 굴복하고 싶은 백일몽까지 별의 별 내용들이 우리 안에서 꼼지락대는데, 이건 건강한 축에 든다. 만족스러운 성생활을 하면서 오르가슴에 자주 도달하는 여자들이 불만족스러운 여자들보다 상상 속에서 흥분하는 일이 빈번했고, 남자도 여자와 비슷했다. 독일의 과학저술가 롤프 네센Rolf Degen에 따르면 환상은 성욕을 제대로 발산하지 못한 사람들의 씁쓸한 분출구가 아니라 건강한 상태에서 일어나는 충동의 표현이다.**50** 자기 안의 성적 환상을 다 실현할 순 없겠으나 마음이 열린 연인과 솔직하게 소통하면서 실행해 볼 수 있는 부분은 합의를 통해 시도할 때 성생활이 더 즐거워진다.

일찍이 인류 사회는 쾌감을 증진하기 위한 여러 방법을 연구했고, 많은 문화권에서 성애 기술을 익히는 것은 상대에 대한 배려이자 자신감의 원천이었다. 헤브라이 전통에서는 남자들이 아내에게 잠자리 만족을 주는 건 선행이자 성스러운 일로 평가받았다. 랍비는 농부의 경우 매주 할 수 있지만 교양 있는 사람은 2년에 한 번만 하라면서 남자의 지위에 따라 성교 횟수까지 정해 주었는데, 횟수는 달라도 부인을 만족시키는 것은 중요했다.**51** 태평양 남부와 오스트레일리아 동북쪽에 위치한 멜라네시아 지역의 도부족은 체면을 중시하면서도 혼외 성관계가 왕성했고, 완고하고 고상하면서도 성애 기술에 따른 만족의 성취가 남녀 모두에게 중대한 관심사였다.**52** 혼인하는 여성에게 들려주는 조언 중에 남편의 성 능력을 가능한 한 지속시키는 방법이 포함되어 있을 정도로 도부족은 성의 육체 측면을 결코 낮잡지 않았다. 이것은 인류의 오래된 지혜다.

성 해방의 물결이 전 세계를 적셨고 여자들도 자신의 쾌락을 위해 미개척된 성의 세계에 적극 뛰어드는 시대를 맞아 베티 도슨은 잠자리에서 내숭 떨지 말고 성애술을 적극 연습해 성 능력을 향상시키라고 호소한다. 성애술도 그림 그리는 솜씨나 악기를 연주하는 기예처럼 배우고 익혀야 하는 기술 중 하나다. 사람마다 신체가 다르고 기쁨을 누리는 방법도 다르다. 여성의 성에 대해 백안시하고 오랫동안 억압과 금욕이 내면화되다 보니 여성의 성적 기교와 반응 능력은 자연스럽게 획득되지 않는다. 성과 관련된 많은 행위들이 금지되어 있었기 때문에 이제부터라도 다른 기술을 배우듯 섹스를 배우고 훈련해서 자기 안의 성적 열정을 발견하고 자신의 만족을 키워야 한다고 베티 도슨은 외친다.[53]

여성의 만족은 남성보다 복잡하다. 여성이 어디에 가장 큰 희열과 쾌락을 느끼는지를 두고 지금도 논쟁이 이어진다. 셰어 하이트를 비롯한 일군의 여성학자들은 음핵이 기쁨의 핵심이라고 주장했는데, 이에 맞서 또 다른 여자들은 질 오르가슴이 있다며 질 안의 지스폿G-spot이라 불리는 우묵한 지점에서 엄청난 쾌감을 느낀다고 목소리를 냈다. 여러 연구가 행해졌지만 딱 하나의 성 만족이 있다고 정의 내리기 어렵고, 여성마다 조금씩 다르다고 알려진 상태다. 여자들이 절정의 황홀경에 대해 토론하면 거의 끝이 없을 정도로 대화가 계속된다. 여성들은 정보를 교환하면서 때로는 분개하고 때로는 유쾌하게 이야기를 나누는데, 이렇게 여성이 자기 몸을 되찾기 시작한다면서 자기 몸을 인정하고 즐기는 것이 자기 발전에 필수라고 필리스 체슬러는 주장한다. 여성이 자기 신체를 주도해야만 쾌락과 만족도 제대로 경험할 수 있는 것이다.[54] 뤼스 이리가레이는 여성에게는 남성보다 많은 성기가 있다면서 음핵의 능동성과 질의 수동성 가운데 어느 쪽을 선택할 수 없다며 여성의 성욕과 쾌락은 다수성을 지녔다는 견해를 발표했다.

질에서 빚어지는 쾌락과 음핵을 자극하면서 생기는 쾌락은 같지 않다. 음핵과 질의 쾌락은 서로 교환되거나 대체될 수 없는 방식으로 여성 쾌락에 참여한다. 뤼스 이리가레이는 그 밖에도 가슴을 입으로 빨고 불두덩을 만지고 음순 사이를 벌리고 자궁 경부를 스치고 몸을 애무하면서 생기는 간지러움 등등의 다양한 쾌락이 있다고 설명한다.[55]

남자든 여자든 자제가 어느 정도 미덕이긴 하지만 금욕만 권장하는 것은 현명한 처사가 아니다. 금욕하면 성욕이 없어지는 게 아니라 엉뚱한 곳에서 폭발하기 쉽기 때문이다. 외도를 나쁘다고 평가하는 사람조차도 자신이 혼외정사를 하게 될 경우, 걸리게 되면 어떻게든 비난을 받으니 차라리 제대로 크게 하는 편이 낫다고 생각하면서 일체의 자제력을 패대기치고는 소스라치는 행위들을 벌이게 되기 일쑤다.

성은 인간의 기본이고 내 삶의 줄거리다. 성생활이 어떠냐에 따라 삶의 건강과 행복도 큰 영향을 받는다. 성관계를 하면 웬만한 운동보다 훨씬 큰 운동 효과를 얻는다. 또한 밀도 높은 긴장과 뒤따르는 나른한 이완을 겪으면서 몸도 마음도 홀가분해진다. 게다가 절정을 경험하면 상대에 대한 애착도 깊어지고, 세상을 보는 시선도 훨씬 너그러워진다. 성은 자제를 필요로 하지만 굴레를 필요로 하지는 않는다.

그동안 성을 훈련할 수 있는 기회를 제공하기보다는 무조건 억압하면서 많은 문제가 생겨났다. 어린 시절에 심어진 열등감, 잘못된 신념, 성매매의 경험과 무분별한 방종 그리고 자신의 쾌락을 우선시하는 남성의 욕심과 순결을 지켜야 한다는 것 때문에 여성의 몸에 밴 성에 대한 혐오감. 이 모든 것들이 두 사람의 깊고 기쁜 만남을 방해하고 행복을 망가뜨린다. 타인과 결합하려는 성 본능에 따라 두 사람은 결혼하는데, 결혼의 토대가 되는 성 지식이 빈약하고 이성에 대한 경험이 부족한 채 결혼할 경우 사사건건 티격태격하게 된다. 성욕을 꾹꾹 참으며 자란 아내들은 뻣뻣하기 그지없고, 결혼 전 야동과 성매매에 익숙했던 남편들은 뻔뻔하게 굴기 일쑤다.

영화 속 두 주인공은 한순간에 불이 붙고 침대에서도 고난도 체위 속에서 환상의 궁합을 펼친다. 그러나 현실에서 똑같은 일이 벌어질 가능성은 물에 한 번도 들어간 적이 없는 사람이 접영을 우아하게 할 확률과 비슷하다. 남녀의 몸은 다를 뿐더러 성을 대하는 태도와 심리도 상이하다. 대중매체 속에서는 첫 성 경험을 대단하게 그려 내지만, 아직 경험이 부족한 상태에서의 첫 경험은 쏩쓸함을 주기 십상이다. 아르헨티나의 영화 〈돈 룩 다운〉은 성행위도 연습이 필요하고, 학습 능력이 사람마다 차이가 있지만 하면 할수록 잘하게 된다는 걸 보여 준다.

성 경험이 웬만큼 있더라도 각기 다른 삶의 궤적을 그리며 살아온 두 사람이 만나자마자 원활하게 성관계를 갖기란 어려운 일이다. 상대는 내가 만났던 사람과는 다른 사람이기 때문이다. 잠자리 횟수가 늘어날수록 상대에 대한 이해와 쾌락이 늘어나게 된다. 성감은 개발되며, 만족은 증진한다. 성이란 그저 자석처럼 마음에 드는 상대가 나타나면 찰싹 달라붙으면서 기능하는 것이 아니다. 행복한 만남을 위해서는 두 사람의 공감, 배려, 인내가 필요하다.

과거의 인습에서 벗어나 성을 새로이 공부하고 조절하는 능력을 갖춘 사람들만이 행복한 성관계를 영위할 수 있다. 그리움, 낭만, 열정으로 구성되었던 사랑에 쾌락이 중요한 요소로 자리매김한 시대가 현대다. 영국의 사회학자 앤서니 기든스Anthony Giddens는 서로에게 쾌락을 선물하면서 감미롭게 애정을 즐기는 관계를 '합류의 사랑'이라고 이름 붙인다. 낭만의 사랑은 열정으로 불타오르는 일체감을 중요시하면서 낭만 자체가 일으키는 설렘과 흥분이 행복을 보장한다고 여긴다. 반면 합류의 사랑은 두 사람이 서로 노력하면서 지속되는 관계 유형으로, 성애를 통해 함께 얻는 만족을 중요하게 여긴다. 다양한 성 정보와 관능의 훈련으로 두 사람이 모두 절정에 오르면서 행복을 나누는 일이 젊은이들 사이에서는 중요한 요건이 된다.**56**

내 몸의 자율권

성을 고민하는 것은 우리가 건강하기 위함인데 건강은 그 자체로 정의 내리기 쉽지 않다. 사람마다 자신의 경험과 처한 환경, 타고난 기질과 현재의 신체 상태가 다르므로 건강의 의미와 추구하는 바가 다를 수밖에 없다. 미국의 철학자 존 듀이John Dewey는 생활의 건강과 신체의 건강을 같이 연관 짓는 통찰을 발휘한다. 엉망으로 사는데 건강을 획득할 수 없는 것이다. 건강은 내 삶의 총합이다.**57** 몸의 특정 부위에 대한 걱정과 질병에 대한 염려로 전전긍긍하는 사람이 아닌, 즐거움과 정의로움을 지향하면서 조화로운 삶을 형성할 때 인간은 건강할 수 있다. 인간의 몸은 끊임없이 외부와 상호작용을 해 나간다. 인간의 몸 안에는 수많은 생명체가 있다. 따라서 협소한 관점에서 내 몸에 질병이 없다는 데 안심하기보다는 수많은 관계 속에서 원활하게 소통이 이뤄지고 삶의 가치를 튼튼하게 이룩해 나갈 수 있게 해야 한다. 그래야 비로소 인간은 건강하다.

지금 우리는 몸의 자율권을 상실한 채 살고 있다. 내 입으로 들어가는 먹거리가 어디에서 어떻게 재배되었는지도 모르고, 왜 병이 발생하는지, 내 몸이 어떤 상태인지 감지조차 못한 채 병원의 장비들에 몸을 내맡겨 검진부터 치료까지 받고 있다. 의료 권력이 거대해질수록 질병에 대한 공포와 자신의 몸에 대한 무지도 덩달아 커지고 삶의 주체성은 왜소해진다. 병의 원인은 외부에만 있지 않고, 내부에도 있다. 내 몸의 증상은 내 몸이 내게 보내는 신호다. 처음 보는 의사에게 내 몸의 상태를 묻기에 앞서 내가 나를 돌아보면서 식습관을 조절하고 인간관계에서 느끼는 감정들을 헤아리고 적절하게 운동하면서 자기 삶에 주인의식을 갖고 삶의 과정을 성찰하는 일이 급선무다. 삶의 기쁨은 내가 나로서 살아갈 때 주어지는 선물이다.

내 몸의 자율권을 찾기 위해 자위가 중요한 촉매가 된다. 그동안 종교 권력과 의료 권력을 비롯한 세상의 권력은 자위를 질병처럼 취급하고 억압해 오다가 최근에 와서야 마지못해 자연스러운 행위로 인정했으나 여전히 자위는 대접받지 못하고 있다. 쾌락의 세계를 개척하고 성애술을 익힐 때 자위는 최초의 성적 활동으로, 자신을 알아 가는 중요한 과정이다. 베티 도슨에 의하면 자위를 통해 성적인 반응으로서 흥분과 절정을 이해하고 성에 대한 공포에서도 벗어나게 된다. 여성은 자위를 통해 얻은 자신감으로 상대가 하는 건 뭐든지 좋다는 식의 거짓말로 얼버무리지 않고 정직하게 자신의 바람을 표현하게 된다.[58] 스스로 사랑하면서 자기 존중을 실천하는 길이 자위다.

처음 자위를 시도할 때 어리석고 창피하게 느껴지거나 별로 쾌감을 얻지 못할 수도 있다. 자위하는 데 시간과 정력을 덜 들이기 때문이다. 도슨은 적어도 한 시간은 투자할 가치가 있다면서 자신의 몸과 친해지는 과정의 중요성을 강조한다. 그리고 특히 여성은 자기 성기를 자주 관찰하고 살펴야 한다고 귀띔한다. 대부분의 여성 질에서는 투명하거나 하얀 빛깔의 분비물이 나오는데 그건 정상 상태다. 질과 질의 입구는 물로 씻는 것으로 충분하고, 질 세정제를 쓰기보다는 깨끗한 물에 식초를 약간 타서 사용하는 게 좋다. 세정제를 쓰면 잠깐은 쾌적할지 몰라도 질 안의 생태 복원 능력을 파괴해서 역효과를 부르기 쉽다. 그리고 질 속에 손가락을 넣었다가 냄새를 맡아 보거나 맛을 보면서 자신의 성기 건강을 살필 수 있다.[59]

여성의 질 안에 있는 유산균은 젖산과 산화수소를 만들어 내면서 살균 효과를 내고 수소 이온 농도 지수(pH) 8의 알칼리성을 지닌 정액들에 대응하면서 산도를 낮추려는 기능을 가지고 있다. 나탈리 앤지어Natalie Angier에 의하면 건강한 질은 레몬보다는 덜하지만 블랙

커피보다는 약간 더한, 적포도주와 비슷한 수소 이온 농도 지수 3.8에서 4.5의 산도를 지니고 톡 쏘면서도 달콤한 향이 난다.**60** 도슨은 건강한 질을 위해 지속해서 뭔가를 삽입해 줘야 건강할 수 있다면서 모조 남근dildo의 필요성을 언급하고는 케겔 운동을 적극 권한다.

> 질구에 뭔가를 삽입한 다음 리드미컬하게 질 주위 근육을 조였다 풀었다 하는 케겔 운동을 해주면 성기의 성감을 한층 높일 수 있다. 이러한 운동을 자주 하면 출산으로 처진 질 주위 근육을 원상태로 회복시켜 줄 수 있다. 건강한 질 근육은 오르가슴 증진의 필수 조건이다.**61**

질 주위 근육에 탄력이 있는지 알아보려면 질 속에 손가락을 넣고 조여 보거나 오줌을 누다가 중간에 멈췄다 다시 눴다 하는 것을 반복해 보는 방법이 있다. 이 근육은 골반층 전반에 걸쳐 있어서 여기를 조여 주면 클리토리스, 질, 항문도 함께 조여진다.

여성의 신체는 대단히 강하지만 근육 조직을 덜 쓰라는 유혹과 사회 분위기에 휩쓸리면서 현대의 여성은 근력을 잃고 있다. 더 건강하게 살기 위해서라도 근육이 필요한데, 여성은 근력을 키울 기회가 별로 없다. 성관계의 만족감이 저하됐다면 어쩌면 자신의 상상력이 쪼그라든 만큼 근육과 유연성이 약해지면서 발생한 결과인지도 모른다.

성관계의 즐거움을 향상시키기 위해 여성의 적극성이 중요하지만 여전히 발기부터 지속 능력까지 남성의 몫이 크다는 건 부인할 수 없다. 사정을 조절하는 능력을 익히기 위해서 남성은 먼저 치골미골근을 수축하면서 흥분을 조절할 줄 알아야 한다. (치골미골근은 소변의 흐름을 중간에 멈추고자 할 때 힘이 가해지는 근육이다.) 또한 자세에 따라서 자신의 몸 상태와 근육이완이 달라지기에 여러 체위를 능숙하게 변환시킬 줄 아는 요령이 중요하다.

사정을 조절하는 가장 간단한 방법은 너무 흥분되었다고 느낄 때 잠깐 성교 동작을 멈추는 것이다.[62] 아직 흥이 제대로 오르지도 않았는데 남자가 사정하고 옆으로 쓰러지는 것만큼 민망한 것도 없기에 뒤에 있을 더 큰 환희를 위해 돌아가는 길이라 마음 편히 생각하고, 여성의 질에서 귀두만 남겨둔 채 움직이지 않고 멈춰 있다가 10초에서 30초 뒤에 다시 시작하거나 체위를 변화시키면 보다 더 만족스러운 성관계가 된다. 콘돔을 착용하는 것도 지속 시간을 늘리는 데 도움이 된다. 콘돔은 피임은 물론 성병 예방도 하는 데다 심리의 불안을 누그러뜨려 주면서 사정 충동을 줄여 주니 아찔하면서도 아늑하게 성관계를 오래 하길 원한다면 콘돔은 필수다. 물론 그저 오래한다고 여성에게 만족을 주는 건 아니다. 다만 함께 사랑을 나누는 가운데 여성은 아직 갈 길이 멀었는데 자신은 그 자리에 털썩 주저앉아 버리는 일을 방지하고자 남자들이 노력할 필요가 있다는 얘기다. 결국 중요한 건 자기 몸의 주인으로서 서로 존중하며 관계를 갖는 것이다.

5.

나를 위한
자기 배려

미셸 푸코
『성의 역사2』

앙투안 뱅상 아르노, 「알키비아데스를 가르치는 소크라테스」(1776)

우리 몸은 끊임없이 내부의 충동과 외부의 압박이 가해지면서 전투가 벌어지는 장소다. 외부에서 들어온 권력이 내 몸을 지배하고 있고 내 몸은 저항하지만 좀처럼 나는 나를 지배하지 못한다. 내 몸은 내 뜻대로 되지 않고 내 신체는 나 자신과 늘 내전 중이다. 그림 「알키비아데스를 가르치는 소크라테스」의 장면처럼 소크라테스는 자신의 욕망을 절제하면서 젊은이들을 만나 깨어나도록 자극하고 사랑했다. 우리의 욕망과 신체에 이미 권력의 입김이 들어가 있지만 우리는 자유롭다고 착각한다. 미셸 푸코는 이런 몸과 성의 권력 식민지에서 벗어나 저항의 공간이자 자유의 거점이 되는 기술과 훈련을 연구했다. 그리고 성에 자율성을 부여하되 스스로 절제하는 것을 중시한 고대 그리스의 성 문화를 들춰낸다.

내 몸을 더럽다고 여기는 정신이 더럽다

브라질에서 최고 흥행 기록을 새롭게 써 내려간 브라질 영화 〈엘리트 스쿼드〉의 주인공은 경찰이다. 브라질에서는 경찰에 대한 시선이 곱지 않기 때문에 신분을 감추고 대학에서 공부하던 주인공은 한 권의 책을 두고 일어난 논쟁에서 수세에 몰린다. 이 책을 읽은 다수의 학생이 경찰을 비롯한 권력 기관에 문제의식을 드러내자 주인공은 권력 기관의 필요성을 제기하면서 어떻게든 밀리던 흐름을 만회하려고 하지만 별 소득이 없다. 논쟁 발달의 원인이 된 책의 제목은 『감시와 처벌』로, 프랑스의 역사철학자 미셸 푸코(Michel Foucault, 1926~1984)가 썼다. 미셸 푸코의 책은 멀리 퍼지고 퍼져 브라질의 대중 영화에까지 등장한다.

미셸 푸코는 원래 정상과 비정상이 있는 게 아니라 권력이 정상과 비정상을 나눈다는 새로운 통찰을 선보이면서 권력이 어떻게 작동하고 변화하는지를 고찰한 지식인이다. 어릴 때부터 비정상으로 취급받으면서 고통을 겪었던 체험은 문제의식이 되어 늘 그의 저서에 깔려 있다. 다름은 틀림이 아닌데 권력은 늘 차이를 잘못되고 틀렸다면서 감시하고 처벌하려 한다. 미셸 푸코는 인간을 감시하고 처벌하는 권력이 근대 역사 속에서 어떻게 변화되었는지 추적하고 폭로한다. 미셸 푸코에 따르면 권력은 경제성을 추구한다. 대들면 잡아서 고문하고 처형하는 과거의 방식은 굉장히 효율성이 떨어진다. 그래서 현대의 권력은 사람들이 스스로를 감시하도록 작동한다. 우리들은 권력에 알아서 복종하고, 자신도 모르게 자기 생각들을 검열하며 부조리한 현실에 불만이 생기더라도 지레 움츠러든다. 분노는 어느새 자신보다 약한 사람들에게만 터질 뿐 권력을 향해 솟구치지 않는다. 그렇게 현대인들은 착하게 길들여졌다. 어릴 때부터 훈육받고 통제받다 보면, 복종과 질서를 떠받들게 되고 부려 먹기 쉬운 존재가 된다. 권력의 작동 방식이 굉장히 경제성 있고 효과적인 방식으로 변화한 셈이다.

인간을 옥죄는 권력에 맞서 진보 지식인들은 억압된 사람들을 해방시켜야 한다고 부르짖었는데 푸코가 보기엔 해방되어야 하는 우리 깊숙한 곳에는 이미 복종화된 결과가 자리하고 있다. 우리가 정신이나 영혼이라고 부르는 내면 자체가 권력의 산물이다. 육체의 감옥에서 벗어나 영혼이 천국에 간다는 기독교의 언어를 뒤집어 우리의 영혼이 신체의 감옥이라고 푸코는 냉철하게 서술한다.[1] 우리의 몸은 더럽지 않다. 몸을 더럽다고 판단하고 처벌하려는 영혼이 더러운 것이다. 권력이 만든 더러운 정신이 내 안에 들어와 나를 장악하면 아무 죄가 없는 몸을 더럽게 여기며 자신을 미워하고 짓누르면서 살게 된다.

권력에 대한 문제의식은 『성의 역사1』로 이어진다. 푸코는 인간이 억압되고 있다는 프로이트와 라이히의 담론에 비판을 가하면서, 왜 우리가 억압받고 있느냐는 물음이 아니라 '왜 우리는 그토록 커다란 열정과 강렬한 원한을 품고서 스스로 억압받았다고 말하는가'로 질문을 바꾸고 특정한 담론이 우리에게 미치는 영향을 톺아본다.[2] 프로이트와 라이히를 신봉하게 되면 성 억압이 문제고, 성 해방만 되면 우리가 자유로워지리라는 환상에 사로잡히게 된다. 성이 억압당했다고 이야기하면 마치 투사가 된 것 같은 묘한 만족감도 생겨나고, 기존 질서에 도전한다는 의식과 함께 현재의 어둠을 몰아내고 미래의 빛을 앞당기는 데 이바지하고 있다는 기분에 도취된다. 하지만 우리 삶의 문제는 성 억압 때문이니 성 해방만 되면 세상이 달라지고 '나'도 달라지리라는 믿음 자체가 권력의 효과라는 것이 푸코의 문제 제기다. 권력이 과거에는 성을 억압하면서 작동했는지 몰라도 이제는 성을 '통해' 작동한다. 성은 억압당하기보다는 권력이 조장하면서 조절하는 거라고 푸코는 주장한다.

푸코가 말하는 권력은 청와대나 검찰이나 국정원 같은 권력 기관들이 갖고 행사하는 힘만을 가리키지 않는다. 권력 기관에서 사회를 관할하는 주요 힘들을 갖고 있지만 권력은 어느 한 곳에 집중되어 있지 않다. 모든 곳에 권력이 있다.[3] 권력은 도처에서 발생하고 범람한다. 권력이 우리 삶을 제한하고 부정하는 나쁜 힘이라 여기는 억압의 관점이 퍼져 있었는데, 푸코는 권력이 특정한 효과를 만드는 생산의 관점을 도입한다. 나쁜 권력자들을 몰아낸다고 세상이 쉽게 좋아지지 않는 이유도 좋고 나쁨을 넘어서 권력은 늘 우리 주변에서 발생하고 인간은 언제나 권력의 그물망 안에서 움직이기 때문이다. 우리 역시 권력을 발생시켜 누군가의 삶에 영향을 끼치고 있다. 권력은 나와 너 사이, 사람과 사람 사이, 그 모든 곳에 있다.

성은 권력이 작동하는 주요 매개이자 지점이다. 권력을 고민할 때 성을 꼭 사유하는 이유이고, 푸코가 말년에 성을 집요하게 파고들면서 되짚어 본 까닭이다.

진실에 직면하면서 자기 자신을 변형시키려는 철학

미셸 푸코는 『성의 역사1』을 출간하고 8년이나 지나서 『성의 역사2』와 『성의 역사3』 두 권을 동시에 내놓는데, 이 두 권의 책은 생전에 자신이 손수 발간한 마지막 책이 된다. 기존의 문제의식에서 약간 변화가 생긴 푸코는 성이 어느 정도 억압되었다는 생각에 공감하면서 몸과 성을 통해 작동하는 권력으로부터 자유로워지는 길을 모색하기 위해 먼 과거를 탐구한다.

그는 호기심이 자신을 충동질했다고 말한다. 남들이 좋다고 떠들고, 세상에서 알아야만 한다고 해서 뒤처지지 않고자 덩달아 발동되는 호기심이 아니라 자기 자신으로부터 벗어나 새로운 변화를 이끌어 내는 호기심 말이다. 앎에 대한 열정은 그저 지식만 얻는 것이 아니라 이전의 자신이 아닌 새로운 자신이 되고 싶은 몸부림이다. 푸코는 이야기한다. 인생에서 그동안 생각해 오던 방식과 다르게 생각하고, 사람들이 보는 것과 다르게 세상을 바라볼 수 있는지 없는지를 아는 문제가 자신의 생각을 발전시켜 나가는 데 필요불가결한 순간이 있다고.[4]

기존에 생각하던 대로 편하게 생각하는 것이 아니라 옳다고 믿는 나의 근본에 있는 생각마저 의심하면서 다른 방식으로 생각할 수 없는지 새로이 도전하고 실험할 줄 알아야만 자유롭다고 할 수 있는데, 이런 생각의 자유는 철학 공부를 통해서 얻을 수 있다. 푸코는 철학 작업을 사고에 대한 사고의 비판 작업이라면서 이미 알고 있는 것을 확인하는 자아도취가 아닌, 어느 만큼까지 다르게 생각하는 것이 가능한지 알고자 하는 노력이 철학이라고 이야기한다.[5] 철학은 나와 세상을 탐구하고 진실에 직면하면서 자기 자신을 변형시키려는 시험이다. 따라서 철학을 한다는 것은 자신을 성찰하고 변화시키는 훈련이고 자유를 향한 의지다.

푸코의 철학관은 자신보다 조금 앞서서 세상을 비판한 막스 호르크하이머Max Horkheimer와 테오도어 아도르노Theodor Adorno의 사상과 흡사한 면이 있다. 호르크하이머와 아도르노에 따르면 기존 질서는 폭력으로 압박하고 이해관계로써 회유할 뿐만 아니라 강력한 암시를 통해 사람들을 통제하고 지배하는데, 여기에 저항하려는 노력이자 지성의 자유와 현실의 자유를 포기하지 않으려는 단호한 결의가 철학이다. 철학은 기초 학문이나 종합 학문이나 최고 학문이 아닌, 사유하는 것 그 자체다.[6] 노동 분업이 이뤄져 우리는 생산과 소비는 담당하지만 생각은 담당하지 않는다. 남들이 말하는 것을 말하고 듣는 것을 듣고 믿으란 것을 믿으면서 생각의 획일화가 벌어지는 현대에서 철학을 한다는 건 나 스스로 사유하면서 힘겹게나마 자유를 간직하려는 저항 정신의 실현이다.

우리는 이미 사회에서 주입된 생각을 자신의 생각인 것처럼 생각하고 판단한다. 나의 생각은 자유롭지 않고 한계가 있는데, 우리는 이를 지각하지 못한다. 주어진 규칙대로 생각하지만 마치 자유롭게 생각한다고 착각하는 것이다. 오스트리아 출신의 철학자 루트비히 비트겐슈타인Ludwig Wittgenstein은 우리가 주어진 언어대로, 규칙대로, 세상의 규범대로 생각하는 것은 생각이 아니라 그냥 따르는 거라면서 생각하지 말고 보라고 주장한다.[7] 우리는 배운 대로 생각하고 믿고 싶은 대로 생각하고 기존의 인식 틀 안에서 생각하는데, 우선 세상이 정말 어떠한지를 보라는 것이다. 세계는 내 생각과 일치하지 않는다. 그래서 거북하지만, 그 거북함을 내치지 않고 세계를 이해하고자 거북이처럼 엉금엉금 기어서라도 나아가면 인간의 지성은 반드시 성장한다. 특히나 성은 내가 생각하는 바와 실제 양상이 다를 수밖에 없는데, 우리는 성의 다양함을 보고 생각이 넓어지고 관대해지기보다는 기존의 입장 그대로 유지하면서 관습화된 믿음을 강화해 성의 다양성을 혐오하곤 한다. 우리는 새로운 성의 세계를 만나도 인식을 신선하게 확장하기보다는 기존 방식대로 재인식하기 일쑤다. 성과 관련된 놀라운 잠재성을 만나더라도 이 마주침을 통해 내 안에서 일어나는 변화의 명령들을 피해 버린다. 성과 마주쳐서 더 깊이 파고들어가 '나'라는 존재를 새로이 인식하기보다는 몸을 움츠리고 마음을 웅크리면서 그동안 움켜쥐던 믿음들을 재인식하려는 것이다.[8]

인간은 성찰되지도 않고 비판받지도 않는 독단의 토대에서 생각하고 판단한다. 질 들뢰즈는 내 안에 점검되지 않지만 이미 수용되어 생각의 밑바탕을 이루는 것들을 사유의 이미지라고 불렀다. 사유의 이미지는 보통 도덕성을 띠면서 반드시 이래야 한다는 압박으로 우리의 사유가 참신하게 진전하는 걸 가로막는다. 그래서 사유의 이미지에 대항해서 치열한 싸움을 벌이는 곳이 철학이 참된 시작을 발견하는 장소라고 들뢰즈는 얘기한다.[9] 당연하다고 생각하는 도덕들을 두드리면서 때론 파괴하고 새롭게 구성하면서 자유를 구가할 때만이 사유하기 시작했다고 할 수 있다. 우리는 평소에 생각을 잘 하지 않는다. 충격과 고통을 받아야만 재인식하던 습성에서 벗어나 새롭게 눈을 뜨게 된다. 믿고 싶은 대로 성을 바라보고 자신이 답이라고 믿는 틀에 갇혀서 성을 생각하는 것이 아니라, 성의 실태에 대해 마주치면서 비로소 우리의 사유가 가동되고 그제야 삶의 주체성은 시작된다.

이처럼 철학은 권력에 대한 저항이자 자신의 자유를 위한 의지인데, 푸코가 자신의 철학관을 이야기하자 작은 실망과 야유가 일어났다. 여태껏 현대의 권력을 해부한 지식인이었던 미셸 푸코가 한 발 물러나 과거의 역사를 들추고는 한가한 이야기를 늘어놓는 것처럼 비쳤기 때문이다. 하지만 미셸 푸코가 내놓은 주제는 기존의 문제의식과 크게 다르지 않다. 푸코의 철학사를 되짚은 들뢰즈는 푸코의 변화가 처음부터 존재하고 있었을 거라면서 그동안 사유되지 않았던 것을 시도했다고 평가한다.[10] 젊은 날의 푸코가 바깥의 권력을 파헤치고 헤아렸다면 말년의 푸코는 그 바깥과 떼어 낼 수 없는 안쪽, 바깥의 권력에 영향을 받으면서 바깥과 다른 나름의 영역이 있는 우리 존재에 대해 새롭게 사유한 셈이다. 권력은 반드시 인간 하나하나의 존재를 통해 작동하므로 권력에 맞서 싸우기 위해서라도 권력의 안쪽, 나의 존재를 되짚어야 한다는 문제의식을 푸코는 일깨운 것이다. 이탈리아의 사상가 안토니오 네그리Antonio Negri도 쾌락의 활용에 관심을 보인 푸코가 권력이 빚어내는 주체가 아닌, 권력에 대응해서 주체를 만들어 내 저항하는 방법을 모색했다고 평가한다. 스스로 주체로 구축할 수 있는 능력을 가진 경우에만 인간은 저항하며, 오직 이러한 방식으로만 자신을 새로이 구성하고 권력으로부터 탈주할 수 있기 때문이다.[11]

쾌락을 활용하라

푸코는 지금으로부터 2천5백 년 전 그리스의 성 문화를 들춰낸다. 성 문화는 사회와 시대마다 상이하고, 고대의 그리스 성 문화 또한 우리의 상식과 확연히 차이난다. 고대의 그리스에도 성 억압이 어느 정도 있었으나 그 양상은 사뭇 다르다. 서구의 기독교 문화권에서는 많은 사람이 육체와 성욕을 죄악의 원천으로 간주하면서 순결을 강조한다. 대다수의 기독교인이 성을 억압하기 때문에 니체는 기독교가 에로스에 독을 타 먹여서 에로스가 타락해 부도덕해졌다고 말한다.12 니체가 고대 그리스에 관심을 두었듯 니체의 제자임을 자처했던 미셸 푸코도 고대 그리스의 성 문화를 연구하고, 고대 그리스인들이 성을 죄악과 불순함의 관점으로 접근하지 않았음을 밝혀낸다.

고대 그리스에서는 쾌락을 활용하는 일에 관심을 기울였다. 성을 삶의 중심으로 생각하고 관리한다는 생각은 고대 인도의 카마수트라에도 담겨 있다. 카마Kama란 남녀 사이의 정사와 성교하면서 느껴지는 쾌락을 일컫고 수트라Sutra는 금언과 격언 모음집이란 뜻으로, 성애의 본질을 이해하고 성취하는 방법을 모은 애경愛經이자 성애에 대한 학문을 종합한 성전性典이 카마수트라다.13 성을 위험하고 죄스럽게 여기는 경향이 많은 기독교 문화가 퍼지기 전의 인류 사회는 우리 몸에 주어지는 성과 그에 따른 쾌락을 억누르려 하지 않고 어떻게 하면 우리 삶에 도움이 될 수 있을지 활용하는 데 초점이 맞춰져 있었다. 푸코는 쾌락의 활용을 이렇게 설명한다.

이 용어는 또한 개인이 자신의 성적 활동을 주도하는 방법, 이런 유의 일에서 그가 행동하는 방식, 스스로에게 허용하거나 강요하는 관리법, 그가 성행위를 하는 상황, 삶에서 그가 성행위에 할애하는 몫 등과도 관계되어 있다. 즉, 문제가 되는 것은 사람이 느끼는 욕망이나 하는 행위들 중에서 무엇이 허용되고 금지되느냐 하는 것이 아니라, 사람이 자신의 행위를 배분하고 조절하는 방식에서 얼마만큼 신중하고 심사숙고하며 계획적이냐 하는 것이다.[14]

과거 기독교 문화권에서 성생활의 중심은 '나'가 아니었다. 성은 나의 것이지만 언제나 외부의 권력이 좌지우지하였고, 인간은 세상에서 어느 정도 허용된 범위와 방법으로 성행위할 따름이었다. 하지만 고대 그리스에서는 자기 스스로 판단하고 조절했다. 어떻게 성행위할지 성행위가 인생에서 차지하는 비중을 얼마나 둘지 자신이 고민하고 계획해서 실행했다. 고대 그리스 사람들은 인생의 중심에 자신을 두었고, 성은 내가 주체로서 살아가는지를 알려 주는 영역으로 중요하게 다뤘다.

성에 금기들을 치고 통제하려고 해도 인간은 흔들리면서 욕망과 쾌락의 유혹에 홀라당 넘어가 버리는데 성에 자율성을 부여했으니 고대 그리스인들은 방탕하게 생활했으리라는 우려 섞인 시선을 보낼지 모른다. 하지만 성생활의 자율성으로 말미암아 인간은 더 고상하고 우아하게 발돋움한다. 현대 사회는 정상이라고 간주되는 허용된 성생활의 범위를 초과하면 비정상으로 낙인찍기에 옴짝달싹 못하는 무기력한 순응자나 남몰래 일탈하는 위선의 도덕 선생이 양산되는 데 반해 고대 그리스 사회는 욕망을 적절하게 절제할 능력을 키우라면서 육체를 훈련하도록 권장하여 삶의 주인들이 늘어난다. 고대 그리스와 현대는 인간을 바라보는 관점이 아예 다르다. 인간이 성과 관련해서 취약하고 위험하다면서 통제하고 처벌하려는 태도가 현대사회에 도사린다면, 고대 그리스에는 성의 강렬한 유혹을 인정하면서도 인간의 절제력을 키우려는 태도가 저변에 깔려 있었다.

고대 그리스 사회의 시민들은 욕망과 쾌락을 누리면서도 평온함을 유지하며 제어하는 힘을 키워야 했다.[15] 고대 그리스인들은 성이 불러일으키는 정념에 휩쓸리지 않고 성욕에 사로잡히지 않는 자기다움을 유지하면서 판단력과 건강한 일상을 영위할 수 있도록 훈련했다. 고대 그리스인들의 문화는 프랑스의 인류학자 클로드 레비스트로스Claude Lévi-Strauss가 관찰한 남미 원주민들의 성기 가리개를 떠올리게 한다. 레비스트로스는 아마존의 원주민들이 착용하는 성기 가리개 역할이 발기를 예방하는 것이라기보다는 그것을 착용한 남자의 마음이 평정한 상태에 있다는 것을 강조하기 위함인 듯하다면서, 멜라네시아의 몇몇 지역과 마찬가지로 아마존 원주민들에게서 수치란 육체를 얼마나 노출했는지에 있지 않고 오히려 마음이 평정한가 아니면 흥분한 상태에 있는가에 따라 정해진다고 이야기한다.[16] 과거 인류의 여러 곳에서 몸 자체는 수치가 아니었다. 몸이 노출되었다고 부끄러워하는 게 아니라 마음의 평정이 깨졌을 때 부끄러운 것이다.

물론 성 본능 앞에서 인간은 자주 흔들리고 자칫했다간 쾌락이 수렁에 허우적거리는 노예가 되기 십상이다. 금욕 생활을 할 때 몸과 마음에 나타나는 나쁜 결과와 성적 쾌락에 대한 강박에 가까운 집착, 성을 멀리하려는 시도가 번번이 물거품이 되는 것을 보면서 인류학자 마빈 해리스Marvin Harris는 성을 추구하는 우리의 태도가 향정신성 약물을 탐닉할 때와 매우 흡사하다고 이야기할 정도다.17 그래서 고대 그리스에서는 두 가지 기준을 마련한다. 먼저, 행위의 빈도를 통해서 나타나는 행동의 정도가 어떠한지 평가한다. 쾌락을 추구하되 과잉되고 과도한 쾌락에는 저항할 줄 아는 사람을 우대하고, 성행위를 지나치게 많이 하는 무절제한 사람들은 지탄받았다. 또 다른 비판의 대상은 자연에서 벗어나 인위로 조장된 쾌락을 추구하는 것이다. 고대 그리스인들은 쾌락의 효과들을 자연이 요구하는 것과 가장 근사하게 분배하려고 했다. 억압하거나 증폭하는 것이 아니라 자연스러움을 추구하고 일상에서 자기다움을 유지하며 성을 향유하는 것이 고대 그리스인들의 목표였다.

자유롭기 위해 훈련하다

절제력은 현대에서 무척 강조되는 덕목인데, 고대 그리스인들도 절제를 높이 평가했다. 하지만 왜 절제해야 하는지의 관점은 차이를 보인다. 현대에서는 대개 성은 죄고 잘못이고 위험하기 때문에 절제해야 한다고 바라보는데, 고대 그리스에서는 성행위 자체가 악이라서 절제한 것이 아니라 성이 지닌 격렬한 힘 때문에 평온한 일상이 흔들리며 불안을 일으키고 체력도 소모된다는 걸 염려해서 통제하려고 노력했다. 고대 그리스인들의 자제는 자신을 짓이기는 금욕이 아니라 자유로운 존재가 되기 위한 훈련이었다.

쾌락이란 단어를 들으면 방종과 탐닉 같은 낱말들과 연결시키기 쉽지만 고대 그리스인들은 방종을 철저하게 경계했다. 고대 그리스의 철학자 에피쿠로스Epicurus는 쾌락주의 학파의 대표자인데, 에피쿠로스가 주창하는 쾌락은 현대인이 생각하는 쾌락과는 사뭇 다르다. 에피쿠로스도 육체의 쾌락과 성 만족을 자연스럽게 추구하지만, 신체의 쾌감만으로는 행복할 수 없다면서 우리는 진정한 만족을 추구해야 한다고 설파했다. 그래서 에피크로스는 몸의 지속된 건강을 추구하면서도 예술을 향유하고 철학을 파고들면서 아름다움과 탁월함을 통해 진정한 쾌락을 얻으려고 했다.[18] 신체의 쾌락은 꼭 있어야 하지만 한계가 있는 반면, 정신의 쾌락은 노력하는 만큼 지속되기 때문이다.

고대 그리스에서는 자연스럽게 생겨나는 욕구의 경우 적절한 시기에 알맞은 장소에서 채우는 것으로, 개인의 위상과 관련된 도덕의 문제로 다루었다. 그리고 절제는 더 큰 행복을 위한 과정이라고 인식했으며, 성의 강렬함으로 말미암아 누구나 해야 하는 절제 훈련은 자유의 행사行使로 받아들였다. 성을 자연스레 지배하며 향유할 수 있어야 내 삶의 주인일 수 있기 때문이다. 자유인이 되고 타인에게 인정받기 위해서라도 절제력이 필요했다. 욕망과 쾌락을 지배하고 활용할 줄 아는 능력이 도덕성의 관건이었다. 고대 그리스인은 순결을 지키기 위해서 자제하는 것이 아니라 계속 자유로운 상태로 있을 수 있기 위해서 자제했다.

> 우리가 자제력을 훈련함으로써, 그리고 쾌락의 실천에서 자제함으로써 도달하고자 하는 상태인 소프로쉬네는 자유와 유사한 특징을 지닌다. 욕망과 쾌락을 지배하는 것이 이 정도로 중요하다고 할 때, 그것의 활용이 그 정도로 중요한 도덕적 관건이 된다고 할 때, 그것은 일반적으로 — 물론 피타고라스 학파의 전통을 제외하고는 — 순결을 지키기 위해서 그런 것도 아니다. 그것은 자유롭기 위해, 그리고 계속 자유로운 상태로 있을 수 있기 위해 그런 것이다.[19]

현대에는 노력해서 얻는 정신의 쾌락은 등한시되고 가볍고 빠른 만족이 만연하고 있다. 성이 대중문화의 중심에 놓이고 우리는 자제력을 잃은 채 성이라는 회오리에 빨려들어 가는 지경이다. 성은 싸구려 상품이 되었다. 타인과 관계를 깊게 맺기 위해 상대의 환심을 얻고자 말 걸고 잘해 주고 이해하려 노력하고 기다리고 여러 모로 공을 들이기보다는 이제 남녀노소 누구든지 돈만 있으면 손쉽고 편리하게 흥분할 수 있다. 인터넷만 켜면 온갖 볼거리들이 쏟아져 나오고 거리로 나가면 얼마든지 만남이 이뤄지면서 성은 열광의 대상이 아니라 진부한 유혹이 되었다. 성욕과 성행위까지의 시간 간극이 매우 짧아졌고, 성욕을 느끼면 곧장 풀어 버리는 상황이다. 더군다나 안전하다. 우리는 성이 내포한 낭만과 아울러 위험을 감수하기를 포기하고, 검증된 곳에서 확인된 사람과 안전한 성행위에 몰두한다. 성은 재빠르고 단순해지고 안전해지고 식상해졌다.

그동안 대중의 불만족을 생각하면 현대의 상황이 더 낫다고 볼 수 있기는 하지만 모든 게 빠르고 간단히 처리되는 현대답게 성 또한 지나치게 간편해지는 문제가 발생하고 있다. 그저 뜨거운 물만 부으면 곧장 먹을 수 있는 즉석식품처럼 성은 곧장 소비되지만 만족감은 굉장히 떨어진다. 즉석식품은 허기를 손쉽게 때워 주지만 음식으로서의 가치는 낮다. 타인과 이야기를 나누면서 맛을 음미하고 같이 먹으면서 시간을 향유하는 충만함을 즉석식품에서는 얻을 수 없다. 이와 비슷하게 성 억압을 물리치고 이제 만족도가 높아지리라고 모두가 예상했지만 오히려 쉬워진 성이 실망을 낳고 사람들을 고통 속으로 몰아넣고 있다. 서구 사회는 성 해방을 통해 과거의 고통은 치유되었지만, 성 범람이라는 특효약은 더 고약한 병과 새로운 고통을 낳았다.[20] 사회학자 지그문트 바우만Zygmunt Bauman은 흥분을 일으키거나 손쉽게 성행위를 제안하는 수많은 광고에 어김없이 노출되고 하염없이 유혹당하는 우리가 결국 자본의 입김에 놀아날 수밖에 없다고 지적한다. 지금 들끓는 성 관련 광고들과 노래들과 영상들은 인내심을 폄하하며 당장 치마를 올리고 바지를 내리라고 유혹한다. 어느새 성을 절제하는 노력들은 마치 잘못된 실수처럼 간주되고 무시되는 분위기다.[21]

성행위가 너무 가볍고 손쉬워지면서 하찮은 쾌락과 반복되는 허무에 현대인들은 실망하고 있다. 덴마크의 철학자 쇠렌 키르케고르

Søren Kierkegaard는 자중이 향락의 필수 조건이라면서 좀 더 자중할 필요가 있다고 말한다.[22] 너무 쉽게 끓어오르는 것은 금세 꺼진다. 진정한 감미로움은 즉각 성취되지 않고 과정 전체를 음미할 줄 아는 능력에서 비롯된다.

스스로의 노예인 사람은 타인을 지배할 수 없다

성의 절제력은 한 사람을 가치 판단하는 측정 기준이었기에 고대 그리스인들은 정치권력을 얻기 위해서라도 절제할 수 있어야 했다. 자기 자신을 다스릴 수 있는 지배자에게만 사람들은 복종한다. 무절제한 권력자에게 복종하는 것은 수치다. 군주의 절제력은 그가 권력을 쥐고 사람들을 지배하는 계약을 수립하는 데에 이용됐다. 권력자는 자신을 절제하는 힘을 바탕으로 성립된 덕을 통해서 신하들에게 복종을 요구할 수 있었고, 타인에게 행사되는 권력 또한 절제할 수 있었다.[23]

자신을 통제할 수 있는 사람만이 다른 사람을 통제할 수 있다는 믿음이 사람들 사이에 퍼져 있어서 현대에 들어와서도 지도자의 도덕성을 높게 평가한다. 과거 수렵 채집 부족 사회에서도 공동체를 위해 헌신하지 않고 자신의 욕심을 탐내는 추장은 즉각 쫓겨났다. 자신조차 감당하지 못하는 사람이 권력을 가지면 세상의 온갖 유혹에 휘둘리고 공동체를 망친다.

고대 그리스인들은 자기 자신의 노예가 되지 않으려 노력했다. 현대인들이 자기 욕망을 실현하기 위해 자신과 싸우고 있다면 고대 그리스에서는 자기 욕망을 지배하기 위한 자신과의 투쟁을 벌였다. 쾌락을 누리되 쾌락의 종이 되지 않고자 욕구들을 스스로 제어하려고 투쟁을 벌인 고대 그리스인들은 성에 얽매인 노예가 되는 것을 걱정했다. 그래서 세상으로 나가 권력을 갖고 타인을 돌보며 지도하기전에 자신이 어떤 존재인지 이해하고 자기 자신의 주인으로 훈련하는 것이 요구되었다. 자신에게 노예인 사람이 타인을 지배할 순 없다. 자기 자신에게 승리하고 진정으로 만족스럽게 삶을 자연스레 관리할 줄 아는 사람은 마찬가지로 타인을 헤아리고 챙기면서 사회를 자연스럽게 다스릴 수 있으리라 기대할 수 있다.

다른 사람들을 보살피고 인도할 수 있기 위한 선행 조건인 에피메레이아 헤아우투epimeleia heautou, 즉 자기에의 전념에는 앎의 필요성, 즉 모르는 것을 알아야 할 필요성, 자신이 무지함을 알아야 할 필요성, 자신이 어떤 존재인지를 알아야 할 필요성뿐만 아니라 실제로 자신에게 전념하고 자신을 훈련시키며 스스로 변화되어야 할 필요성까지도 내포되어 있다.**24**

고대 그리스인들은 타인에게 영향력을 행사하는 자리에 오르기전에 자신을 이해하고 훈련해야 했다. 고대 그리스에서는 현대사회와 달리 돈을 많이 버는 게 삶의 목적이 아니었다. 생계를 잇는 정도를 넘도록 돈을 추구하는 것은 한심하게 평가받았으며 입에 풀칠할 수 있으면 공론장에 진출해서 자신의 능력을 펼쳤다. 부담을 기꺼이 짊어지고 정치에 참가하고 공직을 맡아 자신이 그저 먹고 사는 인간이 아니라 개성을 지닌 인간이라는 것을 표현하려 했다.**25** 그래서 고대 그리스에서는 성욕을 일으키는 타자를 증오하거나 외딴 데로 도피하는 금욕주의가 아닌, 사람들 사이에서 끊임없이 자기와 투쟁하는 금욕주의가 성행했다. 욕망과 쾌락에 맞서 싸운다는 것은 욕망이나 쾌락을 없애는 게 아니라 자기 자신과 힘을 겨루는 훈련이었다. 나의 욕망을 이해하고 조절할 수 있을 때, 자신감도 생기고 자존감도 올라간다.

욕망의 종말은 없다. 어떤 누구도 욕망으로부터 완전히 해방될 수 없다. 해방되었다는 착각이 있을 뿐이다. 우리 신체는 생물학의 기능을 꾸준히 발휘한다. 성욕을 없애려는 것은 밀려오는 파도를 멈추게 하려는 일과 비슷하다. 따라서 파도를 없애려고 방파제를 높게 쌓거나 항구 속 깊은 곳에 숨을 게 아니라 파도에 휩쓸리지 않고 파도를 탈 수 있는 항해술이 요구된다. 소크라테스Socrates가 추앙받은 까닭도 그가 욕망이 없기 때문이 아니라 자기에 대해 굳건하고 흔들리지 않는 지배 상태를 구축했기 때문이라고 푸코는 이야기한다. 강렬한 욕망과 쾌락은 사그라지지 않았지만 자제할 줄 아는 주체가 되면 격렬한 욕망이 일어나도 삶이 휘청거리지 않게 된다. 소크라테스는 욕망이 정화되어 순결해진 사람이 아닌, 정확히 자신이 원하는 때에 자신이 원하는 방식으로 욕망을 실현하고 그렇지 않을 때에는 욕망과

쾌락에 저항할 수 있는 능력자였기에 존경받았다.**26**

능동성을 발휘하라

고대 그리스에는 또 하나의 독특한 특징이 있었는데, 능동성을 가져야 한다는 점이다. 능동성을 발휘하지 않으면 저평가됐다. 적극성은커녕 육체와 성욕 앞에서 수동성을 비치는 건 여성적이라면서 치욕적인 평가를 내렸다. 남성의 능동성을 강조하지만 여성의 능동성은 자연스럽지 않게 여겼고, 논외였던 만큼 철저히 남성에게 초점이 맞춰져 있었다. 고대 그리스 사회에서는 능동성과 남성다움이 중요했지 이성애냐 동성애냐가 중요하지 않았다. 동성애를 하더라도 능동성으로 쾌락을 대하면 남성답다고 여겨졌지만, 이성애를 하더라도 수줍어하거나 성욕에 휘둘리면 유약하다고 지탄받았다.

> 그리스인들에게 본질적인 것은 능동성과 수동성 사이의 대립인데, 이것은 도덕적 태도의 영역뿐 아니라 성적 행동의 영역에도 깊은 영향을 미친다. 따라서 어떤 남자가 성 관계와 자기 자신에 대한 도덕적 지배에 능동적인 이상, 그가 남성에 대한 사랑을 선호한다 해도 여성성을 의심받지 않을 수 있는 이유를 잘 알게 된다. 반면에 자신의 쾌락을 충분히 제어하지 못한 남자는 그가 어떤 대상을 선택하건 간에 '여성적'이라고 간주된다.**27**

현대 사회의 관점은 이성애냐 동성애냐로 나누지만 고대 그리스에서는 능동성을 지닌 남자다운 남자냐 수동성의 여성화된 남자냐로 갈렸다. 쾌락을 대하는 태도의 차이가 중요했던 것이다. 고대 그리스 여성성의 특징들이라 할 수 있는 유약하고 부드럽지만 한편으론 거친 신체 활동을 거부하며 움직이기 싫어하고 몸치장에 관심을 보이는 것은 현대엔 성도착자나 동성애자의 특징과도 연결되는데, 고대 그리스에서는 자신을 유혹하는 쾌락에 몸을 내맡기는 사람과 관련되어 있었다. 능동성이 없는 사람은 타인에게 종속될 뿐 아니라 자신의 욕망을 주체하지 못하는 나약자로 평가됐다.[28]

그런데 남성끼리의 동성애를 허용하는 것은 한편으론 문제점이 발생한다. 고대 그리스의 이성애에서는 남성이 우월하고 능동성의 위치를 차지하지만, 남자동성애에서는 두 남자 모두 능동성의 위치를 차지할 수가 없다. 그런데 여성 같은 역할을 맡은 남자는 사회 사람들로부터 무시당하고 조롱받는다. 동성애라서 꾸중을 듣는 게 아니라 수동성의 위치라서 지청구를 듣는다. 그래서 동성애는 대개 남자 청소년과 성인 남성의 관계로 이뤄졌는데, 남자 청소년은 아직 완전한 남성이 아니므로 성행위할 때 발생하는 불평등을 수용하게 된다. 소년애는 능동성을 추구하는 고대 그리스인 남성에게 이상화된 사랑이었다. 성인 남성과 남자 청소년의 사랑은 지배와 복종, 승리와 패배, 능동과 수동의 연속선으로 이어진다. 성관계할 때 능동성을 갖고 상위에서 삽입하면서 우월함을 행사하면 명예롭고 가치를 부여받는 행위로 여겨졌다.**29** 성인 남자들은 미소년들을 쫓아다녔는데, 지금이라면 당연히 물의를 일으킬 만한 사건이고 때론 범죄로 처리되겠지만 그때는 별 물의가 아니었다.

하지만 청소년 또한 남자로서 쾌락의 주체가 되고 싶어 하므로 쾌락의 대상으로 전락하는 걸 용납하기 어렵다. 남자 청소년도 수동성의 대상이 되어선 안 되는 것이다. 자신을 지배하고 자유로운 남성이 되기 위해서 남자 청소년은 수동성의 역할을 거부하는 태도를 보이되 지위와 미덕을 지녀서 나중에 자신의 출세에 뒷받침이 되어 주고 우애를 이어갈 수 있으리라 판단되는 남자와의 동성애는 가치 있고 명예로운 이익으로 간주했다.**30** 하지만 남자 청소년과 성인 남성의 관계는 어쩔수 없이 비대칭 할 수밖에 없어서 웃어른이 남자 청소년에게 선물을 주고 친절을 베풀고 배려를 하면서도 두 남성이 동등하게 이득을 얻고 안정된 관계로 전환되는 요소를 포함할 때 명예로울 수 있었다.**31**

성관계는 젊은 남자의 허벅지 사이에 성인 남성이 음경을 찔러 넣는 가랑이 사이 체위가 일반적으로 이뤄졌다. 이때 젊은 남자는 돈을 받으면 안 되고, 명예롭지 않은 상대라면 거부해야 하며, 자신은 쾌락을 피한 채 똑바로 선 자세를 유지해야 하고, 상대가 절정을 느끼는 동안 그의 눈을 쳐다보지 않고, 삽입이 가능한 체위를 피해야 한다는 규칙들이 있었다.**32** 고대 그리스에서는 동성애를 하더라도 여성같이 되는 체위는 제한하고 일정한 체위만 허용함으로써 남성성을 유지하는 문화였다.

고대 그리스 사회는 민주주의체제를 갖췄지만, 노예들을 등에 업고 세워졌고, 여성을 같은 인간으로 존중하질 않았다. 번식을 위해 여성과 성교하지만 이성애는 푸대접받았고, 오히려 미소년들과의 사랑이 추어올려졌다. 하지만 동성애는 미소년들의 얼굴선이 굵어지고 거뭇거뭇 수염이 나면 끝났다. 고대 그리스의 성인 남자들은 새로운 미소년을 끊임없이 찾았고, 소크라테스도 그랬다. 미소년으로 명성 높았던 알키비아데스Alcibiades는 소크라테스와 연애하다가 소크라테스가 다른 소년들에게 눈을 돌리자 집착하고 질투해 소크라테스와 멀어졌다. 매우 속상했을 텐데도 알키비아데스는 소크라테스의 아름다움과 탁월함을 구구절절 칭송했다.33

고대 그리스에서는 동성애가 모든 문화를 생성시키는 원천이었다. 고대 그리스뿐 아니라 과거에 번성했던 문명들의 성 문화를 현대의 관점에서 보면 굉장히 이상하거나 타락했다는 인상을 받을 수 있는데, 지금 당연하다고 믿는 성 도덕은 절대 불변의 진리라기보다는 시대와 문화의 요소가 개입된 산물임을 과거의 성 문화는 일러 준다.

성별에 따른 부부 생활의 양상

소크라테스가 그처럼 소년들을 유혹하고 다니니 소크라테스의 아내 크산티페Xanthippe가 뿔이 나지 않을 수 없었을 것이다. 크산티페는 악처로 알려져 있는데, 알고 보면 굉장한 여장부다. 사색한답시고 날마다 사람들을 만나러 돌아다니는 남편 대신에 집안 살림과 석공소 운영을 크산티페가 도맡았다. 이따금 소크라테스를 구박했지만 크산티페 덕분에 소크라테스는 그리스인들을 일깨우는 역할에 충실할 수 있었다.

소크라테스는 소년들을 만나고 사랑을 나누었으나 집안에선 크산티페에게 충실했다. 고대 그리스에서도 자신의 배우자에게 충실하라는 원칙이 있었는데, 충실함의 양상은 성별에 따라 달랐다. 여성이 남편에게 충실하다는 건 남편의 권한 아래 있다는 사실의 반영이었다면, 남성은 외도할 수 있었지만 신중한 자제를 스스로에게 부과하고 아내와 성관계하면서 자신의 권력을 행사했다.**34** 고대 그리스에서 부부의 관계는 서로 다른 존재 사이의 협력이었고, 부부 사이에서는 사회구조에 따라 생겨난 성별의 불평등을 소멸시켜야 했다. 남성이 여성보다 우월하다고 믿는 사회였으나 결혼하면 가정을 꾸려나가기 위해 같은 편이 된다.

사회의 법은 남편과 아내로서 각자에게 주어진 일정한 성질과 활동 형태를 자신의 임무로 여기고 충실히 수행하기를 요구한다. 법이란 인간에게 자신의 역할과 위치를 알려 주면서 적합한 것과 부적합한 것을 규정해 주는 통상의 관습이다. 고대 그리스에서는 법을 통해 각자에게 부여된 일을 수행할 때 아름답다고 여겼기 때문에 여성은 집안에 남아 있는 게 더 좋다고 평가받고 남성은 바깥일에 몰두하는 게 더 좋다고 판단되었다. 이 역할 분담을 변형시켜서 주어진 성 역할을 하지 않는 것은 법을 위반하는 행위이자 자연의 법칙을 어

기는 것이라고 간주되었다.**35**

가정은 경영 관리의 대상으로 여겨졌다. 남자들이 사회에 진출해 관직을 맡고 사람들을 다스리듯 남성은 아내, 하인들, 상속 재산을 아우르는 가정을 관장해야 했다. 유교의 '가화만사성'처럼 고대 그리스에서도 아내를 만족시키고 가정을 잘 관리하는 남자만이 사회를 경영할 수 있다고 여겨져 사회에 진출하고자 하는 남자라면 가정에 충실해야 했다. 지금도 우리는 정치인의 가족 관계를 보면서 그의 통치술을 가늠한다.

고대 그리스의 아내들은 결혼이 부여한 지위를 지켜 가기를 원했다. 자신의 지위와 위엄을 잃지 않고 남편의 옆자리를 다른 여성에게 빼앗기지 않는 것이 무엇보다 중요했다. 결혼 생활을 위협하는 것은 남성이 바람을 피우면서 얻는 쾌락이 아니라 가정에서 차지해야 할 위치와 우선권을 놓고 다른 여자와 벌이게 되는 경쟁이었다. 남자들은 결혼을 통해 인정된 아내의 특권들을 끝까지 지켜줄 때 충실한 남편으로 평가받았다.

> 자기 외의 다른 여성이 선택되지 않는다는 것, 자신의 지위와 위엄을 잃지 않는다는 것, 또한 남편의 옆자리를 다른 여성에게 빼앗기지 않는다는 것. 바로 이것들이 여성에게는 무엇보다도 중요하다. 왜냐하면 결혼에 대한 위협은 남성이 여기저기서 얻을 수 있는 쾌락이 아니라, 가정에서 차지해야 할 위치와 우선권 행사를

두고 아내와 다른 여자들 사이에서 발생할 수 있는 경쟁에서 기인하기 때문이다. "충실한pistos" 남편은 결혼을 다른 여자와 가지는 모든 성적 쾌락의 포기와 연결시키는 자가 아니라, 결혼에 의해 여성에게 인정된 특권들을 끝까지 지켜 주는 사람이다.**36**

현대의 관점에서 보면, 고대 그리스 사회는 진정한 민주주의는 아니므로 민주주의 시초라면서 지나치게 숭상하는 건 미련한 일일지도 모른다. 하지만 그 안에 담긴 반짝임마저 몽땅 내치는 건 캐내면 바로 얻을 수 있는 황금을 저버리는 일이다. 고대 그리스에서는 남편과 아내의 관계를 사회의 관계로 확장시켜서 유사하게 봤는데, 이건 생각해 볼 만한 통찰이다. 가정에서 아내와 여성을 대하는 태도가 사회에 나와서도 그대로 이어지기 쉽기 때문이다. 한국 사회에 온갖 성 불평등이 판을 치고 여성이 무시당하는 것은 가정에서의 여성들 처지와 연속선에 있다. 사회의 성 평등은 가정에서부터 시작되고, 사회의 변화는 언제나 가정과 연관되어 일어난다.

지금이야 외동딸도 많아지고 성 평등하게 교육받는 분위기가 갖춰졌지만, 그렇다고 해서 오랜 세월 누적된 성차별이 완전히 해소된 것은 아니다. 남성 권력이 여성의 가치를 남자와의 결혼을 통해서만 평가하고 성적인 매력으로만 국한시켜 판단하는 분위기를 조장한 결과, 여성은 결혼에 집착하고 자신의 신체가 어떻게 보일지 지나치게 염려하게 됐다. 그리고 결혼해서도 남자의 성욕을 채워 주는 것이 여

자의 도리이자 의무라고 믿으면서 자신의 성욕을 무시하고 계발하지
않았다. 수많은 여성이 남자와의 관계를 위태롭게 만드느니 차라리
임신이나 성병을 택함으로써 자기 자신을 위태롭게 만들었다.**37** 그동
안 아내는 남편에게 종속되어 있어서 남편이 성관계를 원하면 하기 싫
어도 해야 했다. 아내가 불만족하지 않도록 어느 정도 남편에게 성관
계의 의무가 부과되기도 하지만, 결국 아내는 성관계의 주체이기보다
는 객체였다. 자신의 능동성을 발휘할 수 없는 침실에서의 관계는 많
은 여성에게 가정을 지키기 위해 피할 수 없는 부담스러운 짐이었다.
알리스 슈바르처는 전혀 즐겁지 않아도 남편의 요구를 거절할 수 없
는 아내의 운명은 몸을 파는 창녀와 다름없었는데 드디어 운명의 족
쇄가 벗겨지고 있다고 감격하면서 자신의 욕망과 기쁨에 조금씩 눈
을 뜨기 시작한 여성들이 해야 할 무엇보다 중요하고 진지한 첫 단계
는 원하지 않는 상황에서는 '싫다'고 단호하게 자신의 의사를 표현하
는 연습이라고 이야기한다.**38** 배우자 강간이 처벌되는 것은 바람직한
사회 변화다.

양생술의 자기 배려

현대의 성은 과거처럼 그저 음지에 처박혀 있지 않다. 이제 성은
양지로 꺼내어져 주물러지고 반죽되어 조작된다. 권력은 인구에 개입
하는 생명 권력을 행사하고 있다.**39** 과거에는 사람들을 옥죄고 일상

의 자유를 빼앗아 가던 압제형 권력이 우리를 지배했다면 지금은 사목형 권력이 우리 삶에 들어와 작동한다. 양떼를 돌보면서 원하는 바대로 살찌우고 젖을 짜고 털을 깎으며 고도의 효율성을 추구하는 양농업자처럼 현대의 권력은 인간 생명에 적극 개입해 질병의 발병과 확산을 통제하고 사망률을 집계하며 평균수명을 추산하면서 출산을 장려하거나 억제하는 방식으로 인구를 조절한다. 이제 인구는 권력의 문제가 되었고, 정치권력이 관여하는 영역이 됐다.**40** 우리는 생명 권력의 자기장 안에서 생각하고 행동한다.

권력의 영향에 따라 현재 우리는 미래를 위한 투자이자 일상의 자원으로 성을 대하고 있다. 성은 무의식의 충동과 강렬한 감정들이 들끓는 영역인데, 합리성으로 재단하면서 계산하라는 압박이 강하게 쏟아지고 있다. 대중문화는 성을 향유하지 못하는 사람은 천연기념물처럼 만들어 버리고, 우리는 성을 그저 아끼고 간직만 하는 구두쇠가 아니라 적절히 투자해서 이익을 높여야 하는 사업가처럼 굴게 된다. 과거에는 성이 금기였다면 현대엔 성관계를 맺지 않는 것이 거의 금기 같은 분위기다.**41** 서구의 성 경험이 없는 젊은이들은 자신에게 문제가 있는 건 아닌지 불안해하면서 어떻게든 첫 경험을 하려고 발버둥 친다. 여자 남자를 통틀어 순진하게 살지 않겠다면서 성에 대해 공통된 강박관념에 사로잡혀 있다.**42** 끝없이 새로운 체위와 만족스러운 성관계 방법들이 불거지면서 우리의 얼굴을 붉게 만들며 현혹한다. 잡지나 대중매체를 뒤적이다 보면 남들은 멋지고 짜릿하게 성관계하는 것 같아서 자신의 성생활은 초라하고 단조롭게 느껴지는 지경이다. 우리는 현대사회가 왜 이토록 생산하고 소비하는지에 대한 근본 물음은 망각한 채 더 많은 생산과 더 많은 소비를 끊임없이 추구하듯 성의 영역에서도 눈가리개를 한 말이 마구 달리는 것처럼 어디로 가야 하는지 묻지 않은 채 더 많은 쾌락과 더 많은 횟수에 집착한다. 온갖 성교 행위들과 기술들이 넘쳐나지만 성의 의미가 무엇인지에 대한 사유는 쏙 빠진 채 다들 어찌할 바를 모르는 상황이다.**43**

우리는 지나치게 많이 보고 듣고 안다. 하지만 자신의 성생활에 대해선 침묵한다. 그러고는 남보다 더 즐기기 위해서 남몰래 용쓴다. 우리의 열등감과 욕망을 머금고 성과 관련된 온갖 유흥 향락 산업은 더욱 방대해지고 있다. 성교는 이제 전문가들의 운동 종목처럼 되어 버려 근사하게 성행위 해야 한다는 부담에 사람들이 압도되는 지경이다. 시간이 갈수록 잃어 가는 신체의 매력과 떨어지는 성 능력에 다들 불안과 공포에 사로잡힌다.

세상에서 정해 놓은 성의 과녁에 자기 성생활이 미치지 못한다고 느끼면서 분노와 패배감에 시달리는 사람들을 위해 자기계발이 파고든다. 여성을 유혹하거나 남성에게 잘 보이는 방법에 대한 책부터 이성의 심리를 파악하는 기술까지 온갖 조언과 자기계발서들이 범람한다. 미국에서는 여성과 만나 잠자리하기까지의 과정을 빠르고 간편하게 숙달하도록 도와주는 신종 직업도 생겨났다. 이런 '여자 사냥꾼'들 가운데는 여자들에게 인기가 하나도 없었는데 어떻게 해서 잠자리를 잘하게 되었는지 자신이 경험한 과정과 방법들을 설명하면서 유명해진 이들이 많다. 여자 사냥꾼들은 여성이 실제로는 성행위를 원하더라도 거부하고 신중하려는 심리를 지녔다면서, 최후 저항을 어떻게 무너뜨려야 하는지까지 소개하고 있다.[44] 한국에도 여자 사냥꾼의 방법들이 전파되어 잠자리를 보다 쉽게 많이 하려는 남자들이 고액을 내고 배우고 있다.

고대 그리스에서는 더 많은 쾌락과 더 많은 성행위가 목표가 아니었다. 때에 따라서 적게 하고 상황에 따라 더 많이 하는 식으로 적절한 시기에 적합한 빈도수를 잘 계산해 내고 관리하는 것이 목표였다.[45] 고대 그리스인들이 성을 대하는 태도와 방식은 양생술이다. 상황과 건강을 헤아리며 저마다 알맞게 성생활 하면서 성이 초래하는 불안, 경쟁심, 초조함으로부터 자유로워지는 것이 삶의 목표였다. 쾌락을 활용한다는 것은 성행위를 조율하면서 건강을 지키는 기술이므로 고대 그리스인들은 건강관리와 육체 관리를 통합해서 성생활을 다룬다. 성행위의 절제와 조절을 익히면서 자기 존재를 부강하게 하는 것이 목적이었던 고대 그리스인들은 자신의 육체에 적절하고 필요 충분한 배려를 하여 자신을 주체로 세우는 방식, 자기 배려하는 양생술을 익혔다.

> 결국 삶의 기술로서의 관리법의 실천은 질병을 피하거나 그것의 치료를 끝내기 위한 예방들의 총체와는 아주 다른 것이다. 그것은 스스로를 자신의 육체에 대해 적절한, 필요 충분한 배려를 하

는 주체로 세우는 방식이다. 이것은 일상생활을 총괄하는 배려이다. 삶의 일상적인 대다수 활동들을 건강과 도덕의 관건으로 삼으려는 배려, 육체와 그것을 둘러싸고 있는 요소들 사이에 상황적 전략을 규정하려는 배려, 종국적으로 개인 자신을 합리적 행동으로 무장시키고자 하는 배려.**46**

쾌락의 활용법은 중국 도교의 양생술과 흡사하다. 도교에서는 성교 기술인 방중술을 가르쳤는데, 여성들과 교합하되 사정하지 말라는 접이불루接而不漏가 원칙이었다. 남자의 정액을 생명의 정수로 여겨 함부로 흘리지 않되 여성이 절정을 느낄 때 뿜어지는 기를 흡수하여 남성의 생명력을 강화시킨다는 생각이 동북아에 퍼져 있다. 당나라 때 의사였던 손사막은 자신의 성욕을 만족시키기 위해 교접을 벌이지 않고 성욕을 제어해 건강을 이롭게 하면서 질병으로부터 자유로워지는 방법을 방중술이라고 썼다. 접이불루는 허준의 『동의보감』에도 기록될 정도로 명맥을 유지했으며 지금도 신봉하는 남자들이 드물지 않다. 일본인들도 육체의 쾌락을 일부러 함양한 뒤에 쾌락에 빠져서는 안 된다는 도덕률로 스스로를 옭아매고, 육체의 쾌락을 마치 예술처럼 연마해서 쾌락을 충분히 맛보았을 때 의무를 다해 쾌락을 희생한다고 미국 사회에 알려졌었다.**47** 사정을 참으면 정액이 몸에 재흡수되어 척수를 타고 뇌로 올라가 총명하게 된다는 생각은 현대 과학의 관점에선 허무맹랑한 이야기지만 고대 그리스와 로마인들도 이렇게 생각했다. 로마의 의사 갈레노스Galenos도 정액은 뇌에서 만들어

져 등골을 타고 내려오므로 정액을 아껴서 사정하지 않고 있으면 다시 뇌로 돌아간다고 믿었다.[48]

미셸 푸코는 다양한 형태를 띤 삶의 기술을 익혀 자신을 돌보고 전념해서 연마한다는 자기 배려의 원칙이 아주 일찍이 그리스 문화에 유포된 하나의 정언 명령이었다고 분석한다.[49] 자기 배려란 성과 건강과 도덕을 아우르는 지혜고, 육체와 성욕을 상황에 맞게 만족시키거나 그칠 줄 아는 자제력이며, 내 안의 충동과 광기가 튀어나와 삶이 흔들리는 것을 방지하면서 행복한 일상을 유지하는 강건함이다.

삶을 예술 작품으로 만들어라

현대사회에서 자기 삶의 중심과 자기만의 개성을 갖기란 굉장히 어렵다. 우리가 내세우는 개성이란 고작해야 대중문화에서 무엇을 알고 소비하느냐의 차이일 뿐 삶의 지향점과 인생의 가치관이 별로 다르지 않다. 우리는 너무나 비슷하기 때문에 작은 차이에 집착한다. 존재의 미학으로 자기만의 삶을 구현하며 사는 사람은 드물다.

고대 그리스인들은 존재의 미학을 추구했다. 행동 규범에 따라 자신을 옥죄거나 순결이라는 관점으로 성을 대하지 않고 좀 더 아름다운 존재가 되는 과정의 수단으로 성을 대했다. 성은 자신의 능력을 드러내는 영역이고, 신체 관리법은 자신에 대한 기술이다 고대 그리스인들은 모든 사람에게 통하는 규범을 따르는 게 아닌, 자기 삶의 양식을 아름답게 부여하려는 노력을 중요하게 여기면서 인생을 '성'이라는 물감으로 그린 예술 작품처럼 만들려고 했다.

> 성행위는 어떤 쾌락보다 강렬한 것이기 때문에 다른 대부분의 신체 활동들보다 대가가 크고, 또한 삶과 죽음의 작용에 관계되어 있기 때문에 주체의 윤리적 형성에서 특권적 영역을 이룬다. 좀 더 주체는 자신 속에서 느슨하게 풀어지는 힘을 통제하고, 자기 에너지의 움직임을 감시하고 그리고 자기의 생명을 그의 일시적 존재를 넘어서 지속될 하나의 작품으로 만들 수 있는 자기 능력으로 특징지어질 것이다. 쾌락의 신체적 관리법과 그것이 부과하는 경제적 절제는 자기에 관한 기술 전체 중 일부를 이룬다.[50]

삶을 하나의 작품으로 만들 때 존재의 기술이 필요하다. 존재의 기술이란 스스로 행동 규칙을 정해서 자신을 변화시키고, 자신의 특이성 속에서 인생을 미학의 작품으로 빚어내려는 방법과 실천이다.[51] 너 자신을 알라고 외친 소크라테스를 고대 그리스의 젊은이들이 우러른 까닭도 흔히 생각하듯 너 자신을 알라가 너의 주제나 너의 분수를 알라는 무시와 폄훼의 의미가 아니라 너의 아름다움과 고귀함을 알라는 뜻이기 때문이다. 세상이 무시하고 나조차도 외면하려고 하는 내 안의 무궁무진한 훌륭함을 등한시하지 말고 자신을 들여다보며 돌보라고 선동한 최초의 인물이 소크라테스다. '너 자신을 알라'는 자기 배려의 형식이자 적용이자 결과다.[52]

고대 그리스인들은 금지 사항들을 내면화한 뒤 억압된 채 살지 않았다. 오히려 어떻게 하면 자유로울지 고민하면서 성을 대했다. 자기 몸을 자연스럽게 배려하기보다는 남들의 시선에 착하게 보이고자 옥죄고 단속만 하면 당연히 여러 문제가 생기게 된다. 자신을 짓이기는 사람은 자신을 정말로 이기는 사람이 아니다. 남들이 인정하는 착한 사람은 자기 자신에겐 착한 사람이 아니다. 착하다는 것은 정말 자신이 선하다는 뜻이 아니라, 부모나 타인의 기준에 자신을 뜯어 고치고 있으며 자신만의 미학이 없는 존재로서 스스로 억압하고 있다는 뜻이기 일쑤다. 여러 시행착오를 겪고 오랜 고민 끝에 착해진 사람의 인생엔 자기 삶의 주관이자 철학이 녹아 있지만 강제로 착해진 사람들은 어쩔 수 없이 착한 행동밖에 못하는 노예다. 특히나 성 관련해서 착한 사람은 자신의 욕망이 무엇인지도 모른 채 세상의 규범과 관습대로 살아온 사람이 대부분이다. 존재의 기술을 익히고 자기 배려하는 사람은 성의 영역에선 착하기보다는 주체성을 가진다.

얼핏 자기 배려가 솔깃하게 다가오는데, 슬로베니아의 사상가 슬라보예 지젝Slavoj zizek은 주체성을 갖고 자신에 대한 이해에 집중하라는 자기 배려가 현대에 오작동하고 있다고 비판한다. 현대인은 자신의 삶을 쾌락에 바친다. 그런데 걷고 달리고 다이어트하고 에어로빅하고 헬스하고 요가하고 필라테스하고 피부가 좋아지는 주사를 맞고 등산하고 해독주스를 마시고 올레길을 산책하고 선탠하고 아루마 치료를 받는 등등 쾌락을 증진하기 위한 예비 과정에 몰두하면서 진정한 목표의 매력은 시들시들해진다. 더 많은 쾌락을 얻어 내려는 암묵의 목표를 성취하고자 현대인은 몸에 투자하는데, 막상 엄청 강렬한 성 쾌락에 흥미를 잃어 간다. 슬라보예 지젝은 '즐겨라'라는 라캉의 초자아 해석 방식을 인용해 현대인의 실망과 실패를 설명한다. 오늘날 초자아는 우리에게 성을 금지시키는 무서운 아버지처럼 작동하기보다는 도리어 즐기라고 명령하는 외설의 아버지같이 작동한다. 바로 그렇기 때문에 초자아는 성을 금지시키려는 자신의 목표를 성취한다. 우리는 하지 말라고 하면 몰래 위반하지만 대놓고 즐기라고 멍석을 깔아 주면 쭈뼛거리면서 아무것도 못한다. 그래서 지젝은 강렬한 성적 경험의 진짜 적은 자기도취라는 함정에 빠지기 쉬운 자기 배려라고 말한다.⁵³ 현대인들이 강렬한 쾌락을 향유하는 길과 멀어지고 있다는 지적이다. 우리는 진정한 성 경험들에 도전하지 못한 채 자기 배려한답시고 쾌락의 준비 과정만 길어진 권태의 안개로 자욱한 하루하루를 살아가는 중이다.

'당신 자신이 되라'며 삶을 작품으로 만들려는 자아실현의 욕구도 기괴한 명령이 되어 우릴 괴롭힌다. 남들의 영향을 받지 않는 진정한 내가 된다는 건 꿈나라 속 이야기에 가깝다. 미국의 사회학자 미키 맥기Micki McGee는 자기 삶을 예술 작품으로 만들라는 푸코의 명제들이 자아 형성에 투여된 타인의 돌봄 노동을 별로 헤아리지 못하고 있다고 비판한다. 독립성과 자율성을 추구해서 삶의 주인이 될 수 있다는 생각은 내가 누리는 모든 것은 타인과 세상의 도움에 의존하

고 있다는 사실과 수많은 관계 속에 걸쳐 있는 인간의 진정한 존재 방식을 부인하거나 최소화시킨다.[54]

　　고대 그리스인의 자기 배려는 여성이나 노예는 꿈도 꿀 수 없는 것들이었다. 현대의 관점에서 고대 그리스는 매우 냉혹한 노예제를 기반으로 했으며 불평등한 성차별이 득실거렸다. 그리고 자기 배려와 존재의 미학은 나와 관계를 맺고 있는 누군가의 희생을 배려하지 않는 개념이기도 하다. 하지만 미셸 푸코가 고대 그리스를 탐구해서 건져 올린 '쾌락의 활용'과 '자기 배려'는 중요한 화두로서 여전히 우리 곁에 남는다.

6.

성을 사유할
때가 왔다

게일 루빈
『일탈』

에곤 쉴레, 「한 쌍의 여인들 (서로 안고 있는 여인들)」(1915)

에곤 쉴레는 자신이 자위하는 그림을 그릴 정도로 성에 대한 탐구에 열정을 드러낸 예술가로, 법정에 회부될 만큼 논란의 중심에 있었다. 에곤 쉴레는 자기 동생을 비롯하여 주위의 여성들을 그리면서 여성의 관능을 화폭에 담았는데, 이 그림은 감춰지고 숨겨졌던 여성의 욕망과 여성 사이의 동성애를 끄집어낸다. 게일 루빈은 미생물부터 거대한 집단까지 모든 것이 변이하고 변화하는데, 인간은 단 하나의 성애 방식만을 정상이라고 믿으면서 타인의 성애 방식을 멸시하고 정죄하면서 폭력을 휘두르는 세태에 분노한다. 그리고 자신의 욕망을 펼치면서 타인과 오붓하게 교류하는 민주화된 성 도덕을 주창한다.

성의 다양함

남성과 여성이란 표현형에 속하지 않는 사람들을 가리켜 LGBTI 라고 일컫는다. 여자 동성애자lesbian와 남자 동성애자gay, 양성애자 bisexual와 성정체성 불일치자transgender 그리고 간성Intersexed의 앞 글자 를 딴 용어다. 동성애가 같은 성에 끌리는 사람이라면 양성애자는 여성 과 남성 모두와 관계하는 사람이며, 성정체성 불일치자는 자신의 신체 성별과 정체성이 다른 사람이고, 간성은 남녀의 성기를 다 가졌거나 남 자와 여자로 분류하기 어려운 형태의 생식기를 가지고 태어난 사람이다.

LGBTI 말고도 무성애자라는 성 소수자들도 있다. 무성애자들은 성적 욕망이 없거나 성적 활동에 전혀 관심이 없으리라고 여겨지는 사람들로, 성적 욕망과 성적 매혹의 부재가 이들의 특징이다. 때때로 낭만도 느끼지만 무성애자들은 가끔 성욕이 생기더라도 타인에게 성적 매력을 느끼지 못한다. 무성애자들은 특정한 성적 취향이 없으며, 누군가에게 끌린다 하더라도 성적 매력을 느끼지 않고 추가의 성 충동도 없다.[1]

인류사 내내 성 소수자들은 있었고, 이들은 어느 사회든 일정 비율 존재한다. 사람들의 편견으로 말미암아 자신의 정체를 숨기더라도 성 소수자들은 사라지지 않는다. 성 소수자들을 감추려 하면서 사회의 수준이 드러날 뿐이다. 유대인을 유전병이 있는 존재로 진단하고 척결하려한 독일 나치는 정신질환자와 장애인 그리고 동성애자를 제거해 우수한 독일 인종을 만들려고 했다. 이것은 도덕상으로도 잘못이지만 과학의 눈으로 봐도 오류인데, 여전히 성 소수자를 대하는 태도는 나치의 시대로부터 그리 나아지지 않은 것 같다.

생명은 다양성을 추구하며 끊임없이 변이를 일으킨다. 아주 오랜 옛날 무성생식을 하던 생명체가 유성생식을 시작한 것도 유전자를 섞음으로써 더 다양한 자손을 낳으려는 이유 때문이었다. 성행위를 통해 유전 물질의 배열을 새롭게 바꾸고 재조합하면서 다양성의 폭넓은 기반이 마련된다.[2] 다양성은 그 자체로 자연의 힘이고 자연의 목표다. 같은 특성의 개체들로만 채워지면 특정한 질병에 취약해진다. 너와 내가 겉모습이 다르듯 우리의 속사정도 다르다. 그렇기에 어떤 누구도 인간을 대표하지 못한다. 인간 안에는 남성과 여성을 넘어서 키와 몸무게, 면역계, 성적 지향과 성 정체성 등등 수많은 차이와 변이가 존재한다. 무지개를 보면서 빨강은 나쁜 색이라거나 파랑은 결함이 있는

색이라고 평가하지 않듯 무수한 변이를 통해 생명의 무지개를 이루는 모든 개체가 정상이다. 우리 몸은 정상과 비정상이라는 두 등급으로 나뉘지 않으며, 우리 몸 구석구석까지 정상의 무지개라고 진화생물학자 조안 러프가든 Joan Roughgarden 은 설명한다.3 우리의 본질은 고정되어 있지 않고 환경에 따라서 서서히 변한다. 사회가 정한 범주들보다 자연의 무지개는 언제나 더 많은 색을 가지고 있다. 다만 우리의 식별 능력과 허용 범위에 한계가 있을 뿐이다. 생명은 사회에서 붙인 꼬리표에서 빠져나와 무한한 변이를 통해 세상이 정해 놓은 경계를 넘으면서 남자와 여자라는 구분을 불투명하게 만든다.4

수많은 다양성을 생성하는 자연의 실체가 알려지고 동성애나 다양한 성애가 자연의 모든 생명에게서 나타나는 현상으로 밝혀지자, 동성애와 다양한 성애를 병리화하면서 박해를 가했던 과거 인류 사회가 과연 이성에 입각한 올바른 판단과 조치를 했는지 미심쩍게 되었다. 인간 안의 자연성은 우리가 믿고 싶은 정상의 틀을 넘어서 다채로운 변이를 만든다.

미국의 사상가 게일 루빈(Gayle Rubin, 1949~)은 성적 취향과 행위의 다양함을 본격 사유하고 도전한다. 게일 루빈은 일찌감치 원시 사회뿐 아니라 문명사회에서도 여성이 상품처럼 통용된다는 '여성 거래'라는 개념을 제시하면서 그로 인해 남성의 우월성을 각인시키고 여성에게 순종을 주입시키는 문화가 양산된다고 갈파한다. 여성의 해방과 아울러 특정한 성 역할을 해야 한다는 압박에서 벗어나야 한다고 생각한 게일 루빈은 성생활을 기형으로 만든 낡은 관계로부터 해방되기 위한 선택의 기회를 제공해 주기 때문에 문화의 발전이 중요하다고 강조한다. 더 나아가 단지 여성을 해방시키는 일을 넘어서 여자다움과 남자다움이라는 구속에서 벗어나 성적 표현의 형태들을 자유로이 펼쳐야 궁극의 철저한 여성주의 혁명이라는 소신을 편다.5 게일 루빈은 여자와 남자를 가르는 성별화 체계(성 구분 체계)는 과거처럼 철벽은 아니지만 저항이 없다면 저절로 소멸하지 않을 거라면서 행동과 실천을 통해 새로운 체계를 만들자고 힘차게 소리친다.

성을 사유할 때가 왔다

여성 문제에 심혈을 기울이던 게일 루빈은 성을 사유할 때가 왔다고 목청을 돋운다. 성에 대한 사유의 깊이와 지성의 넓이는 비례한다. 지성과 자유는 나란히 같이 간다. 인간은 모르는 것을 마주할 때 두려움을 느끼고, 움츠러들게 된다. 성에 대한 무지는 성 개방의 물결에 혼란과 혐오를 느끼게 하면서 기존의 체제를 보수하려는 태도로 직결시킨다. 미국의 보수와 진보는 성을 두고 공방하는 문화 전쟁을 벌이는데, 게일 루빈은 미국의 보수 우익이 성 연구와 성교육에 격렬하게 반대하면서 성적 무지와 편견의 깊은 저수지를 유지시키고 성애 공포증erotophobia을 유발시킨다고 비판한다.6

성애 공포증은 남성보다 여성에게 더 강하게 나타나곤 한다. 자신의 가치가 정숙함이라는 토대 위에 세워져 있기 때문에 많은 여성이 성 해방 흐름이 자신의 존재를 부정하고 훼손하는 것처럼 느끼고, 성애 공포증을 앓는다. 여성의 순결에 엄지손가락을 치켜세우자 여성 스스로 가부장 사회의 생존 기술로써 정숙함을 내면화하고 연기해 왔다. 하지만 모든 여성이 정숙함을 원하는 건 아니다. 정숙함은 강제되고, 많은 여성이 맞지 않는 옷에 몸을 구겨 넣듯 정숙한 체 하느라 힘들다.

정숙함이라는 코르셋으로 여성이 자신의 신체를 옥죄면서 괴로워하는 것은 정숙함이 인류사에서 자연스러운 현상이 아니기 때문이다. 여성의 관점에서 보면 남성 중심의 문명이 확립된 뒤부터는 한 남자와만 관계 맺는 일이 생존과 번식에 유리할 수 있지만 아주 길고긴 선사 시대에는 여러 상대와 관계 맺는 일이 훨씬 이득이었다. 부시맨으로 알려진 !쿵족은 인류의 과거를 간직하고 있다고 평가받았는데, 인류학자 마저리 쇼스탁 Marjorie Shostak 은 문자가 없는 !쿵족 사회 안으로 들어가 그들의 언어를 배우고 오랜 시간 함께한 뒤 니사라는 여성 토착민을 중심으로 한 연구 결과를 발표한다. 니사는 조카딸에게 인생을 가르쳐 주듯 어릴 적 가족의 형태, 성에 눈뜰 때, 결혼 생활, 자식이 죽은 일 등등 두런두런 맛깔나게 이야기해 준다. 여성주의에 영향을 받고 여성성이 어떤 의미인지 씨름하는 젊은 여자라고 자신을 정의한 마저리 쇼스탁은 니사를 비롯한 !쿵족 여자들이 여성으로서 산다는 것을 어떻게 받아들이는지 진중저으로 조사했다. 문명사회보다 과거 수렵 채집 사회에서는 여성의 자율권과 독립성이 더 강했으리란 기대로 원시 부족에 관심을 보였던 시기였다. !쿵족 사회는 남성이 여성보다 더 중요한 권위를 차지하고 때때로 여자들이 바람을 피우다 남자에게 매 맞고, 잠자리의 대가로 자원을 제공받는 거래가 이뤄져서 서구 여성들의 기대만큼 완벽히 평등한 사회는 아니었으나 그럼에도 여성을 억압하는 제도와 편견이 덜했다. 니사는 착한 여자여야 한다는 압박을 느끼지 않은 채 많은 애인과 잠자리를 하면서 한평생을 자유로이 사랑하며 살았다. 애인 하나 없는 마저리 쇼스탁의 처지를 언급하며 니사 자신은 숟가락 발가락을 합친 것보다 애인이 더 많았다면서 !쿵족 여인들은 한 남자하고만 있지 않는다며 한 남자로 충분할 것 같으냐고 되물었다.[7]

자유롭게 남자와 사랑하고, 결혼한 뒤에도 애인들을 거느리며 성욕을 거리낌 없이 표현하는 니사의 모습에 서구의 젊은 여자들은 환호성을 질렀다. 68혁명의 세찬 물결 속에서 남자는 하늘, 태양, 적극, 능동, 지배고 여자는 땅, 달, 소극, 수동, 피지배라는 기존의 이항 대립에 반기를 드는 여자들이 대거 등장했고, 자유연애가 시대의 흐름이 되는 분위기였다. 여자들은 자신들에게 덮어씌워진 순결한 면사포를 벗어던지면서 자기답게 살고자 거리로 쏟아져 나왔고, 남성과 여성의 위계를 허물고 새로운 사회를 지향했다.

성이 다르다는 이유만으로 차별받으면서 편견에 에워싸였던 여자들이 들고 일어난 여성운동 안에서도 성에 대한 차별과 편견은 똬리를 틀고 있었다. 다양한 성애 방식은 여성운동에 적합하지 않다고 인식되어 동성애자를 비롯한 다양한 성 소수자들이 배척당했다. 남성에게 차별받는 것에 억울해하며 저항했던 여자들이 또 다른 차별을 자행한 셈이다. 나중에 동성애운동은 여성운동 안에 받아들여졌는데 이때에도 여성 동성애자들은 가피학증(사도마조히즘)을 비롯한 다른 성애를 박해했다. 차별받았던 동성애자들이 또 다른 차별을 자행한 것이다.

사도마조히스트 동성애자였던 게일 루빈은 페미니스트들과 레즈비언들 안에서 비난당했다. 성인이 된 뒤 자신의 모든 것을 바쳐 헌신했던 운동에서 공격당하면서 낙담한 게일 루빈은 남성에게서 차별받던 여성운동이 또 다시 차별을 만들어 내는 것에 반대한다.

페미니즘과 레즈비언 페미니즘은 엄격한 역할을 부과하고, 개인의 잠재성을 제한하고, 여성들의 신체적이고 감정적인 자원을 착취하고, 성적 다양성과 젠더 다양성을 박해하는 체계와 대립하며 발전했다. 페미니즘과 레즈비언 페미니즘이 새롭지만 엄격하기는 마찬가지인 제한을 부과하는 데, 혹은 취약하고 착취 가능한 새로운 이들을 만드는 변명으로 사용되어서는 안 된다. 레즈비언 공동체는 섹스와 젠더 난민들에 의해 건설되었다. 따라서 레즈비언 세계가 섹스와 젠더 박해를 위한 새로운 근거를 만들어서는 안 된다.[8]

게일 루빈은 진보주의자임을 자처하는 사람들이 각자 자신의 선입견을 점검하고 성교육을 다시 받아 성 위계질서와 그에 따른 문제들을 숙지할 필요가 있다면서 성의 정치성을 강조한다. 성애는 그저 여자와 남자의 성관계나 인간과 인간 사이를 잇는 매개의 성격을 넘어서 인간의 정체성, 사회 분위기와 제도를 아우르는 정치성을 지녔다. 우리가 성을 대하는 태도와 관점 그리고 어떻게 성생활을 하느냐는 바로 그 사회의 실상을 드러낸다. 사람들이 보다 안락하고 행복하게 사는 사회일수록 성은 개방되어 있다. 성의 자유로움은 사회 진보와 연결된다.

허섭스레기로 취급받기 십상인 마르키스 드 사드Marquis de Sade의 괴상하고 불쾌한 소설 안에는 성 자유에 대한 찬미와 함께 시대를 앞서는 민주주의에 대한 열정이 담겨 있다. 민중이 들고 일어나 왕권을 무너뜨렸던 혁명의 시대 속에서 난잡하고 잔인한 성행위를 묘사하고 자기 또한 방자하고 문란하게 살면서 오랫동안 감옥에 갇혔던 사드는 권력과 권위와 종교의 유착 관계를 간파하고 인간의 자유와 쾌락을 억누르는 하찮은 우상들로부터 해방되라고 역설했다. 왕권을 허무는 것을 넘어서 종교적 구속도 깨뜨려야만 비로소 인간은 자유로워질 수 있음을 예견한 것이다.[9] 자허마조흐 역시 그저 여성에게 복종하고 채찍질당하는 걸 좋아한 사내가 아니라 일찍이 1880년대에 여성의 권리와 투표권을 요구하는 글들을 싣는 문학잡지를 편집했다. 성의 자유는 나를 사로잡던 얼개로부터 벗어나는 해방의 신호가 된다.

누가 누구로부터 여성을 보호하는가

　제2의 여성운동에는 여러 흐름이 경합을 벌였는데 그 가운데 자유로운 성 해방 물결에 역행하는 움직임이 분출했다. 성 해방이 남성의 만족만을 위한 새로운 형태의 착취라고 진단하면서 남성성을 나쁘게 몰아가고 여성성을 치켜세우는 흐름이 불거졌다. 여성성을 긍정하면서 재평가한 것은 분명히 필요한 일이고 여성성 폄하와 남성성 숭상이라는 기존 가치 체계의 전복이기는 했으나, 단순하게 여성을 선으로 남성을 악으로 판단하면서 여성다움에서 해방되는 것이 아닌 기존 성 역할을 강화했다. 여성스러움이라는 그물에 몸부림치며 반발했던 여성운동가들이 보면 당황해할 정도로 성 역할에 따른 여성스러움을 최고의 가치로 찬양하는 흐름이 주류가 되었다. 나쁘고 문란한 남자들과 달리 착하고 단정한 여자들은 성행위를 그리 좋아하지 않고, 성행위는 남성스러운 것으로 간주하면서 여성성을 말갛고 깨끗한 순결함으로 재포장해서 우러르는 여성성주의가 득세했다. 여성은 성교를 싫어하는데 남성이 여성에게 괴로운 성관계를 강요한다고 주장한 여성운동은 성행위를 폭력과 동일시하고 섹스를 강간과 접합시켜 버렸다.[10]

　성을 혐오하고 거부하는 생각들이 여성들 사이에서 퍼져 나가고 젊은 여성들에게 주입되자 남성을 사랑하는 것은 어리석은 일이며 여성 해방의 걸림돌이라는 주장들이 공공연하게 쏟아져 나왔고, 남성은 본능을 따르는 짐승들이지만 여성은 정숙한 인간으로서 문명을 지켜 나간다는 우월감이 울려 퍼졌다. 정숙한 여자를 숭배하는 건 가부장 사회에서 여성들의 성을 통제하기 위한 교묘한 심리 방책이었는데, 여성운동에서도 여성의 우월한 도덕성을 알리기 위해 정숙과 순결을 자신의 가치로 되새김질하면서 전시하였다. 더 나아가 여성은 아이를 낳아 기르는 경험을 하기에 타인과 관계하며 권력을 행사하는 훈련이 더 잘 되어 있다면서 출산과 육아를 통해 여성의 우월성과 도덕성을 강조하기 시작하자 게일 루빈은 반발한다. 그리고 일부일처의 결합을 이상향의 기본 가치로 내세우고 성적인 정숙과 출산을 여성의 미덕이라고 추앙하는 흐름은 여성주의가 아니라 케케묵은 구닥다리라며 소름 끼쳐 한다.

> 여성적 가치, 그중에서도 특히 성적인 정숙의 재강조는 페미니즘의 목표를 위한 논쟁의 양식에 변동을 초래했다. 정의와 사회적인 평등을 주장하는 대신, 많은 페미니즘 논쟁이 이제 여성적인 도덕적 우월성을 주장하는 방향으로 나아가고 있다. 이런 주장에 따르면 여성이 사회에서 지금보다 더 많은 권력 혹은 전체 권력을 장악해야 한다. 왜냐하면 여성이 남성에 비해 주로 재생산의 역할을 통해, 권력을 장악할 준비가 비교적 잘되어 있기 때문이라는 것이다. 나는 사회에서 나의 위상이 아이를 낳는 능력에 달려 있다고 주장하는 그런 여성운동에 합류하지 않았다.[11]

여성운동 안에선 남성에게 없는 출산 능력을 여성의 권능으로

부각시키려고 했는데, 여성의 출산 능력이 남성과 변별되는 특별함이기는 하나 그렇다고 여성을 재생산으로만 연결해서 평가하는 것은 전체주의 사고방식으로 치달을 위험이 있다. 타자mother를 품어 엄마mother가 되는 경험은 인간의 포용력과 상상력을 한층 확장시키지만 여성이 재생산에 꼭 참여해야만 하는 생식의 도구로 간주될 수 있는 것이다.

독일의 처녀는 국가의 백성이고 결혼했을 때만 국가의 시민이 된다고 믿은 아돌프 히틀러는 순수한 민족의 보전을 위해 건전한 여자의 임신이 제한되는 일이 없도록 힘써야 한다고 부르짖으면서 건전한 아이를 낳지 않는 것은 비난받아 마땅하다며 개인의 희망이나 욕심 등은 아무 것이 아닌 것으로 생각하고 희생해야 한다고 주장했다.12 히틀러는 모든 것을 도덕성으로 평가했는데, 독일 아이들이라고 해도 유대인이거나 동성애 성향이 있거나 장애가 있으면 건전하지 않은 아이로 간주했다. 모든 걸 도덕성으로 인식하는 것은 인간의 자연스러운 인지 방식이지만, 유아기에 탈피해야 하는 것인데 히틀러는 유아 수준의 인지 방식에 사로잡혀 있었던 것이다. 그런데 지금도 민족이나 성행위 방식을 도덕성과 연관 지어 인식하는 분위기가 일부 남아 있다.

여성 교육의 목표는 미래의 어머니를 만드는 것이라는 히틀러의 믿음대로 나치 시대의 정책은 여성이 애를 많이 낳아 기르는 일에 주력하도록 여성 참정권과 자유를 제한하고 통제하면서 여성을 씨받이와 노동력 재생산 기계로 취급했다. 잘 살 수 있다고 느끼면 낳지 말라고 해도 인간은 사랑하고 번식한다. 그런데 권력은 끔찍한 환경을 만들어 놓고 애를 낳지 않는다고 닦달하면서 어떻게든 인구를 늘리려고 낙태를 가혹하게 처벌하고 피임 지식 보급에 별로 투자하지 않는다.

여성의 자궁은 국가에 복속되어 애를 낳아야만 하는 도구가 아니다. 현대에는 특정한 의도를 갖고 우리에게 입김을 불어넣으면서 성을 조절하고 계획하는 권력이 행사되고 있다.[13] 필요에 따라 아이를 낳지 말라고 홍보하다가 이제는 아이를 낳아야 한다고 호소하는 권력의 손아귀에서 우리의 신체는 여전히 자유롭지 못하다. 언제나 권력은 자기들 필요에 따라서 여성의 성과 신체에 압력을 가한다. 권위주의가 판을 치고 사회의식이 높지 않은 사회일수록 여성은 보호받아야 하는 존재처럼 취급된다.

여성을 보호하자고 하는데, 누가 누구로부터 보호하는 것일까? 물론 여성이 원치 않는 추근거림에 시달리지 않게 하는 것은 중요한 일이다. 그런데 간과하지 말아야 할 사실은 사회가 여성을 보호한답시고 여성을 억압한다는 것이다. 권력은 여성이 자유롭게 자신의 성을 통제하며 향유하는 것을 싫어하고, 여성이 번식의 도구로 고분고분하게 복종하는 걸 좋아한다. 그래서 보호라는 명분으로 성을 향유할 여지가 있는 여성 자신으로부터 여성을 보호한다. 그렇게 여성은 자기 자신으로부터 보호된다. 여성의 성욕으로부터 여성을 지키고자 세상의 권력은 압박을 가하면서 사람들이 여성의 성에 과민 반응하며 근심하도록 만든다. 그런데 여성운동가들과 진보주의자들이 성행위를 더럽게 여기고 여성의 정숙함을 떠받드니 어쩌면 기존의 권력 체계는 여성운동의 약진이 크게 불편하지 않았을지 모른다. 하지만 여성운동가들의 남성에 대한 공격이 그악스러워지면서 남성과 사랑을 나누고 황홀감을 얻으면서 서로 존중하고 싶었던 대다수 여성은 여성운동으로부터 멀어지게 되었고, 미국의 여성운동은 극단화되고 편협해지면서 대중성이 급격히 쇠퇴했다.

다양한 성애

수많은 변이로 자연이 돌아가듯 인간의 성 취향도 우리의 얼굴과 신체만큼이나 다르다고 사드는 통찰했다. 세상엔 무수한 사람들이 있고 각자가 다양한 만큼 성 취향과 선호 또한 다양하게 존재한다.[14] 프랑스의 사상가 펠릭스 가타리Felix Guattari도 '여성되기'라는 개념을 제시하면서 세상의 권력이 주입하는 남자다움에서 이탈하여 여성되기를 시도하면 음악도 되고 우주도 되고 색채도 되고 동물도 될 수 있다고 이야기한다.[15] 남자다워야 한다며 우리를 주무르는 권력의 손아귀에 포획되지 않고 탈주할 때 남자의 욕망은 남들과 똑같은 뻔한 틀에서 벗어나 새로운 변형의 움직임을 낳으면서 생성의 운동을 일으키게 된다.

게일 루빈도 세상에 다양한 성과 애정 행각이 있고 우리도 얼마든지 원하는 만큼 변천할 수 있다며 다원주의 성 윤리학을 주장한다.

인간은 다양한 체위로 여러 방식의 성교를 할 수 있고, 가장 단순한 생물부터 복잡한 인간 사회 조직까지 변이는 모든 삶의 근본 특질인데, 인간의 성은 단일 기준으로 평가되고 검열된다면서 특정한 방식으로만 성행위가 이뤄져야 하고 모든 사람이 그 방식을 따라야 한다는 오래된 병적 믿음을 게일 루빈은 지적한다.[16]

우리는 그동안 듣고 배운 것들만 정상이라 믿고 남들도 자신과 같은 방식의 성생활을 하리라 생각하기 때문에 조금만 다른 성 행태와 마주치면 소스라치면서 비정상으로 간주하곤 한다. 그러나 내가 좋아하지 않는 행동을 누군가는 좋아할 수 있다. 미국의 42대 대통령이었던 빌 클린턴Bill Clinton은 자신의 비서와 성관계하지 않았다고 발뺌했으나 성기 결합은 아니지만 구강성교를 한 사실이 폭로되어 탄핵 위기에 처했는데, 이건 배우자에게 충실하지 않다는 부도덕성이 발각될까 우려한 변명인 동시에 성에 대한 미국 사회의 싸늘한 시선이 반영된 오리발이었다. 부부라고 할지라도 구강성교를 하면 침실에서 체포되어 최고 20년 징역형을 받아야 한다는 법률이 1998년까지 미국 조지아 주에 있었고, 클린턴 행정부 시절 보건부 장관이 세계 에이즈의 날에 어쩌면 자위 행위를 가르쳐야 하는 게 아닐까 생각한다고 연설하자 여론의 압박으로 해임됐다. 미국은 밤이면 온갖 환락이 밀물처럼 들어차지만 낮에는 몸의 쾌락이 썰물처럼 빠져나간 자리에 종교 문화가 개펄처럼 드러나는 사회다.

정상과 비정상은 본래 주어진 자연스러움이 아니라 문화에 따라 구분되는 인공물이고, 권력의 가치 체계에 따라 평가된 결과다. 프랑스의 철학자 기 오캉겜Guy Hocquenghem은 권력이 동성애자를 실패한 정상인으로 만들어 내면서 정상성의 개념을 부각시킨다고 분석한다.[17] 동성애자를 통해서 우리는 자신의 정상성을 확인하는 것이다. 내가 본디 정상이기 때문에 정상으로 판명되는 게 아니라 타자를 비정상으로 규정하면서 자신의 정상성을 담보하려고 하기 때문에 우리는 동성애를 차별한다. 정상의 성애 방식에 의문을 던지면서 게일 루빈은 이렇게 적는다.

> 항문성교에 관심 없는 사람은 남들이 그것을 즐긴다는 사실을 이해할 수가 없다. 구강성교를 한다는 상상만으로도 숨이 막히는 사람들은 남들이 실제로 (…) 즐긴다는 사실에 곤혹스러워 한다. 그렇다 하더라도 헤아릴 수도 없이 수많은 사람들이 항문성교와 구강성교를 섬세하게 즐긴다는 사실은 여전히 그대로다. 모든 사람이 다 같은 성행위를 하는 것은 아니며, 성적 다양성이 존재한다. 남들과 다른 성적 취향을 가졌다고 하여 그들이 병들고 멍청하고 뒤틀리고 세뇌되었거나, 협박을 받았거나, 가부장제의 호구이거나, 부르주아 퇴폐의 산물이건, 나쁜 양육 습관으로 인해 피난민이 된 것이 아니다. 성적 다양성을 억압해 놓고 그것을 설명으로 해결하려는 습관은 깨져야 한다.[18]

자신은 달리기를 싫어하더라도 장거리 달리기를 즐기는 자기 친구가 병들었거나 세뇌당했거나 누군가 강제로 시켜서 하는 거라고 생각하지는 않는다고 루빈은 이야기한다. 마찬가지로 누군가가 자신이 싫어하는 행동을 한다고 해서 그 사람이 이상하거나 괴물이거나 어떤 잘못된 믿음의 피해자라는 걸 뜻하지 않는다. 삶의 방식이 다양하듯 성애의 방법도 다양하다. 자신의 미감과 규범에 어긋난다고 타인의 성생활을 정죄하지 말고 아량의 크기와 사유의 품을 넓힐 필요가 있다. 내가 상대를 관용하는 만큼 상대도 나의 독특함을 받아 주게 된다. 민주주의 사회는 차이가 공존하는 곳이다.

새로운 성애 방식에서 배운 교훈

속박과 징벌Bondage and Discipline 그리고 가학과 피학Sadism and Masochism을 뜻하는 BDSM은 하위 성 문화 중 하나다. 성 자체가 꺼려지는 분위기 속에서 하위 성 문화를 즐기면 변태라는 주홍글씨가 새겨지기 십상이다. 그런데 사도마조히즘을 악마처럼 바라보고 괴물로 대하는 선입견에 맞서 게일 루빈은 성적 취향과 정치 성향은 상응하지 않는다면서 사도마조히즘을 공산주의자나 하는 짓거리라고 매도하거나 타락과 퇴폐로 몰거나 반동이나 수구로 취급하는 세태에 어깃장을 낸다. 게일 루빈은 자신도 맨 처음엔 이상한 변태들의 세계라고 생각했는데 사도마조히즘 공동체들은 책임 의식을 갖고 성애를 안전하게 행하는 법과 예의를 가르쳐 주었다고 회상한다.

내가 마주치게 될 것으로 예상했던 괴물이자 징그러운 변태들 대신에, 나는 감춰져 있었던 또 다른 세계를 그곳에서 발견했다. S/M 공동체는 게이 공동체만큼 크지는 않지만 복합적이고 사람도 많고 상당히 교양 있는 곳이다. S/M 공동체 대부분은 책임 있는 태도로 신참들에게 S/M을 안전하게 행하는 법과 S/M 예의를 가르쳐 준다. 신참들은 그곳에서 지혜를 습득하게 된다. 실제로 그곳 사회의 관행과 만나게 되면서 그들을 키메라로 여겼던 신참들의 선입견은 사라지게 된다. 나는 나의 성애로 인해서 내 삶의 통제권을 포기하거나 혹은 어리석고 멍청한 약골이 될까 봐 염려했었다. 내가 배웠던 최초의 교훈은 S/M은 합의에 따라 행할 수 있으며, 그리고 성적 흥분 유발자가 될 수 있다는 점이다.[19]

사도마조히즘은 합의를 통해 격식을 갖춰서 진행되고, 복종자가 자신의 한계를 넘는다 싶으면 안전 구호를 외쳐서 곧장 행위를 중지할 수 있는 규약이 정립되어 있다. 그래서 복종자의 몸 상태와 심리에 주의를 기울이면서 행위를 세심하게 이끄는 지배자가 명성을 얻는다. 사도마조히즘하면 떠오르는 채찍과 촛농 같은 것들로 말미암아 그들이 고통 자체를 즐기는 것 같지만 사실은 권력을 주고받는 데서 쾌락을 느낀다. 지배와 복종의 신호는 인간 뇌의 보상 체계와 직접 연결되어 쾌감을 자극한다는 연구 결과도 있다. 게이가 위쪽top과 아래쪽bottom으로 나뉘고 레즈비언이 부치butch와 팸famine으로 분간되더라도 동성애자들은 상황에 따라서 역할을 바꾸기도 한다. 마찬가지로 대다수 사도마조히스트들은 특정한 선호가 있지만 상황이나 기분에 따라서 역할을 교대하기도 한다.

이와 비슷하게 프랑스의 미술평론가 카트린 밀레Catherine Millet는 여태껏 헤아릴 수 없을 만큼 다자성교를 많이 맺었는데, 서툰 몸짓이나 난폭한 행동 때문에 고통을 느낀 적은 없고 피곤하거나 자세가 불편하다고 의사를 표현하면 사람들이 자신을 쉬게 해 주고 자리에서 일어나게 해 주었다면서 언제나 배려를 받았다고 자신의 성생활을 회고한다.[20] 우리에게 낯선 방식으로 성관계하는 이들이 우리보다 난폭하거나 무례한 것은 아니다.

기존의 편견으로 가치 평가하는 데 익숙한 우리는 자신에게 낯선 성애 방식에 반감을 드러내곤 한다. 그나마 요새는 시대 변화에 따라 동성애에 대한 거부감이 줄어들고 관용하는 흐름이 생겼는데, 미국의 정치철학자 마이클 샌델Michael Sandel은 관용 옹호론에 의문을 제기한다. 관용 옹호론은 동성애를 죄악이라고 여기는 사람들의 생각을 바꾸고자 소통하기보다는 사생활에서 뭘 하든 관용해야 한다고 설득하는 방식을 취하면서 공존하는 길을 택한다. 동성애의 도덕성을 평가하지 않은 채 타인이 자유롭게 선택한 삶을 존중해야 한다는 믿음을 근거로 관용 옹호론이 펼쳐지는데, 여기엔 두 가지 난점이 있다고 마이클 샌델은 파고든다. 먼저 실천의 문제다. 사회에서 동성애를 비롯한 다양한 성애를 허용한다는 합의 기준 없이 그저 각 개인의 자율권에 맡기는 것만으로는 성 소수자의 권리가 확실하게 보장되지 못한다. 법과 규범으로 확립되지 않고 자발성에 기댄 관용은 언제나 취약하다. 두 번째 난점은 관용 옹호론이 실제로 동성애자들을 존중하지 못하게 한다는 점이다. 관용 옹호론은 개인 사생활이라면서 보호하려고 하지만, 바로 그 때문에 그들에 대한 존중이 약화된다. 사람들은 동성애나 다양한 성애 방식을 음란하고 저속하다고 평가하지만 남의 사생활이니 상관 안 하겠다는 식으로 관용하게 되기 때문이다.[21]

동성애를 개인의 사생활 영역으로 옹호하는 것도 필요하지만, 그렇게 할 경우 그들이 비도덕을 저지르지만 관용한다는 암묵의 전제가 깔리면서 늘 도덕성의 문제가 제기된다. 그래서 성숙한 사회가 되기 위해서라도 동성애 역시 이성애와 마찬가지로 아름다울 수 있다고 사회 담론 차원에서 감각하고 인식하고 공준하는 논의가 요구된다고 센델은 설명한다. 미국의 법철학자 마사 누스바움Martha Nussbaum도 인류애의 정치로 나아가야 한다고 견해를 발표하면서 존중과 상상력을 강조한다. 인류애의 정치가 이뤄지려면 성 소수자들을 잘 모른 채 편견만으로 혐오하거나 상대를 나와 상관없는 사물처럼 대하는 태도가 아닌, 상대를 나와 똑같이 살아 숨 쉬는 인간으로 바라보는 존중과 아울러 내가 경험하지 못한 그들의 삶을 헤아리면서 타인의 삶에 감정을 갖고 참여하는 상상력이 필요하다.[22]

존중과 상상력이 일상에서 실현되면 현자가 된다. 사회학자 어빙 고프먼Erving Goffman은 세상에 낙인이 찍힌 동성애를 비롯해 성 소수자들을 연구하면서 '현자the wise'를 이야기한다. 고프먼에 의하면 인류사에는 언제나 3~10퍼센트에 이르는 성 소수자들이 있는데, 주변에 성 소수자들이 없다는 건 자신이 현자가 아니기 때문이다. 현자란 낙인자들에게 동정심을 느끼고는 낙인자의 감추어진 생활에 은밀히 관여하면서 낙인자들의 집단에 명예 회원처럼 받아들여진 사람이다. 현자 앞에서 낙인자들은 수치심을 갖거나 자기 통제를 하지 않고 평범한 정상인으로 느끼고 행동하고 경험한다.[23]

성애 위계질서

그동안 성 소수자들의 위치와 지위는 상승했다. 하지만 그건 우리 사회가 동정심이 넘치는 좋은 사회여서 그들에게 동등한 권리를 줬기 때문이 아니다. 어느 사회든 성 소수자들은 세상과 투쟁하는 과정에서 인간으로서 동등한 권리를 조금씩 쟁취해 왔다. 그러나 아직 사회적 가치를 온전히 성취하지는 못한 상황이다. 독일의 사회학자 악셀 호네트Axel Honneth는 권리 인정과 사회적 가치 부여를 나누어서 고찰한다. 성 소수자들은 투표권이라든지 여러 권리를 인정받더라도 아직 사회적 가치를 얻지는 못했을 수 있다. 사회에서 사람들이 성 소수자들을 멸시하고 모욕하면서 존엄성을 부정하면 그들의 자기존중감은 훼손된다.[24] 좋은 사회는 성 소수자에게 단지 권리만 동등하게 부여하는 것을 넘어서 성적 지향과 성 정체성에 따른 부당한 대접을 받지 않고 서로의 가치를 인정하고 존중하는 곳이다.

여전히 세상에는 계급과 인종에 따른 위계질서가 존재하듯 성 소수자들의 인권에 대해 일반인들의 인식이 높아졌다고 하더라도 성애 방식에는 위계질서가 있다. 가장 축복받는 성애는 혼인을 통해 아이를 낳고 일부일처제를 유지하는 이성애다. 여기서 한 가지씩 부족할 때마다 애정 관계의 가치가 깎아내려진다. 혼인하지 않고 성관계를 맺거나 결혼했는데도 아이를 낳지 않거나 동성애이거나 일부일처제를 하지 않으면 비난의 대상이 된다. 그 밖의 성애들은 훨씬 열등하다고 평가되고 명예가 실추된다. 게일 루빈은 특정한 성을 정상으로 판정하고 나머지를 비정상으로 처벌하려는 우리의 인식을 '성애 낙인 체계'라고 부르면서 무의식중에 편견이 작동되고 있다고 말한다.

근대 서구 사회는 성행위를 성적 가치의 위계질서에 따라 평가한다. 결혼하고 출산하는 이성애자가 성애 피라미드의 꼭대기에 단독으로 위치한다. 비혼 일대일 관계의 이성애 커플이 그 아래에서 아우성치고, 다른 이성애자 대부분은 그 아래에 있다. 혼자 하는 성행위는 규정되지 않은 채 부유한다. 자위 행위에 대한 19세기의 강력한 낙인은 다소 누그러들어 변형된 형태로 유지되는데, 혼자 하는 성행위는 우연히 만난 상대와의 성행위에서 느끼는 쾌락에 못 미치는 대체물쯤이 된다. 장기간의 안정된 관계를 유지하는 레즈비언과 게이 남성 커플은 간신히 체면은 유지하지만, 바에서 섹스 파트너를 물색하는 바 다이크와 문란한 성생활을 즐기는 게이는 피라미드의 최하위 집단 바로 위에서 떠돈다. 트랜스섹슈얼, 복장 전환자, 페티시스트, 사도마조히스트, 창녀와 포르노 모델 같은 성 노동자, 그리고 이들 중에서도 맨 밑바닥에 있는 세대 간 성애자[•] 등이 현재 제일 심한 경멸을 받는 성적 카스트 계급이다.[25]

성애의 위계질서를 근간으로 한 사람들의 편견과 혐오는 심각한 상황이다. 게일 루빈은 동성애자나 성 노동자, 여자 옷을 입는 남자 같은 이들을 업신여기는 대중의 인식은 죄의식, 열등감, 혐오 등등 사악한 태도와 잔혹한 감정이 마구 뒤섞인 유독한 잡탕이라고 말한다. 사람들이 성을 지나치게 심각하게 대하고 과격하게 반응하고 있는데, 황당하게도 이들은 정작 성 소수자들을 향해서 이뤄지는 난폭하고 잔인한 성적 박해에 대해선 심각하게 취급하지 않는다고 게일 루빈은 예리한 의문을 던진다.[26]

자신을 정상이라고 믿으며 혐오를 정당화하는 이들은 자신과 다른 취향이나 행동을 하는 사람들에게 서슴지 않고 폭력을 휘두르는데, 자신의 충동을 억압하여 투사할 때가 많다. 예를 들어서 동성애에 끌리지만 수용하지 못한 사람의 경우 자신이 어렵사리 만들어 놓은 정체성을 위협하기 때문에 동성애에 욕지기를 내뱉게 된다. 매혹되지만 받아들일 수 없는 것을 경멸하고 부정하면서 자신의 흥분을 알

[•] 세대를 넘어 성애를 하려는 이들로, 정신이상이나 범죄자로 취급된다. 범죄자들이 모인 교도소에서도 어린아이를 성추행하거나 성폭행한 사람을 가장 멸시한다고 한다.

아차리기 전에 공격하는 태도가 체화된다.

동성애에 별 관심이 없는 남자들과 무의식중엔 동성애에 매혹되지만 의식에선 부정하면서 동성애란 얘기만 들어도 쌍심지에 불을 켜는 남자들은 신체 반응이 또렷하게 다르다. 체적변동기록기를 음경에 붙이고 남자와 여자, 두 여자, 두 남자가 사랑을 나누는 야한 영화 세 편을 따로따로 보게 한 뒤 얼마나 흥분했는지 물었더니, 동성애를 혐오하는 남자와 그렇지 않은 남자 모두 이성애 영화나 여자 동성애 영화에는 비슷하게 반응했는데 남자 동성애 영화에선 큰 차이가 나타났다. 동성애 혐오증이 없는 남자들은 음경 크기가 조금 발기되었으나 무의미한 수준의 변화였다면, 동성애를 몹시 싫어하는 남자들은 남자 동성애 영화를 보는 내내 음경이 꾸준하게 커졌다. 측정이 끝나고 면담할 때 모든 사람들이 자신의 음경 팽창과 흥분의 정도를 정확히 평가했는데, 남자 동성애 영화를 본 동성애 혐오 남성들만 자신의 신체 상태를 부정했다. 그들은 다른 남자들보다 음경이 팽창했고 흥분했는데 이를 인지하지 못하거나 부인했다.[27] 정치의 부정부패와 사회의 온갖 비리, 각종 범죄와 폭력에 대해선 무덤덤한 데 비해 동성애 얘기만 나오면 흥분하고 마치 지구가 망할 것처럼 걱정하며 노염을 쏟아내는 사람 중에는 자기 안에 자기가 받아들일 수 없는 성향 때문에 그런 분노가 생겨나는 사람이 있을 것이다.

남들을 혐오하고 공격하기에 앞서 우선 자기를 제대로 돌아보며 증오의 뿌리를 캐낼 수 있다. 그 누구도 타인의 성애 방식을 혐오할 권리는 없다. 혐오는 혐오를 낳고, 세상을 혐오스럽게 만들 뿐이다. 우리가 혐오하면서 그들을 더욱 곤경에 몰아넣지 않더라도 성 소수자는 입때껏 그늘 속에서 힘들게 견뎌 왔고 버티고 있다. 학창 시절부터 여자들과 친하게 지내고 운동에 젬병이었던 미국의 비평가 앤드루 솔로몬Andrew Solomon은 동성애자로 불리면서 조롱뿐 아니라 격렬한 증오의 대상이 되어 청소년기를 고통과 혼란 속에서 보낸다. 동성애를 음지에서 행할 수밖에 없기 때문에 그는 낮과 밤이 다른 이중생활을 하면서 알지도 못하는 남자에게 동정을 잃는 등 불행한 체험을 많이 한 뒤 간신히 진지하고 애정 어린 관계를 맺게 된다. 그는 어머니가 암에 걸리고 자살한 일도 자신이 동성애자이기 때문이라는 왜곡된 믿음을 갖고 자책하면서 어머니가 가졌던 동성애 공포증과 자신의 동성애 공포증을 분리하지 못한 채 죄의식에 시달렸다. 동성애자라는 비밀을 공개하면서 가장 큰 고비를 맞이한 앤드루 솔로몬은 자신의 비극을 끝내기 위해서 여러 번 자살을 시도한다.28 미셸 푸코도 몇 번이나 손수 목숨을 끊으려 했다. 지금도 수많은 동성애자가 우리들의 혐오 속에서 인생을 몸소 끝내고 있다. 동성애자의 자살률은 엄청나게 높지만 실태조차 파악되지 않는다. 동성애자라고 밝히지도 못한 채 전전긍긍하다가 자살하기 때문이다. 모든 자살은 알고 보면 타살이다. 동성애를 비롯한 다양한 성애를 혐오한다면 그 죽음에 공범이 될 수도 있다.

포르노를 없애려는 페미니즘에 반대하기

인터넷이 이토록 발전한 데에는 포르노를 보려는 욕망 덕이 크다는 풍문이 떠돈다. 타인의 속살과 성행위를 보려는 욕망은 대부분의 사람에겐 주체하기 힘들 만큼 강력하게 작동한다. 지금도 포르노 누리집이 인터넷에서 굉장히 큰 비중을 차지한다.

그런데 포르노를 대할 때 성별에 따라 느끼는 반응이 사뭇 다르다. 신경생리학자 안토니오 다마지오 Antonio Damasio는 시상하부와 남자의 흥분은 관련성이 매우 높은데 반해 여성은 그렇지 않다고 언급한다.29 남성의 성욕은 편도체와 시상하부와 연관되는데, 편도체가 감정 반응을 담당한다면 시상하부는 성적 흥분을 일으키는 기관 역할을 한다. 야한 영상을 봤을 때 남자의 편도체와 시상하부는 격하게 활성화된다. 시각에 민감한 남성은 맥락 없이 성관계하는 장면을 보는 것만으로도 흥분하지만 여성은 그 정도가 덜하다. 포르노의 주요 소비자가 남성인 이유와 여자들이 포르노를 즐기기보다는 꺼려하는 이유는 신경생리와 관련된다. 뇌 영상법 연구에 따르면 인간의 두뇌는 여자건 남자건 타인의 매력을 접하고 자극받는 것은 비슷하고 이성의 외관을 처리하는 속도는 똑같다. 하지만 남성의 경우엔 무의식중에 자동으로 처리되는 성적 반응이 쉽게 의식의 욕망으로 전환되는데 반해 여성의 경우엔 시각의 신호에 신체가 흥분되더라도 성적 신호를 여러 방식으로 확인하고 검증하고 나서야 의식의 욕망으로 자각된다. 남자는 여자가 벗은 사진만으로 흥분해서 자위하기

쉬우나 여자 가운데 이러는 사람은 거의 없다.**30**

    여성이론가들 사이에서 포르노 논쟁이 벌어졌다. 독일에서는 알리스 슈바르처가 왜곡된 성 해방 풍조와 상업주의가 결탁되어 빚어진 포르노가 인간의 존엄을 말살한다면서 '포르NO' 운동을 펼쳤고, 미국에서는 "포르노는 이론이고 강간은 실행이다"라는 로빈 모건 Robin Morgan 의 주장이 회자되면서 법학자 캐서린 매키넌 Catharine Mackinnon 과 여성운동가 안드레아 드워킨 Andrea Dworkin 을 필두로 포르노 근절 운동이 거세게 일어났다. 캐서린 매키넌은 포르노의 속성이 여성을 인간이 아닌 존재로 만드는 것이고 여성이 섹스에 사용되면 인간의 지위를 잃어버린다면서 포르노의 철폐를 호소했고,**31** 안드레아 드워킨은 포르노그래피가 여성을 물건으로 격하시키고, 혐오하고 증오하는 방식을 가치중립의 정상으로 인식하게 만든다면서 포르노그래피 목적 자체가 남자의 권력을 자명하게 행사하고 찬양하기 위해 여성을 폄하하는 것이라고 주장했다.**32**

    이들의 주장처럼 포르노그래피는 여성을 존중하지 않는 내용이 많다. 미국 사회에서 화제가 된 포르노 영화 〈목구멍 깊숙이 deep throat〉는 마치 성혁명의 상징처럼 여겨지곤 했으나 여자 주인공이 포주이자 애인이었던 남자의 강권에 못 이겨 출연했다는 사실이 뒤늦게 알려지면서 성 자유의 의미에 대한 심각한 의구심을 일으켰다. 일본에서 합법으로 제작해서 판매하는 야동 Adult Video 을 연구한 결과에 따르면 야동은 여성에게 폭력을 가하고 모욕을 주고, 어떻게든 남근을 삽입하면 여성이 만족하게 된다는 '남근지상주의'의 반영이다.**33** 야동의 여배우들은 온갖 가학 행위를 당하며 성욕 해소용 소모품같이 취급되는 데다 몇 편 찍고는 폐품처럼 버려진다. 여배우의 수명은 길어야 2년이고, 대부분은 성매매업소나 유흥업소로 흘러든다. 또한 야동에 출연하는 여자들은 어린 시절 성폭행을 당한 경험이 많고, 야동을 찍으면서도 지독한 학대를 당하곤 한다.

야동 안에는 여성에 대한 멸시와 남자들의 뒤틀린 환상으로 범벅된 영상들이 우글우글하다. 야동은 현실의 남녀 불평등과 여성을 남자의 쾌락을 위한 도구로 여기는 편견을 통해서 만들어지고, 다시 여성에 대한 왜곡된 관념을 강화하기 때문에 공공담론이라는 사회의 도마 위에 올려야 하는 심각한 문제다. 그러나 포르노가 사회문제라는 걸 인정하더라도 포르노를 몽땅 없애려고 하는 건 희한한 일이라고 게일 루빈은 문제 제기한다. 여태껏 대중문화 속 성차별과 여성의 신체를 상품처럼 전시하는 행태를 비판하면서 변화시키려는 개선 요구는 쭉 있어 왔는데, 포르노는 대안을 모색하기보다는 깡그리 없애려고만 했다. 포르노를 비판하면서 여성의 욕망을 기반으로 한 매체를 생산할 것을 요청하는 대신 포르노 전부를 제거하려고 한 근본적인 특이성이 포르노 반대운동에 도사리고 있었다고 게일 루빈은 지적한다.**34**

포르노를 없애려는 여성운동가들은 종교 색채를 띤 보수우파와 힘을 합치고, 성을 위험하게 여기며, 성행위를 좋아하는 여성은 경멸하는 태도를 견지했다. 게일 루빈은 성매매하거나 옷을 벗는 춤꾼이거나 야한 영화의 배우거나 성 산업에서 종사하는 모든 여성이 어쩔 수 없이 남성에게 강요당하고 있으며 하나같이 피해자일 뿐이라는 가정은 악의에 찬 편견인데, 여성에 대한 편견을 여성주의자들이 강화하고 있으니 더 부적절하다고 반대의 목소리를 낸다. 포르노의 검열이 아니라 표현의 자유가 더 중요하고, 성의 억압이 아니라 성의 자유가 여성주의의 방향이라고 주장한다.

> 페미니즘은 포르노와 싸우는 대신 검열에 반대하고, 매춘의 비범죄화를 지지하고, 모든 외설법의 폐지를 요청하고, 성 노동자들의 권리와 성 산업에서 관리직에 있는 여성들, 성적으로 노골적인 매체의 가능성, 젊은이들에 대한 성교육을 지지하고, 성 소수자의 권리와 성적 다양성의 정당성에 동의해야 한다. 그런 방향이 과거의 실수를 바로잡기 시작할 것이다. 이는 페미니즘이 성 정책 문제에 있어 리더십과 신뢰성을 회복하게 해 줄 것이다. 그리고 이를 통해 페미니즘은 섹슈얼리티 영역에서 진보적이고 통찰력 있는 힘을 되찾게 될 것이다.[35]

포르노를 없애려는 운동 측에서는 특정하게 왜곡된 영상들에 불쾌감을 느끼고 마치 모든 포르노가 다 고약하고 몹쓸 내용이라고 매도하는데, 게일 루빈은 포르노에도 종류가 많으며 자신처럼 사도마조히즘 포르노를 즐기는 사람도 많다면서 맞불을 놓는다. 사도마조히즘은 외부 사람들이 보기엔 불쾌한 폭력처럼 느껴질 수 있으나 내부에서 행하는 사람들에겐 서로의 안전과 쾌락을 보장하기 위해 수행하는 의식이자 제약에 근거한 성관계의 일종이라고 게일 루빈은 설명한다. 우리 머릿속에서 어른거리는 끔찍한 사도마조히즘 성애물 내용은 대부분 사도마조히즘을 실천하지 않은 이들이 돈을 벌려고 제작한 것으로, 사도마조히즘에 대한 이해 같은 건 존재하지 않는다. 시중에서 팔리는 사도마조히즘 성애물은 일반의 사도마조히즘 행위가 아니라 제작자의 편견을 반영했을 뿐이다.[36]

이탈리아의 사상가 조르조 아감벤Giorgio Agamben은 포르노가 잠재력을 무력화시킨다고 주장한다. 조르조 아감벤은 성애 행동이 모두에게 개방되고 여러 가지로 몸소 다양하게 사용될 수 있도록 열리는 현상을 '세속화'라면서 예찬하는데, 포르노는 성애 행동의 세속화를 차단하고 이탈시키며 그저 성교에만 집중하게 하여 성애를 새롭게 사용할 수 있는 가능성을 가로막는다고 비판한다.[37] 마찬가지로 철학자 한병철은 실시간의 향락이 아니라 상상 속의 전희와 후희 같은 유예가 쾌락을 깊게 하는데, 상상 속의 우회로를 조금도 허용하지 않고 곧장 향락을 제공하는 극사실의 이미지들은 우리의 환상을 마비시키고 질식시킨다고 비판한다. 전혀 가려지지 않는 대상은 환상을 차단하기 때문이다.[38] 이스라엘의 철학자 아비샤이 마갈릿Avishai Margalit도 포르노그래피가 남자의 성욕을 자극하기 위해 여성을 모욕한다면서 품위 있는 사회라면 제도 차원에서는 제한되어야 한다고 제안하면서도 강압 없이 스스로 동의한 성인들의 포르노그래피 사용까

지 제한하는 일은 잘못이라고 이야기한다.**39**

성매매를 어떻게 대하는 것이 문명인가

게일 루빈은 성 산업에 대해서 관대한 태도를 보인다. 성 산업에 남자와 여자 사이의 불평등이 도사리고 있으니 성 산업의 문제를 파헤치고 반대할 필요가 있지만, 성 산업을 비판하는 일과 성 산업이 여성을 괴롭히는 모든 해악의 원인이라고 비난하면서 상업화된 성을 모조리 없애고자 획책하는 일은 똑같지 않다고 강조한다. 한국에서도 성매매 특별법을 시행한 결과 성매매가 사라진 게 아니라 음지로 숨어들게 하고, 성 판매 여성을 보호하지 못했듯이 법과 물리력으로 성을 억누르려고 해도 그 효과는 신통할 수가 없다. 성매매는 인간 사회에 늘 함께하는 모순이자 심연이다. 성매매는 남녀 관계를 비롯하여 알게 모르게 이 사회에 커다란 입김을 불어 넣지만 그것에 대해 갈피잡기는커녕 좀처럼 헤아리기도 쉽지 않은 영역인데, 게일 루빈은 성매매를 성 노동으로 개념 전환해서 범죄로 취급하지 말고 지원하는 일이 성 산업 안의 여자들을 돕는 일이라고 말한다.

우리는 어디에서 일하는지에 상관없이 여성들을 지원할 필요가 있다. 더 많은 낙인과 법적 규제는 성 산업 안에 있는 여성들을 취약하게 만들 뿐이라는 것을 깨달아야 한다. 성 노동자를 지원하기를 원하는 페미니스트들은 성 노동을 비범죄화, 합법화하기 위해 노력해야 한다. 스캔들이나 감금의 위협에서 안전한 성 노동자들은 더 나은 지위에서 자신의 일과 작업 환경에 대한 더 많은 통제권을 갖게 될 수 있다.[40]

여성운동계는 여성의 신체에 다가가는 과정을 돈으로 단숨에 단축시키기 때문에 성관계할 권리를 돈으로 팔고 사는 성매매는 강간의 일종이라고 간주하면서 성 판매 여성은 돈에 팔려 강간을 당하는 피해자고, 성 매수하는 남자는 돈을 통한 강간범이라고 여겨 성 판매 여성에게는 새로운 일자리와 사회화 교육을 시키고 성을 매수하는 남자는 처벌하는 정책을 제정해서 추진했다.

그런데 성매매를 단죄하는 법률은 쾌락을 죄악으로 연결해서 사고하는 방식에 사로잡힌 결과라고 프랑스의 여성학자 엘리자베트 바댕테르Elisabeth Badinter는 비판한다. 성매매가 강간이라는 논리대로라면 여자에게 쾌락을 제공하는 남창은 강간당한 남자가 되는 셈이냐면서 성을 파는 여성에 대한 멸시가 여성주의자들에게 도사리고 있다고 갈파한다.[41] 원치 않는 일을 어쩔 수 없이 하는 피해자라고 성 판매 여성을 단정하고는 자신들이 그들을 돕는다고 여성운동계는 말하지만, 결과를 놓고 보면 성매매 자체를 없애려는 몽니를 부리며 성 판매 여성들을 궁지로 몰아넣는다. 성 산업을 범죄로 취급하면 성 산업의 여성들이 사회 구석으로 내몰리면서 더 큰 피해가 양산되므로 성 산업을 한 방에 없애기보다는 줄일 수 있는 방법을 모색하는 현명함이 필요하다.

성매매가 과거에는 인신매매와 강압으로 이뤄진 측면이 다분했더라도 요즘의 성매매는 그저 여성 억압과 착취의 시선으로만 볼 수 없다. 모든 것이 상품화되는 자본주의 세상에서 여성의 몸뿐 아니라 남성의 몸도 상품화되지 않기란 어려운 상황이다. 모든 것이 돈으로 사고 팔 수 있는 세태에서 성매매는 엄연히 불법이지만 눈 가리고 아웅 하듯 호황을 이룬다. 한해 성매매 거래 건수는 5천만 건에 육박하는 것으로 추정되고, 성인 남성 절반은 성매매 경험이 있는 것으로 조사된다.[42] 그런데 미혼보다 오히려 기혼이 성매매 경험이 더 많은 걸로 조사된다. 안마방부터 이발소까지, 키스방부터 대딸방까지, 룸살롱부터 도우미 노래방까지, 유흥가든 주택가든 어디든 가리지 않고 온갖 형태의 성매매 업소들이 즐비하다.

오랫동안 성을 삼가던 한 남자와 한 여자가 만나 서로를 한평생 바라보며 사랑을 나눈다는 것은 장밋빛 환상일지도 모른다. 먼 훗날의 행복을 기다리며 순결을 지켜 온 여자들의 그림자가 성 판매 여성들이다. 여성에게 순결을 강요하면 젊은 남자들이 정숙해지는 게 아니라 성매매가 번창한다. 남자들에겐 여자들과 달리 이중의 성 도덕이 부과되고, 여성의 간통과 성매매는 그에 따른 필연이라고 빌헬름 라이히는 지적한다.[43] 성매매를 줄이기 위해서라도 남성의 자제가 요구되겠지만 금욕에는 한계가 있다. 성매매는 남녀가 불평등하고 여성에게 억압이 심한 사회일수록 심각하게 퍼져 있는데, 남자와 여자의 관계에 해로운 영향을 끼친다. 여성의 경제권 자립과 아울러 성에 대한 억압을 줄이고 여성 스스로 성의 주체성을 갖는 문화가 필요하다.

남자들이 돈으로 성을 사는 버릇을 들이게 되면, 여성을 정성을 다해야 하는 인간으로 대하기보다는 그저 상품으로 취급하게 된다. 돈의 액수가 다를 뿐 여자들을 모두 성 상품으로 환원시키고는 돈의 유혹에 넘어가 성관계를 허락한 상대를 깔보게 된다. 성매매에서 남성은 남녀가 성관계로 발전할 때 선보이곤 하는 적극성을 발휘하지 않는다. 돈을 치르고 가만히 있으면 돈을 받은 여자가 순서에 따라 성행위를 진행한다. 남자는 상대방의 만족은 신경 쓰지 않고 배설만 한다. 성매매 남성은 오직 자신의 쾌감과 배설에 몰두한다. 성매매 남녀의 관계는 허망한 허울이다.[44]

성 판매 하는 여자가 남자를 따지지 않지만, 구매 남자 역시 상대의 고유성을 알려고 하지 않는다. 성매매 하는 남자들에게 가장 중요한 것은 '누군가'가 아니다. '하는 것'이다. 성매매에 나선 남자들은 딱히 상대를 가리지 않는데, 이것은 남성의 성욕이 짐승 수준이라는 얘기가 아니다. 오히려 남성의 성욕은 성매매라는 문화에 의해 익숙해지고 여성이라는 기호에 흥분하도록 길들여졌다는 뜻이다. 여성이라는 기호에 발정하고 사정하므로 성매매는 일종의 자위라고 일본의 여성학자 우에노 지즈코上野千鶴子는 평가한다.[45] 여성은 자신의 신체를 상품으로 만들어서 팔고, 남성은 그 상품을 돈을 주고 짧은 시간 사이에서 사정하는 것이 성매매다.

성매매는 남성의 배설에만 초점을 맞추기 때문에 성 판매 여성들은 성행위 하면서 절정에 이르지 못한다. 성 판매 여성은 성적으로 자극만 자꾸 받을 뿐 긴장이 해소되지 않다 보니 골반 부위에 핏줄들이 굳어서 막히는 골반울혈증후군에 시달린다. 더구나 성 판매 여성들은 얼음같이 감정이 차가워진다. 성 판매 여성들은 돈을 노리며 아양을 떨고 몸을 허락하지만 구매자를 경멸한다. 성 판매 여성들은 자신의 상태를 분리한다. 성 판매 할 동안 자신의 감정을 이입하지 않고, 감정의 장벽을 구축해 놓은 뒤 자신의 진짜 자아를 숨긴다. 특정한 접촉과 행위는 허락하지만 진짜 자아를 지키기 위해서 어떤 특정한 감정의 교류나 심리의 경계는 넘지 못하도록 단호히 막는다.**46** 서로가 친밀하게 합일되기보다는 환멸감에 사로잡혀 쾌락과 돈을 거래하는 가운데 서로를 능멸하는 관계가 성매매다.

독일의 사회학자 마리아 미스Maria Mies와 인도의 환경운동가이자 사상가인 반다나 시바Vandana Shiva는 성에 집착하며 돈을 주고 사는 현상을 많은 남성이 자연으로부터 소외되었기 때문이라고 본다. 산업사회의 보통 남자들은 일생 동안 식물과 동물, 대지와 자연과 직접 신체를 접촉할 기회가 거의 없고 남자들은 자연을 지배하듯 자신의 육체를 통제하고 지배하려고만 들면서 제1세계* 남자들에게 주어진 유일한 자연 접촉은 성행위밖에 없다. 모든 산업사회에서 성적 집착이 심해지고 성 산업의 규모가 확장되는 것은 그만큼 자연으로부

---

* 미국과 서유럽을 중심으로 한 부유한 선진국.

터 소외당한 채 살기 때문이며, 평소에 자연과 교류하지 못한 결과라고 마리아 미스와 반다나 시바는 주장한다. 자연과 분리되어 살아가는 현대의 남자들은 힘들게 노동하다가 노동으로 번 돈으로 환락을 누리려고 하는데 만족하기는커녕 끝없이 갈증만 심해진다. 마리아 미스와 반다나 시바는 남자들이 여자들과 살아 있는 관계를 재창조하고 성관계의 결과를 비롯해 생명에 대한 책임을 지면서 욕망과 부담이 평등하게 공유되는 새로운 양성 관계를 실현해야 한다고 목청을 돋운다.**47** 마리아 미스와 반다나 시바는 여성이 남성처럼 부담 없이 욕망을 채우고 성관계를 즐기게 된다고 해서 여성 해방이 이뤄진다고 생각하지 않는다면서 서구의 성 문화 흐름에 거리를 둔다.

민주화된 성 도덕

우리는 과거로 돌아가기보다는 용기를 내어 앞으로 나아가야 하고, 게일 루빈 같은 용감한 여성을 곱씹으며 수용할 필요가 있다. 그동안 자유로워지고 싶은 여성들을 사회에서 압박하고 단죄할 때, 남성들만 그 여성들을 공격한 게 아니다. 여자들도 자신의 욕망을 적극 표현하는 여성을 혐오하며 따돌리고 업신여겼다. 흔히들 남성은 되고 여성은 안 된다는 이중 잣대가 성의 영역에서 작동한다고 생각하는데, 실제로 조사해 보면 이중 잣대의 증거는 매우 드물다. 일찍이 20세기 초중반 여론조사에서 남성은 혼전 성관계가 남녀 모두에게 허용된다고 말했으며, 여성은 남녀 모두에게 비도덕성을 지닌다고 답변했다. 어느 쪽도 이중 잣대를 보이지 않았다. 10퍼센트 미만의 사람만이 혼전 성관계가 남성에게만 허용된다고 응답했다. 미국의 심리학자 로이 바우마이스터Roy Baumeister는 이중 잣대의 증거 대부분은 남성이 여성을 억압하기 위한 술책이라기보다는 여성이 다른 여성의 성을 통제하려고 억압하기 때문에 나타난 결과라고 말한다.48 여자들은 남자들에게 성 문제가 터지면 불쾌하게 여기면서도 한편으론 그럴 수 있다고 여기지만 같은 여자가 성 문제에 연루되면 훨씬 가혹하게 삿대질한다. 성녀와 창녀에 대한 이분법은 여자들에게서 더 강력하게 작동된다. 여자들은 성적으로 자율권을 행사하는 여성을 험담하고, 상대 여성을 깎아내릴 때도 성에 관련된 뒷공론을 하는 경향이 강하며, 남자들보다 여자들이 성 판매 여성을 훨씬 더 야멸차게 경멸한다.

사회가 꽤나 바뀌었다고 하지만 구시대의 망령들은 사라지지 않고 여전히 우리의 몸과 정신에 기생하면서 새로운 상상력과 변화를 꾀하지 못한 채 구식의 성 문화를 재생산하고 있다. 그동안 성은 번식과 연결될 수밖에 없기 때문에 여성이 자신의 신체에 자율권을 갖지 않은 상태에서는 늘 불안과 위험일 수밖에 없었다. 임신이 걸려 있으므로 여자들은 아무래도 성 문제에 있어서 보수성을 더 지닐 수밖에 없다. 그래서 급진주의 여성주의자 슐라미스 파이어스톤Shulamith Firestone은 임신은 야만이라고 규정하면서 인공 생식을 통해 임신과 출산에서 해방되자고 주장했을 정도다.49

여성이 안전하게 성관계하는 일은 지금도 이뤄지지 않고 있다. 성관계할 때 매혹의 대상이었던 남성의 근육이 폭력의 무기가 될지 모른다는 두려움과 아울러 피임을 잘했다고 하더라도 혹시나 임신이 될지도 모른다는 불안, 게다가 성관계 했다는 사실이 알려질 경우 자신에게 쏟아질 비난에 여자들은 성을 향유하기 어렵다. 여성들은 성을 멀리하고 남성들의 성 문화에 눈살을 찌푸리면서 성을 즐기는 다른 여성을 흘겨보기 쉬운데, 그런다고 자신이 자유로워지고 행복해지는 건 아니다. 케이트 밀렛은 성이 내밀한 개인 영역이 아니라 정치성을 지닌 영역이고 불평등한 관계를 맺는 기본의 원형이 남성과 여성의 관계라고 분석하고는 남성 위주의 성적 관습과 성 문화가 가부장제의 핵심이라며 정치·경제 개혁을 수반하는 성혁명을 여성이 주도해야 한다고 목소리를 높였다.[50]

게일 루빈은 민주주의의 시대에 맞게 성을 민주화된 가치관으로 바라봐야 한다면서 새로운 성 도덕을 제창한다. 민주화된 성 도덕은 동성애를 하느냐, 남들이 하지 않는 상상을 실현하려고 하느냐로 징벌하지 않고 상대와 얼마나 소통하면서 상대를 배려하는가, 서로의 쾌락을 깊고 넓게 향유하기 위해 얼마나 노력하는가, 관계를 통해 얼마나 더 행복해지고 정신이 성장했는가로 판단한다.

민주적인 도덕이라면 파트너를 대하는 방식, 상호 배려 수준, 강제력 유무, 제공하는 쾌락의 양과 질로써 성행위를 평가해야 한다. 성행위가 동성애냐 이성애냐, 둘이 하느냐 집단으로 하느냐,

속옷을 벗느냐 입느냐, 상업적이냐 비상업적이냐, 비디오를 쓰느냐 안 쓰느냐 따위가 윤리적인 고려 사항이 되어서는 안 된다.[51]

게일 루빈이 성을 사유할 때가 왔다고 외친 뒤로 오랜 시간이 지나 우리도 성을 사유하기 시작했다. 사유는 자유와 행복으로 나아간다. 그리고 용기를 북돋는다. 갇힌 성에서 누리는 성으로 한 걸음 나아갈 때가 왔다. 민주화된 성 도덕을 실현하면서 자기 삶의 주인이 되어야 하는 것이다.

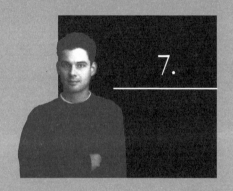

7.

재생산 본능으로
작동하는 구애

제프리 밀러
『연애』

구스타프 클림트, 「생명의 나무」(1905~1909)

구스타프 클림트는 인간의 성과 관능을 아름답고 황홀하게 표현했다. 당대에도 명성이 높았던 클림트는 든든한 후원에 힘입어서 산호, 자개를 비롯하여 여러 고급 자재를 사용한 생명의 나무를 탄생시킨다. 생명의 나무를 보면 그림의 왼쪽엔 기대 어린 시선과 함께 상대를 검증하려는 이집트 여인이 있고 오른쪽엔 남성과 여성이 포옹하면서 애정 행각을 벌이고 있다. 이처럼 인간은 연애에 대한 환상과 기대를 바탕으로 사랑을 나누게 되는데, 클림트는 그 과정에서 생명의 수많은 갈래가 뻗어 나가는 것을 형상화했다. 제프리 밀러는 인간을 구애 기계라고 정의하면서, 성 성택을 통해 생명이 진화해 왔다는 다윈의 이론을 발전시킨다.

찰스 다윈의 성 선택

과학이 발달하는 과정에서 인류의 소박한 자기애가 세 번의 모욕을 겪었다고 프로이트는 이야기한다. 그의 주장에 따르면 첫 번째 모욕은 인간의 세계가 우주의 모든 것이라고 여겼는데 지구가 우주의 아주 작은 변두리에 불과하다는 사실을 밝혀낸 니콜라우스 코페르니쿠스Nicolaus Copernicus의 지동설이다. 두 번째 모욕은 신으로부터 창조된 존재라는 신앙을 무너뜨리면서 인간이 동물계에서 유래하여 동물의 본성을 제거할 수 없음을 깨닫게 해 준 다윈의 진화론이다. 그리고 세 번째 모욕은 자신의 집 안에서조차도 주인일 수 없는 자아가 무의식중에 진행되는 과정에서 초라한 정보들만을 접하고 이에 의존한다는 정신분석학 연구다.[1]

프로이트가 어깨를 나란히 하고자 했던 찰스 다윈은 진화를 맨 처음 발견한 사람이 아니다. 오래 전부터 진화에 대한 주장은 있었고, 몽테스키외Montesquieu나 디드로Didero 등등 근대의 유명한 이들도 진화를 얘기했지만 진화가 어떻게 일어나는지 그 원리를 제대로 설명하지 못한 채 현상만 파악했다. 생물학자 장 바티스트 라마르크Jean Baptiste Lamarck가 체계를 갖춰서 진화를 설명하려고 했지만 그의 설명은 불충분해 학자들이 수용하지 않았다. 그러다 다윈이 변이의 과정과 원리를 체계화해서 설명하고 학계의 검증을 통과한다. 인간이 특정한 형질의 개체를 선별하고 집중 양육하면서 가축의 품종을 개량하듯, 자연 안에서 수많은 개체들이 경쟁하는 가운데 생존에 좀 더 유리한 개체가 살아남아 확산되고 그렇지 않은 개체는 절멸하면서 진화가 이뤄진다. 지구 환경은 유한한 곳이고 무한의 종이 있을 수 없다. 특정한 종이 많아지면 기존의 종은 사라지게 된다. 이것이 자연 선택이다.

자연 선택을 설명하는 군데군데에 찰스 다윈은 성 선택을 이야기하면서 말년의 연구 주제를 예고한다.[2] 성 선택이란 다른 개체들이 갖지 못한 이점을 지닌 개체가 이성으로부터 선택받으면서 이 선택받은 개체의 특성이 퍼져 나가는 현상을 가리키는 용어다.[3] 아무리 뛰어난 생명체라고 해도 교배하지 않으면 그 생명체의 특징은 사라지는 데 반해 이성에게 선택받은 개체의 특성은 확산되면서 종 안에서는 이전과 다른 변화가 생긴다. 자연 선택뿐 아니라 성 선택을 통해서도 변이가 일어나는 것이다.

그동안 다윈의 자연 선택은 상식이 되었지만 성 선택은 널리 알려지지 않았다. 오히려 침묵 속에서 거의 1백 년 동안 방치되었다가 1980년대에 들어서야 과학계에서 각광받게 되었는데, 과학자들이 일반 사람들처럼 성에 끌리면서도 당황스러워하고, 집착하면서도 죄책감을 느끼고, 속으론 음란한 생각을 하면서도 겉으론 수도사인 척하기 때문이라고 미국의 진화심리학자 제프리 밀러(Geoffrey Miller, 1965~)는 설명한다.4 생리학자이자 성 연구가인 킨제이가 보수층에게 공격받고, 뒷배를 봐주던 록펠러 재단이 의회 조사를 받아 지원금을 철회하는 분위기에서 성생리학을 탐구했던 매스터스와 존슨은 자신들의 연구 결과를 용납하지 않을 종교계와 압박을 가하는 정치권에 두려움을 느꼈는데, 편협한 태도로 뭉쳐 있는 학계에 대한 두려움이 특히 컸다. 두 사람의 연구 결과는 의학 전문지에서 실어 주지 않아 단행본으로 펴냈는데, 증오로 범벅된 편지가 믿을 수 없을 정도로 많이 쏟아져 1년 반 동안이나 답장을 전담할 비서 몇 사람을 따로 뽑았을 정도였다.5

인간과 성에 대한 연구는 여전히 논란거리다. 생물학자 에드워드 윌슨Edward Wilson이 1975년에 동물의 생태를 연구하는 방식을 인간에게도 적용한 사회생물학을 발표하자 그 여파가 어마어마했다. 같은 학교 같은 과 교수였던 스티븐 제이 굴드Stephen Jay Gould와 리처드 르원틴Richard Lewontin을 비롯한 여러 방면의 학자들이 사회다원주의의 회귀라면서 거칠게 반대 논조를 폈다. 다윈은 그럴 의두가 전혀 없었으나 적자생존이나 자연도태 같은 다윈의 진화론 개념을 인간 사회에

휘뚜루마뚜루 대입한 사회다윈주의가 생겨나면서 제국주의 침략과 인종주의 우생학에 악용되었다. 마찬가지로 사회생물학은 당시에 부상하던 신우파New Right에 이념의 근거를 제공한다며 진보 지식인들이 비판을 쏟아 내자 에드워드 윌슨은 자신이 학문적 인민재판을 받고 있다고 대응했다. 시작부터 격렬한 내홍을 겪은 사회생물학은 인류학, 인지과학, 행동생태학, 분자생물학과 접목해서 진화심리학으로 이름이 바뀐다.

진화심리학은 인간의 여러 가지를 설명하는데, 제프리 밀러는 그 가운데 성 선택을 집중해서 설명한다. 물론 조안 러프가든을 비롯하여 일군의 진화생물학자들은 성 선택 이론이 부정확할 뿐 아니라 부적합하며 올바르지도 않고 다양성을 억압하기 때문에 폐기될 수밖에 없다고 힘주어 이야기한다.6 조안 러프가든의 비판처럼 성 선택 이론은 여러 허점이 있지만 제프리 밀러는 공작새의 휘황찬란한 무늬처럼, 자신을 치장하면서 이성을 유혹하고 번식에 유리한 고지를 점령하도록 작동되기 위해 인간의 마음이 만들어진 것이라며 성 선택 이론을 화려하게 펼친다.

재생산이라는 본능으로 작동하는 구애 기계

마음은 생존과 번식을 위해 자연스럽게 작동되는 장치라 우리는 자신의 마음을 잘 모를 수밖에 없다고 진화심리학은 설명한다. 자신의 성질을 후대로 전하려는 생존과 번식의 욕망이 우리 삶의 밑바닥에서 늘 꿈틀댄다. 물론 인간이 유전자가 하라는 대로 움직이는 꼭두각시는 아니지만, 유전자가 배선해 놓은 열렬한 성욕을 통해 우리는 성행위를 하게 되고 결국 유전자는 퍼져 나간다. 그래서 인간은 유전자를 운반하는 생존 기계라고 리처드 도킨스는 정의한다. 우리는 일정 기간 생존하다가 번식하고 사라지지만 우리 안의 유전자는 우리를 넘어서 끝없이 이어지기 때문이다.[7] 유전자는 자신이 무엇을 하는지 알지 못하지만 '나'라는 기계를 통해 다른 생존 기계를 만들어서 미래로 나아간다.

진화론에서 핵심은 생존이 아니라 재생산, 즉 번식이다. 재생산하지 못하면 개체의 생존은 별 의미가 없다. 그래서 제프리 밀러는 인간을 생존 기계라기보다는 구애 기계라고 봐야 한다고 목청을 돋운다. 번식 없는 생존은 진화에서 사멸이므로 모든 생명체는 번식에 온통 관심을 쏟는다. 물론 자신만 재생산했다고 해서 다가 아니다. 자식이 재생산을 못하면 말짱 도루묵이다. 따라서 재생산에 성공할 수 있는 자식을 재생산하는 일이 중요하다. 짝짓기 상대의 유전자가 내 자식에게 전해지므로 인간을 비롯한 유성생식 하는 생명체는 짝짓기 기회를 엿보면서 더 나은 짝을 찾으려고 노력한다. 상대의 뛰어난 번식력을 나타내는 징표를 우리는 결코 간과하는 법이 없다.

사실 우리 종의 성 선택은 우리만큼 총명하다. 우리는 여러 구혼자들 가운데서 한 구혼자를 고를 때마다 성 선택의 행위자 역할을 수행한다. 우리 눈에 돋보이는 어떤 사람의 특징은 거의 우리 조상들의 눈에도 돋보이는 특징들이었을 것이며, 아마도 그들이 짝을 고를 때 더 좋아했던 특징들일 것이다.[8]

우리의 조상들은 자신의 모든 능력을 총동원해서 최상의 짝을 고르고자 노력했고 상대의 특성과 조건에 매우 큰 관심을 보였는데, 이런 성질은 현대인에게도 이어진다. 우리는 사랑의 영역에서 공산주의자가 아니다. 자기 유전자가 재생산될 가능성이 높은 곳에 투자하는 자본주의자로서 사랑한다. 인간은 모두를 사랑하지 않는다. 특정한 누군가에게만 마음이 열리고, 상대가 착하고 좋은 사람이란 걸 알더라도 나를 확 끄는 뭔가가 없으면 성관계 하기가 쉽지 않다. 아주 오랜 세월동안 이어져온 성 선택의 역사 속에서 축적된 정보에 기대어 상대를 판단하고 호불호가 좌우된다.

매력이 없던 인류의 조상들은 자신의 유전자를 후대에 물려주지 못했다. 우리는 성에 굉장히 관심이 많고 번식에 성공한 조상들의 후손이므로 성에 대한 지칠 줄 모르는 열정과 타고난 본능을 갖고 있다. 이성에 대한 관심과 판단은 누가 가르쳐 주지 않아도 어릴 때부터 활발하게 작동된다. 우리가 사람을 외모나 조건으로 판단하지 않으려고 의식을 갖고 노력하더라도 무의식은 저절로 판단해 버린다. 인간 문명이 내면의 중요성을 강조함에도 육체의 매력이 굉장히 중요한 역할을 한다는 건 부인하기 힘들다. 인간은 자신과 타인의 외양에 열렬한 관심을 갖는다. 인간의 몸은 이성에게 다가가는 교두보이자 타자의 욕망이 반영되는 찰흙판이다.

나는 나의 유전자를 드러내는 걸어 다니는 광고판이다

인간은 상대의 특징을 읽어 내는 데 선수들이다. 외모뿐만 아니라 몸짓과 말투, 옷차림이나 몸매 등을 통해 상대가 어떤지 가늠한다. 제프리 밀러는 백만 년 동안의 성 선택이라는 시장조사를 통해 우리의 마음이 진화했다면서 우리는 우리 유전자를 위해 걸어 다니고 말하는 광고판이라고 이야기한다.9 왜 타인에게 잘 보이려고 노력하느냐면 남들의 판단이 내가 얼마나 적응도가 우수한지를 드러내기 때문이다. 적응도란 한 개체의 번식 성공도를 나타내는 생물학 용어로써 평생 낳은 자식 가운데 살아남은 자손의 숫자로 측정된다. 적응도를 통해 유전자가 후대로 얼마나 잘 물려지는지를 가늠할 수 있다.

좋은 조건은 번식 성공도를 높이는 지표로, 인간 사회에서는 적응도로 기능한다. 우리 조상들은 한눈에 파악이 가능한 상대의 조건을 보고 평가했고, 그들의 후손인 우리도 상대의 조건을 따지면서 자신의 조건을 개선시키려고 노력한다. 우리가 외모라는 조건뿐 아니라 자신의 경력을 관리하면서 자기계발 하는 것은 그만큼 자본주의사회에서 생존하기 위한 몸부림이지만 연애 시장에서 높게 평가받고 성 선택을 잘 받기 위한 안간힘이기도 하다. 우리는 다음(266쪽) 목록에 열거된 내용을 상대방이 갖추고 있길 원하고, 스스로도 갖추고자 노력한다.

적응도 지표 이론에 따르면, 인간의 구애는 대개 짝 후보들에게 자신의 신체 적응도와 마음의 적응도를 선전하는 행위다. 보통 신체 적응도는 체형, 얼굴 특징, 피부 상태, 에너지, 운동신경, 싸움 능력, 춤 실력을 통해 드러나고, 마음의 적응도는 독창적인 이야기 솜씨, 문제 해결 능력, 사교성, 유머 감각, 감동을 주는 착한 마음씨, 폭넓은 어휘력 등을 통해 드러난다.[10]

프랑스의 사회학자 피에르 부르디외Pierre Bordieu는 취향이나 문화생활뿐 아니라 우리의 태도마저 철저하게 계급에 따라 결정된다는 걸 보여 줬다. 우연히 자신의 관심사와 적성에 따라 선택된 것처럼 여겨지지만 몸가짐의 차이는 말할 것도 없고 턱수염이나 구레나룻부터 심지어 사소한 장신구나 옷차림마저 자신이 어떤 교육을 받았고 어떤 위치에 있는 사람인지를 드러내는 기호로 작용한다.[11] 사람은 보다 상층의 지위에 오르고자 하는 의지가 있고, 상층에 있는 사람은 보다 더 우월한 사람일 확률이 높다는 암묵의 가정 아래 인간은 짝짓기 상대를 고를 때 상층 계급 구성원들이 지닌 특유의 태도나 말투에 더 후한 점수를 준다. 물론 사회 계급이 높다고 해서 적응도가 더 좋다는 걸 보장해 주지는 않는다.

사람들은 계급이나 지위뿐 아니라 개인의 타고난 특성에도 큰 관심을 보인다. 짝을 찾는 독신 남녀들은 하나같이 뛰어난 유머 감각을 상대에게 요구하고 자신이 얼마나 재미있는 사람인지 선전한다. 재치가 자기 정신 상태의 창의성, 사람 관계와 상황을 파악하고 통찰하는 건강함을 드러내기 때문이다. 재치는 창의성과 연관되어 있고, 창의성은 지능과 활력, 젊음, 프로테우스주의의 믿을 수 있는 지표다. 그래서 재치는 진화했다.[12] 프로테우스주의란 자유자재로 변신할 수 있었던 프로테우스proteus라는 그리스의 신 이름에서 파생된 개념으로, 끊임없이 새로움에 이끌리고 신선한 변화를 시도하는 마음 상태다. 다윈은 유머를 '마음의 간질임'이라고 표현했다.[13] 빗장을 걸고 철통같이 방어하더라도 상대가 선사하는 반짝이는 재치는 내 마음을 간지럽히면서 온통 얼어붙었던 강물이 봄 햇살에 녹아내리듯 사르르 풀어진다.

선택권은 암컷에게 있다

성 선택 이론이 과학자들 사이에서 그다지 관심을 끌지 못한 것은 성 선택의 주체가 대개 암컷이기 때문이기도 했다. 과학자 집단은 다른 전문가 집단이 그러했듯 주로 남성이었는데, 암컷이 성 선택의 주도권을 갖고 있다는 사실이 탐탁하지 않았던 것이다.

수컷이 아닌 암컷이 성 선택을 주도하는 이유를 설명하는 과정에서 진화생물학자 로버트 트리버스Robert Trivers의 투자 이론이 등장한다. 이미 한정된 난자를 가지고 태어난 여성과 정자를 하루에도 억대로 만드는 남성은 성을 대하는 태도가 다를 수밖에 없고, 수정할 때 소요되는 정자와 난자의 가치가 다르기 때문에 암컷은 수컷보다 짝짓기에 훨씬 까다로울 수밖에 없다는 것이 로버트 트리버스의 이론이다. 더구나 조류나 어류와 달리 포유류는 임신이 여성의 몸에서 벌어지고 수유와 양육이 일정 기간 암컷의 몫이므로 암컷은 수컷보다 짝짓기에 신중하지 않을 수 없다. 암수의 육아 투자 총량이 다르기 때문에 성차가 발생한다.[14]

적극 들이대는 수컷들과 적극 검증하려는 암컷들로 짝짓기 시장이 구성되다 보니 암컷이 수컷을 간택하는 구도가 된다. 남성을 감식하고자 모든 정보와 지식을 총가동하는 여성은 남성을 지켜보고 다른 여자들이 판단하는 정보를 수집하면서 이 남자와 성애를 나눠도 괜찮을지 계산한다. 남성도 여성을 구분 짓고 판단하지만 우선 다양성을 추구한다. 난자는 얻기 힘들기에 수컷은 암컷의 양에 집착하고, 정자는 차고 넘치기에 암컷은 수컷의 질로 판단한다. 암컷은 더 나은 수컷과 관계할 수 있는 상황에서 성교가 끝나면 나 몰라라 하는 수컷과 관계할 경우 자신과 자식의 생존이 위태롭게 된다. 그렇기에 남성이 보다 덜 차별하면서 여성에게 흥분한다면, 여성은 더 차별화해서 남성에게 반응하게 된다.

> 매력과 적응도가 떨어지는 수컷이 암컷에게 구애를 할 때는 수컷은 교미를 통해 남는 장사(최소의 비용으로 자손을 얻음)를 하게 되지만, 암컷은 그렇지 않다. 암컷은 더 나은 수컷과 짝짓기를 하여 더 나은 자손을 생산할 수 있는 상황에서 밑지는 조건에 독점거래를 당하여 열등한 자손을 생산하고 마는 것이다. 따라서 암컷

강한 수컷은 환영하지만 약하고 평범한 수컷에게는 쌀쌀맞게 퇴
짜 놓는 짝짓기 시장의 원리에 따라 수컷은 때론 협력하면서 공존을
도모하지만 때론 아주 치열하게 경쟁을 벌인다. 어릴 때부터 남자들
은 운동과 싸움에 무지무지하게 집착하면서 무시무시하게 열광한다.
남자들 사이의 숱한 경쟁을 통해 높은 서열을 차지한 남성은 여성의
감식안을 통과해 인기를 얻는다. 미국 고등학교 운동부의 주장이 인
기가 많은 여학생을 만나듯, 한 종 안에서 더 건강하고 더 힘센 동물
이 더 잘 생존하고 더 잘 번식하고 더 많은 상대를 유혹한다.**16**

한여름 밤에 해변을 가면 어떻게든 성행위 하고픈 수많은 남자
가 여자들에게 다가가 접촉을 시도하고는 어김없이 술을 마신다. 하
룻밤 성관계에 따른 기회비용을 살펴면 여성은 임신의 불안과 성병의
위험성에 사회 평판의 저하까지 발생해 매우 큰 데 반해, 남성은 애인
이나 배우자에게 걸리거나 성병에 걸릴 위험 정도라 하룻밤 관계엔
남성이 보다 적극성과 저돌성을 보인다. 그런데 남자들도 애인이나 배
우자 선택 같은 중장기 관계에선 여성을 깐깐하고 꼼꼼하게 따져서
고른다.**17** 한 여성과 지속적인 짝짓기를 맺는 동안에는 다른 여성과
두루두루 내밀한 관계를 맺기 어렵기 때문이다.

남자의 허세

유전자를 조사하니 인류의 조상 가운데 여성은 80퍼센트가 유전자를 남긴데 반해 남성의 경우 40퍼센트만이 유전자를 물려주었다. 소수의 남자들이 자신의 유전자를 더 많이, 널리 퍼뜨렸다는 뜻이면서 동시에 많은 남성의 유전자가 끊겼다는 얘기다. 가만히 있어서 가마니 취급받다가 사라졌던 조상들이 아니라 어떻게든 여성의 환심을 사려고 안달했던 남성의 후손인지라 현대의 남자들에겐 물불가리지 않고 자기 능력을 과시하려는 마음가짐이 장착되어 있다.

존재감을 드러내고 짝짓기의 가능성을 높여야 했던 수컷의 불안은 남성의 대화 내용이나 행동에 고스란히 반영되어 있다. 남자들은 자신의 과거 업적을 부풀리고, 인간관계의 폭과 질에 대해 자랑하려는 동기가 강하다. 특히 여성이 동석한 경우에 남자들은 문화, 정치, 학술 같은 주제에 대해 이전보다 훨씬 강하게 경쟁심을 드러내면서 열 올리는 경향을 보인다.[18] 남자들이 얼마나 배웠고 언어를 어떻게 쓰는지 여성은 재빠르게 읽어 내어 무의식중에 판단하는 터라 남자들은 자신도 모르게 언어 사용에 굉장히 고심하면서 언어 능력을 과시하려 한다. 남자들은 여자에게 전화 걸기에 앞서서 할 말을 준비하고, 연애편지를 썼다 지웠다 반복하면서 단어와 문장을 신중히 선택하며, 술집에서 마주친 여자에게도 나름 신경 써서 수작을 건다. 구애의 모든 단계에서 남자들의 언어 과시가 일어난다. 여자들은 남자들보다 언어 유창성이 약간이나마 더 뛰어나다.[19] 그리고 뛰어난 언어 유창성으로 남자들의 언어 능력을 판단한다.

> 우리 조상들에게 대화는 상대의 생각과 감정, 과거의 경험과 미
> 래의 계획을 들여다볼 수 있는 특별한 창이었다. 한 번의 특정한
> 구애 대화는 사소해 보일지 모르지만, 그러한 대화가 수천 세대
> 동안 수백만 번 축적된 효과를 생각해 보라. 시간이 갈수록 성
> 선택에 의해 더 나은 대화 능력, 더 흥미로운 생각, 더 매력적인
> 느낌이 환영받음으로써 이런 능력들에 관여하는 유전자는 널리
> 퍼져나갈 것이다.[20]

자기 남자친구가 답답하리만큼 과묵하다며 줄기차게 불평하는
수많은 여성을 보면서 우리는 두 가지를 알 수 있다. 여자들이 한결같
이 뜨거운 언어 구애를 받고 싶어 한다는 사실과 구애 노력의 비용이
생각보다 높기 때문에 남자들은 성관계를 시작하거나 재개하기 위해
필요한 순간에만 달착지근하고 번지르르한 언어를 하도록 진화했다
는 사실 말이다.[21] 처음에는 그렇게 자상하게 말 걸며 관심을 하염없
이 보내던 남자들이 어느새 연락이 뜸해지고 만나도 시큰둥한 태도
를 보이면서 생겨나는 여자들의 불만은 세계 공통이다.

잡은 물고기에게는 먹이를 안 준다는 속담처럼, 남자들은 자기
여자라고 확신이 들면 투자를 줄이기 시작하지만 아직 깊은 관계가
아닌 여자에게 낭비도 불사한다. 낭비는 생존에 해롭지만 낭비야말로
적응도가 얼마나 높은지 드러내는 믿을 수 있는 방법이다. 젊은 남자

가 비록 반지하 월세에 살더라도 외제차를 빌려서 타고 다니는 건 이만큼 낭비할 정도로 자신이 괜찮은 수컷이라는 신호를 여성에게 보내기 위함이다. 허세 부리는 수컷의 행동을 설명하기 위해 이스라엘의 동물생태학자 아모츠 자하비Amotz Zahavi는 부담 감수 이론을 내놓는다. 수컷들을 관찰해 보면 생존에 도움이 되기는커녕 오히려 해롭기까지 한 행위를 하거나 신체의 특징을 갖고 있는데, 그건 불리하게 작용하는 조건을 감수할 정도로 자기 적응도가 뛰어나다는 걸 암컷에게 광고하기 위함이다.[22] 예를 들면, 남성호르몬인 테스토스테론과 건강은 반비례하는 경향이 있다. 테스토스테론이 높아지면 목소리가 굵어지고 근육량이 늘어나며 얼굴의 윤곽이 더욱 남자다워지지만 면역력은 떨어진다. 여자들에게 선택받기 위해서 남자들은 근육을 키우면서 약간의 건강을 희생하는 것이다. 울퉁불퉁한 알통을 자주 사용하는 시대는 아니지만 적응도가 뛰어나다는 신호로 기능해 왔기에 과거부터 지금까지 여자들은 근육을 선호했고 남자들은 근육을 키우려고 비지땀을 흘린다. 근육량과 함께 남성호르몬이 강해지면 면역계가 약화되고 건강이 조금 안 좋아지지만 근육은 여성들을 매혹하고 남자들 사이의 경쟁에서 우위를 점하는 데 무기로 사용된다.

아모츠 자하비의 논의는 미국의 경제학자 소스타인 베블런Thorstein Veblen의 '과시 소비' 논의와 통한다. 소스타인 베블런은 현대자본주의의 허영과 과시 소비 풍조가 선사 시대 남자들이 자신의 여유와 용맹함을 뽐내던 풍속으로부터 이어진다는 통찰을 일찍이 발표했다. 현대인들은 딱히 필요하지 않은 걸 아주 비싼 가격으로 소비하는데, 그런 과시 소비를 통해 나의 계급이 너의 계급과 다르다는 걸 드러낸다.[23] 프랑스의 사회학자 장 보드리야르Jean Baudrillard도 물질이 넘쳐나서 평등하게 풍요를 누리는 것처럼 보이는 현대지만 모두가 모든 것을 쓰게 된다면 소비는 더 이상의 의미가 없어진다고 지적한다. 사회의 특권 계급은 끊임없이 새로운 소비를 만들어 내고, 사회의 계급은 특정한 상품을 소비할 수 있느냐 없느냐로 나눠지면서 재생산된다. 허풍을 부리며 과소비를 해야만 자신이 더 뛰어난 존재임을 알릴 수 있는 시대다. 쓸데도 별로 없는 비싼 상품을 소비하지 않으면 못나고 뒤처진 사람으로 취급되기 때문에 대다수 사람은 부유층의 소비를 흉내 내면서 유행에 뒤처지지 않으려 용쓰지만 하릴없이 박탈감과 빈곤함에 시달리게 된다.[24]

　　남자들이 과시 소비를 하고 자신을 부풀려 포장하는 것은 여성에게 선택받으려는 술책이다. 연애의 선택권은 보통 초반에 여자들이 갖고 있는데, 여성은 자신의 위치와 계급을 민감하게 인식하면서 상층으로 올라가려는 앙혼*의 욕망이 강하다. 따라서 남성은 자신이 가진 것보다 더 많은 것을 보여 주면서 허세를 부리는 전략을 쓴다. 이 정도 소비해도 끄떡하지 않는다는 걸 여자들에게 광고하는 셈이다. 밀러는 여자들에게 가장 쓸모없고, 남자들에게는 지갑 터는 주범

---

* 자기보다 신분이나 지위가 높은 사람과 하는 혼인.

인 선물들이 되레 낭만을 불러일으킨다고 말한다.[25] 낭만은 낭비를 통해 이뤄진다. 실제론 생존 이익이 없는 사치품을 제공하는 남자에게 여성은 매혹되기 쉽다. 사치품은 남자가 자신을 정말로 사랑한다는 신호로 기능하고, 남자를 대단한 능력이 있는 존재로 꾸며 준다.

문화 예술을 창조하고 열망하는 본능

인류사에서 번식을 두고 투자하는 양과 짊어져야 할 몫에 성차가 발생했고, 여성은 어떻게든 거의 번식에 성공하는 데 반해 남성은 일부일처제가 정착되기 전까지 모 아니면 도였다. 그래서 짝짓기 상황에서 마치 광고주처럼 자신이 원하는 요구 사항을 차분하게 제시하며 성에 관심이 없는 것처럼 내숭을 떠는 여성에 비해 남성은 자신을 부각시키고자 허세를 부리는 쪽으로 성별 양태가 다르게 나타났는데, 그 결과 남자들이 문화 전반을 주도하는 흐름이 나타난다.

제프리 밀러에 따르면 대부분의 문화는 구애 행위다. 대중가요의 노랫말을 보면 하나같이 사랑 타령인 것도 이 때문이다. 남자들은 문화 예술로 자신의 존재를 부각시키려고 한다. 여성은 재생산할 확률이 높기에 보다 안정을 중시하면서 타고난 재능이 있더라도 실현해야 할 동기가 살짝 약하다면, 남자들은 재생산할 확률을 높이기 위해서 자신의 재능을 어떻게든 쥐어짜내면서 다른 남자들을 물리치고 최고의 위치에 올라서려는 동기가 좀 더 강하다.

인간의 문화가 남성 지배적으로 된 이유는 대부분의 문화가 구애 행위고, 수컷들이 암컷들보다 구애 시도를 훨씬 더 많이 하기 때문이다. 실제로 남성이 더 많은 그림을 그리고, 더 많은 재즈 앨범을 녹음하고, 더 많은 책을 쓰고, 더 많은 살인을 저지르고, 기네스북에 오르기 위한 해괴한 짓거리도 더 많이 한다. 인구사회학적 정보는 그러한 행위들이 남녀 사이에 차이가 있을 뿐 아니라, 성 경쟁과 구애 시도가 격렬한 20대에 치우쳐 있다는 사실을 보여 준다.[26]

우수 어린 표정으로 진지하게 시를 쓰거나 열정으로 노래하거나 거칠게 다른 남자들과 싸우며 거리를 배회하는 남자들은 스스로 의식하지 못할지라도 그 밑바닥엔 여성에게 인기를 끌고 싶어서 노력했던 조상 수컷들의 욕망이 숨어 있다. 프랑스의 곡예사 필리페 프티Philippe Petit는 104층이나 되는 세계무역본부 쌍둥이 건물에 줄을 연결한 뒤 45분이나 하늘을 걸었는데, 영화 〈맨 온 와이어〉를 보면 그는 경찰에서 풀려나자마자 감동해서 찾아온 처음 보는 여자와 물침대로 간다. 남성은 여러 성취를 통해 자신이 다른 남자들보다 우수하다는 걸 전시하고 광고한다. 여성은 남성의 업적과 경제력을 중요하게 평가하고, 거기에 매혹된다. 여성은 문화 예술 교양과 상층 남성을 선망한다.

남성이 예술가가 되거나 예술가까지는 아니더라도 예술에 대한 교양을 갖췄다는 건 단순히 먹고 사는 수준을 넘어서 꽤나 적응도가 높다는 걸 방증한다. 흔히 예술을 우월하고 고상하고 훌륭하고 높은 성취로서 평가하는 까닭은 예술 자체가 빼어나기 때문이기도 하겠지만 그보다는 예술의 영역이 일상에서 동떨어진 채 전문화되었기 때문이다. 현대의 문화 예술은 자신의 집안 환경과 지체 높음을 보여 주는 상징이 되었고, 지위를 높이는 수단이자 이성을 유혹하는 데 중요한 도구가 된다.

문화 예술의 욕망에 대한 재조명이 이뤄지면서 에이브러햄 매슬로의 자기실현 이론이 타격을 받는다. 매슬로는 생존과 안정 같은 기초 욕구들이 충족되는 바탕 속에서 애정과 존경 더 나아가 자기실현의 욕구가 좀 더 수월하게 출현한다면서 욕구의 종류와 실현 과정을 구분 지었다. 기본 욕구가 채워지지 않는다고 고차원의 욕구가 생겨나지 못하는 건 아니지만 기본 욕구라는 선행 조건이 반드시 갖춰져야 자기실현 욕구가 이뤄진다고 매슬로는 힘주어 얘기했는데,[27] 제프리 밀러는 매슬로의 연구 내용이 심각하게 시대에 뒤떨어졌다고 평가한다.[28] 매슬로는 욕구의 유형을 결핍 욕구와 성장 욕구라는 두 가지 범주로 구분 지어 놓았는데, 제프리 밀러에 따르면 매슬로의 욕구 위계는 인간이 가장 중요하게 맞닥뜨리는 생존과 번식의 문제로 환원된다. 기본 욕구 다음에 고차원의 욕구가 생겨나는 것이 아니라 두 가지 욕구 모두 생존과 번식에 기여하고, 번식을 위해서라면 기본 욕구마저 희생할 수 있는 것이다. 제프리 밀러는 타인들과 친밀하게 지내고 존중을 주고받으며 자아실현하려는 고차원의 욕구도 번식 이익으로 귀결될 수 있다면서 인간은 남녀 모두 더 우수한 짝, 친구, 동료를 차지하기 위해 경쟁하도록 진화했으며, 그 결과 지금과 같은 욕구를 지니게 되었다고 설명한다. 예술가로서 자기실현에 집중하는 사람이라도 이성에게 애정을 얻으려는 욕구가 없을 수 없고, 어쩌면 사랑을 얻으려는 우회전술로써 문화 예술에 투신하는지도 모른다.

물론 문화 예술 전부가 이성에게 잘 보이려는 욕구에서 파생됐다고 단정 지을 순 없다. 선사 시대부터 인류는 예술을 발달시켰는데, 예술의 주된 이유는 그때나 지금이나, 만드는 사람과 감상하는 사람 모두에게 몰입의 원천이었기 때문이라고 헝가리 출신의 심리학자 미하이 칙센트미하이[Mihaly Csikszentmihalyi]는 이야기한다. 문화 활동들은 즐거움을 선사하기 때문에 오늘날까지 이어지고 새롭게 창조되고 있다.[29]

그런데 왜 문화 예술에 몰입할 때 쾌락을 느끼는지 진화심리학자는 질문을 던지고 그에 대한 답을 찾아낸다. 저술가 니콜러스 웨이드[Nicholas Wade]는 인류의 젊은이들이 음악과 춤을 비롯하여 문화에 관심이 높고 즐기게 된 데에는 성 선택이 분명하게 작용했을 거라면서 제프리 밀러의 의견에 동조한다. 하지만 니콜러스 웨이드는 제한을 둔다. 성 선택에 따른 특징은 사슴의 뿔이나 사자의 갈기나 고릴라의 몸집처럼 암수의 구별을 확실하게 만드는 성적 이형[二形, dimorphic]을 띤다, 그런데 남자들이 문화 예술 분야에서 더 많은 생산을 한다고 하더라도 음악이나 예술의 이해 능력은 성적 이형이 아니다. 니콜러스 웨이드는 사람들을 한데 모아 주고, 기분을 고양시켜 주는 음악의 사회성을 지적하면서 수렵 채집 사회부터 집단성을 유지시켜 주는 데 음악이 기여했으리라고 판단한다.[30] 음악이 집단성에 이바지하기에 집단을 이루는 모든 구성원들에게 음악 재능은 우러름을 받는다. 집단성의 매개가 되는 종교에서 음악을 꼭 사용하는 것도 니콜러스 웨이드의 논의를 지지하는 증거가 된다. 모닥불을 피워 놓고 노래를 부르고 악기를 연주하면서 무아지경에 빠져 춤을 추던 원시 부족들의 행태가 현대에도 이어지는 것이다.

이제는 최첨단 기술을 이용한 음악을 통해 공동체가 되는 느낌을 만끽한다.[31] 술을 비롯한 여러 화학물질의 작용과 음악의 도취를 통해 자의식에서 벗어나 집단 속으로 녹아들고 싶은 열망은 무도회장의 인기를 계속 보장할 것이다. 춤을 정말 좋아한다면 집에서 음악을 틀어 놓고 맘껏 춰도 되지만, 우린 꼭 사람들 틈바구니로 몸을 비집고 들어간다. 이성과의 접촉도 색다른 매력이지만 그와 더불어 무리를 이루었을 때의 희열과 흥분을 무도회장은 선사한다. 흥분의 도가니 속에서 타인과 어우러지면서 육체의 자극과 진동만이 가득한 집단이 되어 '나'라는 의식이 사라질 때 우리는 일상에서 느낄 수 없는 황홀함을 얻는다.

남자는 왜 성기에 집착하는가

남자들은 타인의 성기에 몹쓸 관심을 몹시 보인다. 눈을 흘깃 움직여 상대의 크기를 보려는 습성 때문에 남자 화장실에서는 서로 가장 먼 거리에서 볼 일을 보는 것이 불문율이다. 성기가 곧 자신은 아니건만 성기는 남자의 정체성에 매우 중요한 알짬으로 작용한다. 화장실 벽에 다닥다닥 붙어 있는 광고들은 남자들의 취약점이자 본질을 꿰뚫어 보고 남자들의 지갑을 공략한다. 성기 크기에 대한 집착은 굉장히 보편화된 현상으로, 남성은 타인의 성기가 자신의 것보다 크면 부러움과 아울러 공포심을 느끼고, 성기 크기에 대한 열등감은 폭력으로 분출되곤 한다.

　미국 사회의 흑인 차별에도 백인들의 뿌리 깊은 성기 공포증이 도사리고 있다. 흑인 남성의 성기가 큰 것을 백인 남성이 부러워함과 동시에 공포를 느낀다는 것을 보여 주는 예로 현대 영화의 시작으로 평가받는 〈국가의 탄생〉을 들 수 있다. 이 영화에는 백인 처녀의 순결을 빼앗으려는 흑인 남자들을 모두 고자로 만들어 버리겠다는 고약한 의도와 잔혹한 편견이 실려 있다. 그동안 서구 백인들은 흑인과 성을 연관 지어 놓은 상징과 믿음을 만들고 유포한 뒤 흑인들을 성적인 존재이자 동물 같다고 낙인찍어 왔다. '동물 같은' 흑인들은 '동물인' 백인들에게 끊임없이 구타당하고 줄기차게 고문당하고 빈번하게 살해됐다. 1923년에 일어난 로즈우드 사건을 보면, 흑인 남자가 백인 여자를 강간했다는 소문이 퍼지자 백인 남자들이 광분하면서 흑인들을 죽이고 신체를 절단하고 건물에 불을 질러 마을을 송두리째 파괴한다. 1930년에는 백인 여성을 강간했다고 오해를 산 두 흑인 청년을 잡아다가 족친 후 나무에 목매달자 그 앞으로 백인 구경꾼들이 즐거위하며 몰려들어 사진을 찍었는데, 이 사진은 한 장에 50센트의 가격으로 수만 장이 팔렸다. 1934년에는 한 흑인이 고용주의 딸을 강간 살해했다는 혐의를 받고 백인 자경단원들에게 잡혀 화형당했는데, 자경단원들은 그의 음경과 고환을 자르고는 그가 그것을 먹게 한 뒤 맛있다고 말하도록 시켰다고 자랑스럽게 진술했다.**32** 2006년에 영국 사서들이 죽기 전에 꼭 한 번 읽어야 할 책 1위로 뽑은『앵무새 죽이기』는 미국의 소설가 하퍼 리Harper Lee가 어린 시절에 겪은 사건을 바탕으로 쓴 소설로, 역시나 흑인 남자가 백인 여자를 강간했다는 오해와 그에 따른 폭력 사태를 다룬다.

미국만의 얘기가 아니다. 많은 남성이 성기 크기와 길이에 대해 열등감을 갖고 있다. 다른 영장류에 비해서 훨씬 길고 굵으며 탄력까지 갖춘 음경을 갖고 있지만 여전히 전전긍긍하는 남자들의 모습은 여성에게 선택받지 못했던 지난 역사를 반영한다. 남성의 몸은 성 선택의 생생한 증거다.**33** 남성의 성기가 지금의 형태가 된 건 우리 할머니 조상들이 온몸 운동을 좋아했기 때문이다. 남자의 성기 크기가 성관계할 때 전부는 아니지만 적당히 큰 성기는 여성을 더 자극하고 흥분시킨다. 제프리 밀러는 발기했을 때 길이가 7.6센티미터가 안 되고 굵기가 1.3센티미터가 안 되는 음경에 만족할 현대 여성은 거의 없을 거라고 확신한다.**34** 남자의 성기는 그저 여성의 몸 안에 들어가 정액을 분사하기 위한 주사기가 아니다.

우리 할머니 조상들은 음경을 시각적 장식으로서 뻔뻔하게 요구하면서 좋아한 것이 아니라 그것이 제공하는 성교의 기쁨을 통해 간접적으로 좋아했고, 음경은 점점 더 큰 기쁨을 주는 쪽으로 발달했다. 아마도 우리 조상들은 지능과 창의성을 대놓고 따지면서 좋아한 것이 아니라 누군가와 함께 있을 때 느끼는 즐거움을 통해 그것을 간접적으로 좋아했을 것이다. 만일 음경이 여성선택을 거치며 성교를 할 때의 자극기로서 진화했다면, 이것은단지 누군가의 몸 안으로 들어가기 위한 신체 기관이 아니라 타인의 쾌락시스템 안에 도달하도록 고안된 심리적 기관으로 보아야 한다.[35]

남자의 음경은 질의 크기에 따라 연동되어 진화했다. 질의 크기는 출산 때 질을 통과해야 하는 유아의 머리 지름에 의해 결정되어 왔는데, 평균 뇌 용량이 500세제곱센티미터(㎤)였던 오스트랄로피테쿠스에 비해 호모 사피엔스의 평균 뇌 용량은 1,500세제곱센티미터에 이른다. 뇌가 시냅스로 확대돼 머리가 커지자 질의 크기도 확장되면서 신축성을 지니게 되었을 것이고, 여성 질의 변화는 더 크고 더 탄력 있는 음경으로 진화시키는 압력이 되었을 것이다.[36]

물론 성기가 크고 굵다고 해서 성관계가 잘 이뤄지는 것은 아니다. 남성은 애무할 때 섬세한 감수성도 갖춰야 할 뿐 아니라 성관계를 오래 지속하는 체력도 중요하다. 성행위 과정 자체가 구애의 일종이다. 이를 교미 구애라고 한다. 성관계의 시간과 강도는 암컷 선택의 힘이 얼마나 강력한지를 알아볼 수 있는 단서다.[37] 만약 단순히 정자와 난자의 결합이 목표라면 단 한 번 성기를 밀어 넣고 재빠르게 사출하여 짝짓기를 끝내는 것이 낫다. 하지만 성행위는 여성의 마음을 더 얻어 내려는 구애 과정이므로 남성은 성교하는 시간을 어떻게든 더 늘리고자 안간힘을 쓰고 상대를 만족시키기 위해 체위와 애무 기술을 익히려고 노력한다. 성행위의 다양함과 지속 시간을 볼 때, 인간에겐 성 선택의 힘이 강력했음을 알 수 있다.

인간의 사촌인 영장류들은 발기를 돕는 음경골을 갖고 있지만 인간의 음경엔 뼈가 없다. 리처드 도킨스는 음경골이 없어진 이유를 생각하면서 수컷의 건강을 가늠하는 증거로 암컷들이 발기 여부로 건강을 가늠했다는 가설을 슬그머니 내놓는다. 뼈가 있으면 음경이 손쉽게 딱딱해지므로 다른 수컷과 차이를 가늠하기가 쉽지 않은데 뼈가 없이 성기의 크기와 길이를 확장시키면서 그 강직도를 유지할 수 있다면 자신의 뛰어난 자질을 과시하는 셈이다. 암컷은 음경골이 없는 수컷을 고르고, 이런 성 선택이 오랜 시간을 거치면서 인간은 음경골을 없앴다는 추측이다. 침팬지는 음경골이 작아지는 진화를 겪는 중인 듯하다.[38]

다른 포유류와 달리 뼈 없이 발기해야 하는 남자들은 때때로 발기가 안 되어 당황하게 된다. 혹자는 여자의 질에 이가 달려 있다는 상상 속에서 음경이 잘릴까 두려워 발기 불능에 빠진다고 주장하는데, 남자들이 실제 치아가 달린 여자의 입 속에 성기를 넣는 구강성교를 엄청 좋아하는 걸 보면 근거가 없어 보인다고 영국의 정신분석가

대리언 리더Darian Leader는 이야기한다. 대리언 리더는 발기 불능인 남자들은 그와 성행위하는 여자가 이미 다른 많은 남자와 동침했을 거라는 환상을 가진 경우가 많다고 지적한다. 또한 발기 불능인 남자는 실제로 여성과 성관계하는 것이 아니라 여성을 매개로 다른 남성의 남근과 대면하는 것에 대한 두려움이 문제라고 분석하면서 여자가 옛 애인의 잠자리 실력을 언급하는 것만으로도 남자는 십중팔구 발기 불능이 되리라는 예측도 내놓는다.[39] 영화 〈사생결단〉에서 황정민이 연기하는 형사는 살해당한 선배의 부인과 내연 관계가 되는데, 성관계 도중 선배 부부가 함께 찍은 사진을 보는 순간 발기가 사그라진다.

남자들도 밤이 무섭다. 성은 무거운 부담이자 헤아릴 수 없는 심연이다. 남자들이 성기의 크기와 능력에 무한히 집착하는 까닭도 여자의 만족이 남성 정체성에 직결된다고 느끼기 때문이기도 하거니와 성기가 뜻대로 되지 않는 요물이기 때문이다. 젊은 시절에는 아무 때나 자기 멋대로 빳빳하게 곧추 서던 성기가 나이가 들수록 필요한 상황에서 일어날 낌새를 보이지 않거나 발기하더라도 흐물흐물해 울화통을 유발하고 자존심을 하락시킨다. 성기에 대한 남자들의 지나친 염려와 광기 어린 집착은 의식의 차원에서 이뤄지는 일이 아니라 오랜 세월 동안 이어진 성 선택 원리에 따라 무의식에 각인된 본능이다.

모래시계형 몸매를 만든 남녀 사이의 전투

남성의 몸이 진화와 성 선택의 결과이듯 여성의 몸도 마찬가지다. 크고 탱탱한 가슴은 젊음과 번식력의 지표로, 남자들에게 격한 관심과 맹렬한 흥분을 불러일으킨다. 젊을 때가 더 번식력이 뛰어나고 기형아 출산율이 낮으며 육아를 도와줄 어머니나 자매가 생존해 있을 확률도 높으므로 여성은 인생 후반기보다는 젊을 때 아이를 낳고 기르는 일이 더 유리하다. 그래서 처지기 쉬운 큰 유방, 주름지기 쉬운 탱탱한 피부, 튼살이 생기기 쉬운 큰 엉덩이 같은 젊음의 지표들을 진화시키는 건 여성의 이해관계에 부합한다고 제프리 밀러는 설명한다.[40] 여성은 젊음의 지표를 통해 자신을 뽐내면서 여성들 사이의 경쟁에서 우위를 차지하고 더 나은 남성을 얻으려 한다.

유방암에 걸린 여성이 한쪽 유방을 절제할 때 심리 타격을 받는 까닭도 유방의 대칭성이 매우 중요한 적응도였던 것과 무관치 않다. 탄탄하게 볼록한 유방은 단지 젊음을 드러낼 뿐 아니라 양쪽의 대칭성을 통해 적응도를 과시하는 용도로 진화했다. 젖가슴은 여성성의 상징이자 정체성 형성에 중요하므로 여성은 자신의 가슴에 어떤 감정을 느끼느냐에 따라 삶의 만족감이 꽤 달라진다. 확대든 축소든 유방 수술이 가장 큰 만족을 준 성형이라는 조사도 있다.[41]

사춘기를 맞아 여성의 신체는 에스트로겐을 분비하면서 여성스러운 이차성징의 외관을 갖게 되고, 가슴과 엉덩이에 지노이드 지방

gynoid fat을 모은다. 지노이드 지방은 임신 가능성, 출산 성공 가능성, 자녀의 상태 등을 비롯해 여성의 생식 능력과 깊은 상관관계를 보인다. 지노이드 지방이 많이 모여 있는 큰 가슴과 큰 엉덩이를 지닌 여성이 아이를 더 잘 낳을 가능성이 크다.[42] 여성의 유방은 여성의 영양 상태를 반영한다. 살을 빼기 위해서 섭취하는 음식을 줄이면 가장 먼저 가슴 살이 빠진다.

> 그것들은 젊음, 건강, 번식력, 대칭성, 충분한 체지방에 대한 믿을 수 있는 지표로서 진화했다. 굶주리고 병든 여성들은 큰 가슴과 엉덩이를 유지할 수가 없다. 그들은 짝을 유혹할 목적으로 이 체지방들을 유지할 것이 아니라, 우선 생존을 위해 쓰고 봐야 한다. 영양실조에 걸린 여성들은 배란이 멎어 버리고, 마른 가슴과 엉덩이를 지닌 여성들은 불임일 확률이 높다.[43]

영양 상태가 좋지 못한 여성은 때때로 젖이 잘 나오지 않는데, 지금이야 분유가 있지만 과거에는 어머니의 젖이 나오지 않는 것은 아기의 목숨을 위협하는 일이었다. 그래서 여성의 몸에 지노이드 지방이 축적되어 있다는 건 아이를 잘 낳고 기를 수 있다는 진실한 신호로 기능했다고 미국의 인류학자 재레드 다이아몬드Jared Diamond는 이야기한다. 그렇다고 수렵 채집 사회에서 지방이 너무 많으면 먹을 것을 채집하는 데 불리하고 생활하는 데도 지장이 있으므로 남성은 적당히 지방 있는 여성의 몸매를 선호하고, 여성은 지방이 골고루 온 몸에 퍼져 있다면 자신의 적응도를 전시하기가 쉽지 않아 가슴과 엉덩이에 지방을 축적시키는 경향이 있다. 일부 지역의 여성은 지둔脂臀, steatopygia●이라고, 엉덩이 뒷부분에 지방을 축적시키기도 한다.

그런데 젖은 유선 조직에서 분비되므로 가슴이 크다고 젖이 잘 나오는 것은 아니다. 게다가 유선 조직은 대부분 여성이 임신하고 나서야 뒤늦게 발달된다. 하지만 남자들은 무의식중에 여성의 가슴에 축적된 지방에 흥분하면서 성적 선호를 가지므로, 풍만한 유방은 영양 상태가 우수하다는 정직한 신호이면서 뛰어난 젖 생산 능력을 가지고 있다는 거짓 신호로서 작용하는 셈이다. 이와 마찬가지로 엉덩이에 축적된 지방은 건강 상태가 좋다는 정직한 신호이자 아이도 잘 낳을 것이라는 거짓 신호다. 엉덩이에 지노이드 지방이 많다고 해서 아이가 세상으로 나오는 산도가 넓지는 않기 때문이다.**44**

남성이 생식력을 갖춘 여성의 몸매를 원하자 여성은 커다란 가슴과 큰 엉덩이라는 거짓 신호로써 대응했고, 이에 남자들은 가냘픈 목덜미와 쭉 뻗은 다리와 잘록한 허리를 요구하면서 실제로 여성이 건강한지 아니면 뚱뚱한지를 측정하려고 든다. 그 결과 여성의 몸은 가슴과 엉덩이는 볼록하지만 허리는 오목한 모래시계형의 몸매가 되었다.

● 남아프리카의 부시먼 족이나 호텐토트 족 여자의 엉덩이처럼 지방이 쌓여서 유달리 크고 툭 튀어나온 엉덩이를 말한다.

여성의 몸매와 남성의 무의식을 전쟁터 삼아서 남자와 여자 사이의 전투는 줄곧 진행되어 왔다.[45]

날씬하되 가슴과 엉덩이가 풍만해야 한다는 이중의 압박을 받으면서 여자들은 푸념을 늘어놓는다. 듬직한 체격과 튼실한 근육에 훈훈하면서도 서글서글한 얼굴을 갖춰야 한다는 이중의 압박에 넋두리하는 남자들처럼 말이다. 여성과 남성은 서로에게 여러 가지를 요구하고 평가하며, 그 욕망의 기록들은 오랜 시간을 거치면서 각자의 신체와 성격에 반영된다.

오르가슴과 오르가슴 연기

성관계를 하다 절정에 이르게 되면 뇌에서 세타파(θ)가 발생한다. 세타파는 이루 말할 수 없는 쾌감을 느낄 때 발생하는 뇌파로, 승려가 명상하다가 정묘한 경지에 이를 때 출현한다. 세타파의 파형을 조사하면 여성의 경우에는 20초 정도 계속될 때가 있는데 비해 남성의 경우에는 짧고 가볍게 잠깐 나타날 뿐이다.[46]

그런데 생각보다 많은 여성의 뇌 속에 좀처럼 세타파가 등장하지 않는다고 한다. 그동안 사랑과 낭만의 감정 그리고 안정과 보호받는 느낌에 여자들이 황홀해하면서 오르가슴을 더 잘 느끼게 된다고 알려져 왔으나, 이런 속성들이 성적 황홀경에 별 영향을 주지 않는다는 최근 연구도 있다.[47] 여성은 쾌감의 봉우리에 오르고 싶어 하고 남성도 여성이 오를 수 있게 해 주려고 노력하지만 막상 황홀경을 느끼는 일은 생각보다 쉽지 않다.

　그동안 학자들 사이에서는 오르가슴에 대해 논의가 분분했다. 발정기에만 성적 감응하는 다른 동물 암컷들과 달리 여성은 잦은 성관계를 맺고 짜릿함을 느끼면서 남성과 긴밀하게 결속하게 됐다고 에드워드 윌슨은 설명했다.[48] 도널드 시몬스는 엄청난 횟수의 성관계만큼 여자들이 절정에는 이르지 못하는 현상을 보면서 성관계는 여성이 남성에게 제공하는 봉사고 오르가슴은 진화에 따른 적응 방식이 아니라 남자의 절정 경험과 유사한 부산물일 뿐이라고 주장했다.[49] 데즈먼드 모리스는 암컷 원숭이들의 질은 지면과 수평을 이루기 때문에 성교가 끝난 뒤 돌아다녀도 정액이 암컷의 질 속에 고여 있는데 반해 여자 인간은 걸을 때 질의 각도가 지면과 거의 수직에 가까워 성교가 끝난 뒤 돌아다니면 정액이 질 밖으로 흘러내리기 때문에 오르가슴은 여자가 기진맥진해서 움직이지 않게 해 정액을 배출하지 않도록 하는 이점이 있으므로 그렇게 진화했으리라고 추측했다.[50]

　제프리 밀러는 오르가슴이 진짜 남자와 애송이를 구분하는 변별 기능의 체계라는 새로운 이론을 펼친다. 여성의 신체는 서투르고 서두르고 섣부르고 게으르고 무뚝뚝하고 무신경하고 짧고 자신의 만족밖에 모르는 성교에는 반응하지 않도록 고안됐기 때문에 상대와의 성행위에 만족할 때만 오르가슴으로 이어진다는 것이다. 여성의 마음만 까다로운 게 아니라 몸 자체가 상대의 태도와 성관계하는 상황을 판단하는 깐깐한 감별관이다. 그렇기 때문에 음핵만 들입다 자극한다고 해서 쾌락의 황홀경에 다다를 수 있는 것은 아니다. 심리적 만족과 성관계하는 분위기도 중요하다. 여성은 남자의 몸에 흥분하는 동시에 자신이 예쁘냐고 묻고 자신을 사랑하느냐고 질문을 던지면서 남자가 어떻게 반응하고 얼마나 절절하게 자신을 원하는지에 따라 흥분의 강도가 달라진다.

> 성 선택이라는 관점에서 음핵은 적응도가 높은 남성에게만 반응해야 한다. 높은 적응도에는 길고 정력적인 섹스에 필요한 신체적 적응도와 여성이 무엇을 원하고 그것을 어떻게 전달해야 하는지 잘 파악하는 마음의 적응도가 포함된다. 까다로운 음핵은 여성이 그 남성의 몸, 마음, 성격에 매혹될 때, 그리고 그 남성이 적절한 자극을 통해 그의 세심함과 적응도를 입증할 때 비로소 오르가슴을 일으킨다.[51]

여자가 절정을 느끼면 자궁 경부의 길을 청소하면서 질 안에 있는 다른 정자를 제거한다. 황홀경을 느끼지 못할 때보다 느낄 때 정자가 질과 자궁 경부 안에 훨씬 많이 남아 있고, 질의 근육이 수축되면서 자궁 쪽으로 정자를 더 많이 흡입시키므로 여자의 절정을 유도하는 남자가 보다 더 많은 수정에 성공한다.[52] 남자들이 여성의 오르가슴 여부에 그토록 관심을 보이는 건 분명히 남성의 번식상 이익과 관련 있기 때문이다.

오르가슴을 느끼게 하는 것은 자신과 성교한 여성의 임신 가능성을 높이는 동시에 다른 여성들에게도 후한 점수를 받는다. 성행위는 평판의 대상이기 때문이다. 여자들은 남자들의 애무 기교와 정력에 대해서 뒷공론을 벌였기 때문에 잠자리에서 만족을 주지 못하는 남자에 대한 정보는 공동체 안에서 금세 퍼졌고 그에 따라 성관계의 가능성은 줄어들었다. 수렵 채집 사회부터 여자들은 애인과 어땠는지 서로 정보를 공유하면서 어떤 남자와는 만족하지 못했다고 불평했다.[53] 남자들이 여자 애기를 하듯 여자들은 모이면 남자 애기를 한다. 전 세계 남자들이 그토록 정력에 집착하는 것은 여성의 선택압이 작용했기 때문이다. 인간의 행태와 욕망은 남녀가 함께 변화되는 과정, 공진화를 겪으면서 형성됐다. 남자들이 여자들의 욕망에 맞춰서 경쟁하고 운동하듯 여자들도 남자들의 욕망에 맞춰 외모를 관리한다.

절정에 대한 남성들의 집요한 관심에 대응해 여성은 오르가슴 연기를 선보인다. 오르가슴 직전의 흥분 상태에서는 음핵의 노출된 부분이 포피 아래로 끌려 들어가는데, 아직 음핵이 멀쩡히 보이는데도 대다수의 여성은 상대의 자부심을 고양시키기 위해 실제로 황홀경을 느끼는 척한다. 여자들은 자신이 쾌감의 봉우리에 오르지 못하면 상대 남성의 자존감에 손상을 입힐지 모른다는 두려움을 갖고 있다. 그리고 많은 여성이 남자에게서 헌신을 이끌어내고자 할 때 쓸 수 있는 제일 좋은 방법은 그 남자 덕분에 황홀경의 절정을 경험했다고 믿게 하는 것이다.[54] 비명을 지르고 신음을 내며 쾌감을 약간 과장해 표현함으로써 사랑하는 사람의 마음을 배려하면서 자신에게 붙잡아 두는 행동이 오르가슴 연기다.

영화 〈해리가 샐리를 만났을 때〉의 감독 로브 라이너^{Rob Reiner}가 어머니에게 대본을 보여 줬는데, 식당 안에서 여성이 오르가슴을 흉내 낼 수 있는지를 두고 남녀 주인공이 옥신각신하는 중에 여주인공이 몸소 오르가슴 연기를 시연하는 장면에 부쩍 관심을 보였다. 그러고는 오르가슴 흉내가 끝난 뒤 나이 많은 여자 손님이 "나도 그녀가 먹고 있는 것을 먹겠다"고 주문하는 장면을 넣으라고 아들에게 제안했다. 같은 음식을 먹으면 오르가슴을 느낄 수도 있다고 생각하고 음식을 따라 주문할 만큼 황홀경에 대한 여성의 관심이 크다는 것을 보여 주면서 여성의 오르가슴 연기가 얼마나 진짜처럼 보이는지 알려 주는 장면이다. 이 대사가 멋지다고 느낀 로브 라이너는 어머니에게 그 장면을 찍을 건데 어머니가 영화에 몸소 출연해 이 대사를 말할 때에만 그렇게 하겠다고 역제안을 하자, 그의 어머니는 승낙한다. 영화를 보면 오르가슴 흉내 장면에서 로브 라이너의 어머니를 확인할 수 있다.

도덕성도 성 선택의 결과다

문화나 예술뿐 아니라 인간의 도덕도 성 선택의 결과라고 제프리 밀러는 주장한다. 조상들이 친절하고 남을 위해 헌신하는 인정 많은 사람을 짝으로 고른 덕분에 인간은 도덕성을 갖게 되었으며, 이와 같은 선호는 지금도 이어진다는 얘기다.

모든 사회에서 짝을 선택할 때 상대의 됨됨이는 가장 중요한 요인이다. 마음씨와 도덕성은 적응도를 보여 주고, 미래의 관계를 보장한다. 도덕성도 경쟁이 붙는다. 인류 문명 사회는 도덕성을 중요하게 강조하면서 고귀한 도덕성을 지닌 사람에게 높은 지위를 부여하는데, 이것은 고등 영장류의 유산이다. 우리 조상들은 적어도 500만 년 동안 신체와 지력의 경쟁뿐만 아니라 도덕성 경쟁을 통해 존경받는 지위를 획득하고자 분투해 왔다.

> 영장류의 경우 높은 지위는 일반적으로 더 큰 성적 매력을 통해 더 큰 번식 성공을 가져다준다. 지위는 힘으로 뺏을 수 있는 영역이 아니다. 다른 개체들의 좋고 싫음, 존경과 경멸을 바탕으로 주어지는 것이다. '지위'는 집단구성원들의 사회적, 성적 선호들의 통계적 추상이다. 우리 조상들이 도덕적 리더십을 통해 높은 지위를 얻었다는 것은 도덕적 리더십이 사회적, 성적으로 매력이 있었다는 것을 뜻한다. 도덕적 리더십은 사회적 선택과 짝 고르기에 의해 환영받았다.[55]

도덕성과 매력 발산의 연관성은 기부 문화를 통해 잘 나타난다. 인간이 진실로 도덕성만을 추구하는 존재라면 세상의 불행과 고통들을 면밀히 조사해서 가장 절박하고 시급한 곳에 돈과 시간을 쏟아야 할 텐데, 대부분의 사람들은 기부 대상을 고를 때 영화를 고르는 데 쓰는 시간만큼도 투자하지 않는다.**56** 우리는 별로 알려지지 않았지만 정말 가치 있는 곳보다는 돈이 넘쳐 나지만 유명한 곳에 기부한다. 인도에서 활동한 테레사 수녀가 하도 유명하니 막대한 돈이 해일처럼 유입되었다. 우리는 남들이 알아주는 단체에 기부하고 봉사한 뒤에 대놓고는 아니더라도 은밀하게 자신의 도덕성을 남들에게 알린다.

자선단체들의 기부금 관리 능력과 효율성은 천차만별인데도 대부분의 기부자들은 돈이 제대로 쓰이는지에 별 관심이 없다. 정부의 효율성에 의문을 던지면서 세금을 낭비하는 건 아닌지 매의 눈으로 지켜보려는 태도와는 극명하게 대비된다. 제프리 밀러는 이 정도는 감수할 수 있다는 자기 과시의 욕망과 아울러 자신의 도덕성을 증가시키려는 욕망이 기부에 반영되어 있다면서 기부를 화장품에 비유한다. 자신을 돋보이게 꾸미면서 맨얼굴의 욕망을 감쪽같이 감춰 주기 때문이다. 그는 기부 행위도 일종의 구애 행위라고 말한다.**57**

물론 성 선택은 도덕성의 발달을 설명하는 하나의 관점일 뿐이다. 미국의 인류학자 데이비드 슬론 윌슨David Sloan Wilson은 도덕이 인간의 집단성에서 비롯됐다고 설명한다. 만민이 평등하게 살았던 수렵채집 사회에서 인간에게는 자신만을 위하기보다는 공동체를 위하는 도덕성이 자연스레 발달했다. 옳고 그름의 관습이 집단마다 다를 수는 있으나 대개 집단의 복지에 기여하는 행동이 옳다고 여겨지고, 집단에 해를 가하고 자기 이익만 도모하는 행위는 그르다고 판단된다.**58**

집단을 위하는 속성이 약한 집단은 똘똘 뭉친 집단에게 밀려 사라졌고, 우리는 집단을 위해 헌신하고 희생했던 조상들의 후손이다. 지연과 혈연에 얽매이고 타 집단에 대한 차별이 공공연하게 이뤄지며, 국가와 공동체를 중시하는 현상도 오랜 역사 속에서 집단 선택을 통해 생겨난 도덕성의 결과다.

인간을 위해 좋은 삶은 인간의 선을 탐구하는 데 쓰이는 삶이며, 이때 필요한 덕들이 우리 인간에게 좋은 삶이 무엇인지 이해할 수 있도록 만든다면서 스코틀랜드 출신의 철학자 알래스데어 매킨타이어Alasdair MacIntyre는 공동체의 중요성을 강조한다. 공동체 안에서 덕이 생성되기 때문이다. 그리고 오늘날 공동체가 붕괴되면서 덕이 변질되거나 상실됐다고 목소리를 냈는데, 고유한 미덕들은 과거의 공동체 유지에 필수품이었던 것이다.**59**

데이비드 슬론 윌슨은 우리의 도덕 체계는 타고난 심리에 기반을 두고 있으나 그 세세한 내용은 집단 속에서 변화할 수 있다며 문화의 중요성을 강조한다.**60** 개인과 집단의 생존과 번식에 도움이 되지 않으면 도덕 체계는 달라질 수밖에 없다. 인간은 오래된 도덕성을 바탕으로 현대사회에 맞춰서 끊임없이 고민하며 도덕의 내용을 바꿔 나간다.

8.

인간의 성 전략

데이비드 버스, 『욕망의 진화』 &
데이비드 바래시, 주디스 이브 립턴,
『일부일처제의 신화』

폴 고갱, 「우리는 어디에서 와서 어디로 가는가」(1897)

서구 문명에서 탈출하여 타히티 섬으로 들어간 폴 고갱은 가난하고 몸이 아픈데다 끔찍이 아꼈던 딸이 죽자 자살을 시도했다. 고통 속에 있던 고갱이 삶의 기운을 짜내어 그린 작품이 이 그림이다. 과연 인간은 어디에서 와서 어디로 가는가라는 인간에 대한 근본 물음이 담긴 작품이다. 과연 우리는 누구인가? 왜 우리는 특정한 행태의 연애를 반복하고 이 상황이 거의 비슷한가? 데이비드 버스는 진화심리학을 통해 이성 선호도의 보편성을 설명하려고 한다. 여기에 더해 데이비드 바래시와 주디스 이브 립턴은 여러 자료를 통해 선사시대 인간의 성생활을 추측한다. 과연 여자와 남자의 관계는 어떻게 변할 것인가?

성 전략을 쓰는 인간

진화심리학자 데이비드 버스(David Buss, 1953~)는 1984년부터 1989년까지 6대륙과 5개 섬의 37개 문화에서 살아가는 10,047명을 대상으로 조사한 결과를 토대로 이성 선호도가 진화의 산물이라고 설명한다. 현대의 여러 문명사회뿐 아니라 섬에 고립되어 수렵 채집을 하는 사회에서조차 이성에게 기대하는 바가 굉장히 흡사하게 나타났기 때문이다.

이성에게 바라는 바와 성별에 따라 주어진 기대치는 문화마다 약간의 차이가 있지만 대개 엇비슷하다. 대다수 사람은 자신의 성 역할을 해내는 동시에 상대에게도 특정한 성 역할을 기대한다. 인간은 동성과 경쟁하면서 이성을 매혹하기 위해 성 전략을 발휘한다. 여러 방편을 사용해서 이성에게 호감을 얻고, 동성에게 도움을 얻어 내면서도 따돌렸던 사람들이 우리의 조상이 되었다. 성 전략은 짝짓기 문제를 풀기 위해 진화 속에 장착된 해결책이다.[1]

짝짓기에 성공한 조상들의 후손인 우리 안에는 바람직한 배우자를 판별해 내거나 다른 경쟁자를 물리치고 배우자를 차지하는 문제들에 맞추어져 있는 전략들이 있다. 우리의 몸과 마음은 특정하게 반응하고 특정한 행동을 개시한다. 물론 무의식중에 이뤄지기 때문에 우리는 자신이 성 전략을 구사하고 있다는 걸 모를 수도 있지만, 뒤돌아보면 짝짓기라는 목표를 추구하면서 유리한 쪽으로 자신의 행동을 조정했음을 깨닫게 된다. 겉으론 이성에게 관심 없는 척 할 순 있지만 이조차도 자신이 신중하게 처신하는 사람이라는 걸 에둘러서 알리는 우회전술이다. 인간은 오랜 진화를 거치면서 생존과 번식을 위한 매우 복잡한 심리와 다양한 전략 목록을 갖게 되었고, 상황에 따라 짝짓기 전술을 변형시킬 수 있다. 환경과 사회 맥락이 중요한 이유다. 현재의 특수한 상황과 문화 조건이 어떤 전략은 활성화시키고 어떤 전략은 휴면 상태에 있을지를 결정한다.[2] 예를 들어 지금 연애할 상황이 아니라는 판단이 무의식중에 들면 적극 구애하는 전략은 수그러들고, 돈을 벌거나 살을 빼면서 훗날을 도모하는 전략을 쓰게 된다.

진화심리학은 우리가 어디에서 왔고 어떻게 해서 현 상태에 도달했는지를 알려 주는 학문으로, 남자와 여자의 성 심리와 행동의 차이를 탁월하게 설명해 낸다. 데이비드 버스는 진화심리학이 전통 학문들의 경계를 허물고 학문들 간의 경계를 넘나드는 통합심리학을 향한다고 설명하며,3 진화심리학은 남녀의 짝짓기 행동이 왜 현재처럼 이뤄지는지를 설명할 뿐 남녀가 어떻게 될 수 있는지 또는 어떻게 되어야 하는지를 규정하지는 않는다고 말한다.4 진화심리학은 인간의 행동들을 서술하고 왜 그런 감정을 느끼고 왜 그렇게 행동하는지 이유를 밝히는 데 주력할 뿐, 좋거나 나쁘다고 가치판단하면서 변화를 모색하지 않는다는 얘기다. 성별에 따른 심리가 왜 다른지를 정밀하게 관찰하고 나름 정확하게 예측하는 진화심리학이라는 돋보기는 19~20세기에 세상을 바꾸기 위해 사회과학이란 망치를 뜨겁게 휘둘렀던 사람들에겐 턱없이 못마땅한 수단이다. 진화심리학과 사회생물학은 과학이 아니라 그럴싸한 이야기일 뿐이고 지적 선동이며 심지어 '미국 이데올로기'라는 비난까지 받는데, 사회생물학은 기존의 사회 구조를 정당화시키기 위해 애쓰고 있는 것이 아니라 다만 사회 구조를 생물학 뿌리에서부터 탐구하고 사회 구조의 생물학 근거를 재구성해 보려는 작업이라고 오스트리아의 과학철학자 프란츠 부케티츠 Franz Wuketits 는 평가한다.5

기존 질서를 그저 옹호하는 지식은 우리의 지성을 마취시킨다. 하지만 인간과 현실을 제대로 인지하는 지식은 우리의 지성을 확장시킨다. 피터 싱어는 세상을 변화시키려던 사람들이 왜 실패했는지를 설명하면서 현실을 진단하고 미래를 예측하기 위해 기반으로 삼아야 할 인물을 마르크스가 아닌 다윈으로 대체시켜야 한다고 주장한다.6 그동안 사람들의 고통을 줄이고 세상을 더 낫게 하기 위해 필요한 지식을 사회과학이라고 생각해 왔는데, 이제는 사회과학을 근간으로 하더라도 인간에 대한 제대로 된 이해를 제공하는 생물학이 더해져야 하는 것이다.

여성과 남성은 다르지 않지만 똑같지도 않다

여자는 만들어진다. 여자다움은 특정한 나이의 특정한 겉모습을 하고 타인들과 특정한 형식의 관계를 맺을 때 비로소 느껴지게 되기 때문이다. 애를 낳고 나이가 든 여자들의 옷차림이 헐렁해지고 몸가짐도 호탕해지는 까닭은 남성호르몬의 증가로 태도가 달라지는 이유도 있지만, 실생활 차원에서 보면 여자다움이란 탈을 벗어던지고 아줌마라는 탈을 썼기 때문이기도 하다. 프랑스의 여성학자 시몬 드 보부아르Simone de Beauvoir가 설파한 여자는 태어나는 게 아니라 만들어진다는 명제를 따와 말하면, 아줌마는 태어나는 게 아니라 만들어지는 것이다.

타고나는 성sex과 사회에서 구성되는 성gender의 분별은 꽤 널리 알려졌다. 20세기 중후반에는 인간의 성격이나 태도가 문화를 통해 구성된다는 사고의 흐름이 거셌다. 문화구성주의에 따르면 인간의 몸은 그저 생물학 지식으로 설명되는 자연의 형식이 아니라 항상 역사와 정치의 과정 속에서 형성되고 의미가 새겨져 있는 형태다. 우리는 자신의 신체에 대한 순수하고 매개되지 않은 지식을 직접 가질 수 없다. 우리는 늘 다양한 해석의 틀에 따라 몸을 읽을 뿐이다.[7] 우리 육체가 문화에 의해 구성된다는 개념을 극단으로 밀어붙인 미국의 철학자 주디스 버틀러Judith Butler는 문화의 의미로 해석하지 않는 '순수한 몸'은 어디에도 없다면서 생물학의 몸이라는 개념 자체가 허구고, 섹스와 젠더를 나누는 것 자체가 잘못이며 성을 자연스러운 것이라고 생각하는 건 우리가 고쳐야 할 위험한 환상이라고 잘라 말한다. 주디스 버틀러는 이미 우리는 특정한 지식 체계를 통해서만 무언가를 바라볼 수밖에 없고, 성조차도 인간세계에서 만들어지는 틀을 통해 해석된 결과라고 말한다. 그리고 여자처럼 느껴지고 남자처럼 느껴진다고 말하는 경우는 성별에 따라 정해진 생물학 결과처럼 보일 수 있겠지만 이것도 일종의 습득물이라면서 성 정체성은 다른 성별을 전제하면서 작동된다고 분석한다.[8] 주디스 버틀러는 여성과 남성의 차이를 육체의 물질성이나 성의 물질성으로 환원하려는 경향에 대해 경고하면서 기호와 상징을 통해 물질의 의미가 위치지어지고 규정되면서 여성과 남성이 구성된다는 걸 밝히려 힘썼다.[9]

그런데 구성주의의 관점으로는 남성도 잘 설명된다. 성 정체성을 잃어버린다는 의미를 일반 사람들에게 물었을 때 남자다움을 잃는 건 무언가에 실패해서 더 이상 가족을 부양할 수 없다는 뜻이라고 답변한 반면 여자다움을 잃는 건 성전환 수술을 떠올리면서 더 이상 여자의 신체가 아니라는 의미로 받아들였다.[10] 대중에게 여자다움이 생물학에 따른 주어진 '사실'이라면 남자다움은 사회학으로 설명해야 하는 '규정'이다. 남자다움은 타고나지 않는다. 사회의 압박 속에서 남성은 자신의 남자다움을 끊임없이 성취하고 증명하고 과시해야 한다. 여성이 여자다움을 원하듯 남성이 남자다움을 원하기도 하겠지만, 대체로 여성들 스스로 여자다움을 원하는 가운데 적지 않은 경우 여자다움이 '자발적 강제' 속에서 이뤄지듯 남자다움 역시 마찬가지다. 그나마 여자가 남성성의 매력이 강하면 'tomboy'라는 용어처럼 나름 관용의 대상이지만 남자에게 여성성의 매력이 강하면 온갖 모욕을 받으면서 굉장히 힘겨운 인생을 살게 된다. 어릴 때 그토록 귀여웠던 남아들이 세상이 만들어 놓은 경쟁의 전투장으로 들어가 평생 부딪히고 분투하면서 몸부림치다가 시기의 차이가 있기는 하지만 약한 남자는 일찍이 배제되고 억세고 잘나가는 남자라도 늙으면 여지없이 퇴출당한다. 남성은 무거운 책임감에 무너지지 않기 위해 무던히 애쓰면서 남자다움을 입증하고자 무기한 무리해야 한다.

사회에서 성 평등을 확립하고 정치적 올바름을 가르치면 성차별이 없어지리라 기대했던 여성운동가들은 구성주의에 열광하면서 남성과 여성 사이에 선천적인 성차가 없기를 바랐다. 그만큼 여성이란 이유만으로 기회가 차단되고 차별받는 일이 많았기에 당연한 바람이었고, 실제로 조사해 보면 남성과 여성은 상당히 비슷하다. 미국의 사회심리학자 캐럴 타브리스Carol Tavris는 남자와 여자를 대립하는 존재로 사고하는 방식이 편리할 수 있지만 그 결과는 사회 정책뿐 아니라 일상생활에서도 위험할 때가 많다고 지적한다. 남녀를 다른 별에서 온 것처럼 생각하는 습관은 남녀의 차이를 고정된 특성으로 간주하면서 여성과 남성이 평생에 걸쳐 변화하는 존재라는 사실을 은폐한다. 여자든 남자든 성장하고 의식도 변한다.[11] 남녀를 조사한 결과 성차로 설명할 수 있는 행동의 차이는 보통 3~5퍼센트에 지나지 않았다. 남녀 사이엔 성차가 존재하지만 미미한 수준이었던 셈이다.[12]

그러나 남자와 여자는 다르지도 않지만 똑같지도 않다. 문화와 사회화에 따라 남녀의 차이를 만든다는 생각이 세상을 휩쓸었던 20세기 중턱에 신세대 부모들은 딸과 아들을 구별하지 않고 키우면 똑같이 자라리라 믿었다. 심리학자 존 머니John Money는 성차가 태내에서 이미 결정된다는 내용의 박사 논문을 썼으나 시대 분위기에 따라 얼마든지 성전환이 가능하다는 주장으로 언론을 타면서 성의학의 막강한 권위자로 발돋움한다. 존 머니는 포경수술을 하는 중에 성기를 잃은 남자 아기를 여자로 만들었다고 발표하면서 화제의 주인공이 된다. 여성계는 존 머니의 이론을 가져와 남자와 여자는 학습의 결과라면서 환영했고, 의학 교과서에는 출생할 때 중립이었던 성 정체성이 이후 외관의 성기에 따라 발달한다면서 성전환 수술과 양육 방식으로 성 정체성을 배정할 수 있다고 서술했다.

하지만 여자로서 잘 적응하고 있다고 알려진 그 아이는 성전환 수술을 받고 여자다워야 한다는 교육을 줄기차게 받지만 계속 오줌을 서서 누려고 하고 남자아이들과 주먹질하며 싸우고 여자애들에게도 따돌림당하면서 성 정체성의 혼란을 겪었다. 그 아이는 어른이 된 뒤 자신과 같은 불행한 일을 멈추게 하고자 존 머니의 사기극을 폭로

하는 용기를 냈으나, 그와 그의 가족이 겪어야 했던 불행과 고통으로 끝내 그는 비극적인 파국을 맞았다.[13] 문화가 성별의 차이를 경감시킬 수 있지만 대개의 문화는 자연이 빚어낸 남녀의 차이를 기반으로 형성된 것이다. 최근 연구에 따르면 성 정체성은 태어나기 석 달 전쯤부터 형성되기 시작하여 출생 후 수개월 안에 이미 결정되는 것으로 드러난다.[14]

20세기 중후반부터 생물학이 발달하고 인지과학의 결과물들이 쏟아졌다. 진화심리학이 인간의 유사성에 관심을 둔다면 행동 유전학은 인간의 차이점을 연구하는 학문인데, 행동 유전학이 발견한 제1의 법칙은 인간의 모든 행동은 유전적이라는 것이다. 이 법칙은 심리학 역사상 가장 중요한 발견이고 여러 시사 잡지의 표지를 장식했으나 일반인은 말할 것도 없고 대부분의 지식인조차 행동유전학이 밝혀낸 사실들을 이해하지 못하고 있다고 스티븐 핑커는 안타까워한다.[15] 그는 모든 것이 유전적이라는 건 조금 과장된 표현이라고 넉살부리면서 유전자의 막강한 영향력을 강조한다.

유전자가 중요하지만, 유전자는 그 자체로 개인의 행동이나 인생을 결정하는 독립 인자는 아니다. 환경, 개인의 행동, 우리가 어떻게 생각하고 학습하고 감각하느냐에 따라 발현된 유전자를 바꿀 수 있다.[16] 유전자는 독단으로 활동하지 않는다. 환경이 어떠냐에 따라 우리가 갖고 태어난 어마어마한 가능성은 발현되기도 하고 잠재된 채로 묻히기도 한다. 인간은 유전자가 처음에 뇌에 배선한 대로 작동하는 고정된 기계가 아니라 학습과 환경에 따라 뇌의 신경 구조까지 변화시키는 유연성을 지녔다.

물론 유연성이 있어서 상황에 따라 달라질 수 있지만 인간이 특정한 성향을 지니는 본성이 있다는 것을 부인할 수는 없다. 여자와 남자의 잠재성이나 학습 능력은 별 차이가 없지만 동기와 욕망에서는 성차가 난다. 인간의 진화 역사 속에서 맞닥뜨려야 했던 상이한 적응의 문제, 이를테면 짝짓기 때 어떤 행동을 더 선호하는지는 성별에 따라 차이가 있고, 그 결과들이 누적되면서 남자와 여자는 욕망과 선호가 달라져 서로 전혀 다른 존재처럼 느껴지게 되는 것이다.

과학은 여성과 남성의 동등함과 차이 모두를 이해하는 데 기여한다. 그동안 여성 해방에 걸림돌이 되는 지식을 생산한다면서 생물학을 비롯한 과학에 과거의 여성운동이 등 돌리면서 아예 멀리했던 것은 안타까운 실수다. 남성화된 편견과 오류가 발생하더라도 과학은 검증과 반박을 통해 잘못된 결과물을 교정한다. 다른 유전자의 전원을 켜고 끄는 것 같은 조정 능력이 있는 유전자가 염색체 사이에서 이동한다는 바버라 매클린톡Barbara McClintock의 발견은 인정받지 못하고 오랜 세월 무시됐지만 그녀는 끝내 여성 최초로 노벨생리의학상을 받았다.[17] 여성이 무엇을 원한다고 가정하고 있는지에 대한 통념과 기대들이 미신이라는 것을 밝히고는 과학 지식을 통해 모성의 신화를 파헤친 미국의 영장류학자 세라 블래퍼 허디Sarah Blaffer Hrdy처럼 과학은 여성에게 힘을 준다.[18] 사라 블래퍼 허디는 인류 역사상 여성 자신의 운명을 스스로 결정하고 개척하는 자유를 요즘만큼 얻은 적은 없지만 언제든지 이 성과들이 물거품이 될 수 있다고 우려하면서 남성과 평등한 권리를 갖는 여성은 결코 진화를 통해서가 아니라 번뜩이는 지성과 불굴의 의지 그리고 당당한 용기를 통해 얻어지는 것이고 싸워서 쟁취해야 하는 것이라고 강조한다.[19]

마찬가지로 과학이 성별을 분리해 설명하면서 남자에 대한 오해도 무수히 양산됐는데, 한 유치원 교사가 남자의 뇌가 감정과 언어를 연결하지 못한다고 주장하는 책을 읽는 걸 본 한 심리학자는 아들을 키우는 엄마로서 질겁하며, 뇌를 성별에 따라 이분화한 잘못된 생각을 유포하는 얄팍한 과학 대중서들을 비평했다.[20] 근거도 거의 없는 주장들이 과학이라는 껍데기를 뒤집어쓰고 기존 성의 전형성을 강요하거나 편견을 강화하고 있는데, 남자와 여자의 공통성을 이해하면서 성차도 헤아리는 지혜가 요구된다.

성관계의 역치

진화심리학의 연구에 따르면, 남성과 여성은 성행위에 이르는 인식과 욕망의 역치*가 다르다. 개인차도 있고 예외도 많지만, 대개의

---

* 생물체가 자극에 대한 반응을 일으키는 데 필요한 최소한도의 자극의 세기를 나타내는 수치.

경우 성별에 따라 경향이 다르다. 상대가 자신을 얼마나 좋아하는지에 대한 인식 측정에서 남자들은 착각을 잘한다. 주변 친구들이 "저 남자가 널 좋아하는 게 분명해."라고 말해 줘도 여자들은 설마, 아닐 거야 하면서 신중한 태도를 보이는 반면 남자들은 여성이 예의상 웃어 줘도 그 여자가 자신을 좋아한다고 오지각하기 쉽다. 사회생활하면서 업무상 배려 차원으로 친절을 베풀어도 남자들은 자신에 대한 호의로 착각하기 쉽다. 또한 당신에게 관심이 없으니 연락 좀 하지 말라는 내용을 에둘러 말하면 남자들은 도통 알아듣질 못한 채 그저 여자가 바빠서 시간이 안 되는 줄로만 알고 계속 집적댄다.

물론 남자만의 잘못이라고 몰아붙일 일은 아니다. 남자든 여자든 자신의 마음을 잘 모를 뿐더러 타인의 마음은 더더욱 모른다. 인간은 얼마든지 가면을 쓰면서 본심을 잘 감출 수 있기에 타인의 마음을 알기란 쉽지 않다. 그런데 남성은 타인의 마음을 잘 모르겠다고 생각하면서 판단을 유보하기보다는 일단 성적인 관심이라고 유추해 내는 쪽으로 발달했다. 실제로 여성의 웃음이 자신에 대한 진짜 관심일 수도 있기 때문이다. 혹시나 상대의 호감을 인지하지 못해 짝짓기의 기회를 놓치기보다는 오해를 무릅쓰고라도 성적 관심이라고 추론하는 쪽으로 남자들의 뇌가 진화한 것이다. 누군가의 성적 관심을 읽어 낼 때 여성보다 남성이 더 낮은 역치를 보인다고 확실하게 말할 수 있다.[21]

또한 여성에 비해 남성이 보통 성관계까지 도달하는 역치가 낮다. 역치가 낮다는 것은 성관계하기까지 걸리는 속도가 빠르고 성 행동을 하고자 하는 의지가 강하다는 뜻이다. 남자는 초면의 상대라도 마음에 들고 상황도 적절하다면 성관계하고 싶은 의사와 의지를 표현하는 반면 여성은 처음 보는 상대와의 성행위는 거의 대부분 거부하며 상대가 자신에게 얼마나 빠졌는지를 우선 시험하고 확인한 뒤에 성교하려고 한다.[22] 여자들이 성관계를 갖기 전에 정말 자신을 사랑하느냐고 묻는 이유도 이런 심리와 연관된다.

여성은 성관계에 신중하고 남성을 검증하려 한다. 생식은 여성의 몸에서 이뤄지고 인간의 특성상 어린 시절 오랜 기간의 양육은 필수인데, 주변에서 도와주지 않으면 아이와 엄마는 굉장한 고충을 겪는다. 따라서 여성은 남성이 얼마나 자상하고 아이에게 관심이 많고 헌신할 자세가 되어 있는지 미리 점검한다. 성행위를 몸이 원하더라도 여성은 무의식중에 미래를 고려하면서 처신한다. 한 번의 성교가 곧장 임신이 되는 일은 흔치 않고 요즘은 피임 기술이 발달하여 성행위가 정서와 체온을 친밀히 나누는 애착 행동이 되어 가는데도 인간의 심리는 수백만 년에 걸쳐 진화한 산물이기 때문에 여성은 부담 없이 가볍게 성관계하기 어렵다.

섹스는 여성이 제공할 수 있는 가장 귀중한 번식 자원 가운데 하나이기 때문에 여성에게는 섹스를 아무한테나 줘 버리지 않게끔 통제하는 진화된 심리 기제가 있다. 사랑, 진실성, 친절을 요구하는 것은 여성이 제공하는 섹스라는 자원의 가치에 상응하는 자원들을 남성이 헌신해 줄 것을 요구하는 방편이다. 사랑과 친절을 요구함으로서 여성들은 아이들의 생존과 번식에 필요한 자원을 남성 남자와 여자가 성관계를 대하는 차이를 보여 주는 유명한 실험이 있다. 매력적인 이성이 다가와 오늘 저녁을 같이 먹자고 묻고, 자신의 집에 올 수 있냐고 초대하고, 마지막으로 오늘 밤 나랑 같이 자자고 제안하는 걸 측정한 것이다. 실험 결과 남학생이나 여학생 모두 처음 보는 상대와 저녁을 같이 보낼 의사를 보였다. 그리고 한쪽의 성은 많은 수가 하룻밤 성관계도 좋다고 응답한 반면 다른 쪽 성은 한 명도 빠짐없이 성관계를 거절했다. 어떤 성이 하룻밤 관계에 열의를 보였을지는 지금 우리 머릿속에 그려지는 추측 그대로다.

이 실험 결과는 성차를 얘기할 때 자주 들먹여지는데, 심리학자 테리 콘리Terri Conley는 고개를 갸우뚱하면서 그저 잘생긴 남자가 아니라 유명하고 멋진 남자가 분위기 좋은 곳에서 하룻밤 관계를 제안하는 내용으로 새로운 실험을 실시한다. 이를테면 달콤한 바람이 부는 강변에서 술 한잔하는 가운데 정우성이나 손석희가 다가와 바로 건너편의 근사한 집을 가리키면서 자신의 집인데 같이 가겠느냐는 식으로 상황을 바꾼 것이다. 그러자 기꺼이 좋다고 응답한 여성의 수가 남성의 수와 같았다. 여성이 수줍고 성행위에 수동성을 보인다는 진화심리학의 주장에 의구심을 느낀 과학 저술가 대니얼 버그너Daniel Bergner는 덜 알려진 이 실험을 언급하면서 여자들 역시 성행위를 열망했고 충동적이었으며 격정적이었다고 말한다.**24** 여자들이 성관계에 머뭇거리는 건 여성의 본성이 아니라 처음 만난 남자일 경우 돌변하여 폭력을 휘두를 수 있는 등 잠자리의 안전이 확보되지 않았다는 것과 임신 가능성으로 인한 부담감 때문에 벌어지는 현상이고, 사람들이 우러러 보는 남자에게는 여성 본연의 욕망을 펼쳐 낸다. 하룻밤 성관계에 대한 성차는 타고났다기보다는 안전하지 않은 사회 환경에 따른 여성의 반응이라는 얘기다.

물론 위 실험 결과를 보더라도 남성과 여성 사이에는 여전히 성차가 존재한다는 반론을 낼 수 있다. 남성은 상대 여성의 유명세나 매력에 영향을 덜 받고, 기회가 제공되면 누구하고든 덜 차별하면서 성관계할 의사가 강한 데 반해 여성은 상대 남성의 신분과 매력도에 따라서 더 차별화되어 행동하기 때문이다.

남성이 바라는 여성

남성은 여성에게 아이를 가질 능력이 있는지를 중요하게 평가하기 때문에 젊음과 건강을 선호한다. 매력 있는 신체를 지닌 짝에 대한 남자들의 선호는 문화를 초월하여 나타나는 심리라고 데이비드 버스는 이야기한다.[25] 돈 많고 권력 있는 남자들이 조강지처를 버리고 나이 차가 많이 나는 어린 여자와 재혼하는 경우가 흔한 이유다. 또한 어려 보인다는 말이 여성을 기분 좋게 하는 칭찬으로 쓰이고, 중년 여성의 나이를 묻는 일이 실례가 되는 이유 중 하나이기도 하다.

그런데 남성은 여성의 임신을 완벽하게 통제할 수 없다. 임신은 언제 될지 좀처럼 알 수 없을 뿐더러 아이가 태어나도 내 아이인지 보장이 안 된다. 남성과 여성의 협력과 대결이 펼쳐지는 오랜 기간 동안 완력이 약한 여성들은 친부의 불확실성을 이용했다. 포유류의 암컷 역할이 명확함을 가진 '의무'라면 수컷의 역할은 '의문'이다.26 그래서 영장류 암컷들은 성교가 어느 때나 가능한 성적 수용 능력, 배란 은폐, 성관계의 적극성 등등 다양한 전략을 통해 이 아이가 누구 아이인지 알 수 없음으로 수컷을 불안하게 했고, 자신이 낳은 새끼를 기르는 데 필요한 양육 투자와 보호를 수컷으로부터 얻어 냈다. 내 피를 이어받았을 성싶은 새끼들의 생존을 도와주는 것은 수컷에게도 이익이므로 수컷들 역시 암컷과 새끼를 도와주도록 진화적 선택압을 받았다. 한편으론 이런 여성의 전략에 맞서 남성은 여성을 속박하고자 여러 가지 문화들을 고안해서 강요했다.27 어느 시대나 문화를 막론하고 이토록 여성에 대한 성 억압이 이뤄지는 까닭은 여성이 자유로운 주체이기 때문이다. 여성은 수동성을 지닌 채 수줍어만 하는 숙맥이 아니라 수줍어하는 행동마저도 하나의 방편으로써 자신의 성을 노련하게 자원으로 활용하는 전략가다. 그동안 남자들은 여성을 짓누르려 했지만 여성의 저항은 끊이지 않았다.

조상 여성들의 전략에 맞서 조상 남성들은 자신이 아이의 친부임을 믿을 수 있는 자질, 이를테면 처녀성이라든지 청순한 외모, 정숙함이나 조신함을 지닌 여성을 배우자로 선택했다. 결혼 전에 성관계하지 않았다면 결혼 후에도 정절을 지킬 것이라고 간주되기 때문이다. 남자들이 혼전 순결이나 정조에 집착하고, 여자 친구가 연락이 잘 안 되거나 밤에 돌아다니면 화를 내는 이유도 여기에 있다.

> 현대의 피임 기구가 쓰이기 전에는 신붓감의 혼전 순결이 장래에 부성이 확실히 보장될 것임을 알려 주는 단서가 되었다. 여성이 순결을 지키는 경향이 시간이 지나도 안정적으로 유지된다는 가정이 합당하다면, 혼전 순결은 결혼 후에도 그녀가 정절을 지킬 것임을 알려 준다. 순결한 신부를 얻지 못한 남성은 후에 오쟁이를 질* 위험을 감수해야 했다.[28]

남자들의 혼전 순결에 대한 집착부터 상대 여성의 남자관계에 대한 의심과 질투는 자신의 유전자 번식을 영속하고자 민감하게 작동하는 감각이고, 남자들은 상대가 정숙하지 않다는 신호가 감지되면 과민 반응한다. 위화의 소설 『허삼관 매혈기』와 이를 바탕으로 만든 영화 〈허삼관〉에서는 아내와 알콩달콩 살던 남편이 첫째 아이가 자기의 핏줄이 아니란 걸 뒤늦게 알자마자 돌변한다. 사랑하는 아내가 낳은 아이라면 기쁘게 키울 법도 하건만, 대다수 남성은 자신의 핏줄이 아닌 아이를 키울 생각이 별로 없을 뿐만 아니라 남의 아이를 자신의 아이라고 키우는 오쟁이를 지지 않고자 아내의 정조를 점검하고 구속하려는 본성을 갖고 있다. 여성의 정절을 의심하는 남성의 전

---

* '자기의 아내가 다른 남자와 간통하다'라는 의미의 관용구.

략에 대응하고자 여자들은 수줍으면서도 도도하게 행동하면서 자신이 쉽게 넘어가지 않는 지조 있는 여자라고 신호한다.[29]

자신의 핏줄을 이으려는 남성의 본능은 여성의 정조에 대한 집착과 여러 망상을 낳았고, 지금도 여성에게 폭력을 가하는 원인이 된다. 배우자 학대와 배우자 살해의 가장 큰 원인은 성적 질투심이고, 거의 항상 남자가 범인이다. 여자들이 가장 위험할 때는 남자를 떠나겠다고 위협하거나 실제로 떠날 때다. 어떤 남성은 실제의 배신이든 상상 속의 배신을 벌하기 위해서든 아내나 여자 친구를 때리고 감시하고 협박하고 죽인다. 내가 소유할 수 없다면 그 누구도 소유하지 못하게 하겠다는 심리가 작동되는 것이다.[30]

여자를 소유함으로 남자다움을 평가하는 사람들이 다수를 차지하는 세상에서 남성 본인의 성적 향락과 곁에 있는 여자의 미모는 남자의 서열이 어떠한지를 나타낸다. 잘나가는 남자들은 세상에서 욕망하는 여자를 욕망하고 취함으로써 자기 힘을 과시하려 든다. 부자이거나 권력 있는 집안의 남자들은 대중이 욕망하는 연예인이나 방송인 쪽으로 손을 뻗친다. 그래야만 자신이 진정한 승자인 것처럼 느껴지기 때문이다. 예쁜 여자를 자기 옆에 둔다는 것은 자신이 능력자이자 성공한 사람임을 알려 준다. 과거에는 자신이 만나는 남자의 직업과 부유한 정도에 따라 여자의 신분이 뒤바뀌었듯, 여자의 외모에 따라 그 곁에 있는 남자의 명성도 오르내린다. 인간의 위신 범주를 조사하니 매력 있는 배우자를 얻는 일이 남성의 위신을 더 높였고 모든 나라에서 못생긴 배우자를 얻었을 때 여성보다 남성이 훨씬 위신이 떨어졌다고 데이비드 버스는 설명한다. 그리고 매력 있는 외모의 여성은 적응도와 번식 능력이 있음을 신호할 뿐만 아니라 매력 있는 외모의 여성을 곁에 둔 남자 자신의 위신도 아울러 올라감을 뜻한다고 말한다.**31** 벨 훅스는 심지어 어머니들조차 딸의 외모가 자신의 가치와 위신을 나타낸다고 생각한다고 말한다. 딸들이 예쁘지 않으면 마치 자신이 예쁘지 않은 것처럼 좌절한다는 것이다.**32**

자신의 외모가 자기 곁에 있는 남자의 가치를 드러내고, 외모가 여성의 경쟁력으로 평가받는 세상이므로 대부분의 남자가 정력에 집착하듯 대부분의 여자가 외모 가꾸기에 열을 낸다. 쌍꺼풀 수술한 사람이 이제 흔할 만큼 성형은 대중화 되었으며, 미용 성형은 좀 더 예쁜 외모를 갖기 위한 행동이 아니라 나를 사랑하고 발전시키려는 자기계발의 의미에 가까워지고 있다. 어떤 미용 성형이든 자신을 개선시키는 기술로 평가받으면서 더 나은 나를 만들기 위한 과정으로 인식되는 것이다. 사회 전반에 불어닥치는 강렬한 자기계발의 압박 속에서 남들에게 뒤처지지 않기 위해서라도 외모뿐 아니라 자기 관리가 중요해지는 가운데, 성형은 자신의 시장가치를 높이려는 안간힘이 된다. 당신에게 문제가 있는 게 아니라 당신의 신체 일부가 문제일 뿐이라고 위로하면서 유혹하는 성형외과 의사들은 여자들의 고민에 공감하고 수술이라는 해결책을 제시하는 구원자로 등극한다.**33**

그동안 여성주의는 여성이 외모를 꾸미는 이유가 남성의 요구와 욕망에 맞춰서 여성 자신을 성적 대상화한 것이라고 간주하면서 비판하는 데만 몰두했다. 하지만 그것은 여성의 욕망을 간과한 것으로, 외모의 아름다움이 전통의 위계질서를 전복하면서 권력과 자본을 지닌 계층과 경쟁할 가능성을 열어 주었다는 사실을 제대로 읽어 내지 못했기 때문에 생긴 비판이라고 사회학자 에바 일루즈는 지적한다. 그리고 과거에는 중산층 결혼 시장에 입장할 수 없던 여자들이 미모와 성 매력을 통해 신분상승을 꾀할 수 있는 것이 현대라고 말한다. 물론 지금의 여성은 스스로 자신의 지위를 높일 수 있는 가능성 또한 가지고 있다.

우리의 몸이 계급에 기초한 태도와 취향에 따라 구별되더라도 섹시함은 계급 차원에서 결정되지 않으므로 결혼할 때 성 매력이 중요한 변수로 떠오른다. 현대는 성 매력 경연장이다. 성 매력이 사회와 권력에 따라서 결정되는 것이 아니라 자율성을 갖고 자신만의 사회 무대를 만들어 낸다는 얘기다. 성 매력은 이제 사람들이 추구하고 욕망하는 새로운 자본이자 권력이 되었고, 외모로 분류되는 사람들의 위계질서가 생겨났다.[34]

여자들의 몸매에 대한 집착과 사랑에 대한 선망은 외모를 통한 신분 이동의 가능성을 함의한다. 여태껏 인류사는 계급제가 생겨난 이후 대부분 같은 계급끼리 혼인을 치러 왔는데 성 매력이 중요한 덕목이 되면서 가난하더라도 성 매력이 있으면 앙혼이 가능하다. 대중매체 연속극의 단골 주제나 여성 잡지들이 매번 다루는 기사도 결혼을 통한 신분 상승이다. 여자에겐 외모가 엄청 중요한 미덕으로 작용하다 보니 예쁘게 꾸미고 놀 줄 아는 여성이 공부하는 여성보다 더 괜찮은 남자를 잡는다는 속설이 여자들 사이에 퍼져 있고, 대다수 여성이 자신의 힘으로 지위를 높이려 하더라도 외모를 통해 위신이 높은 남자를 사귀어 신분상승하라는 욕망이 여성을 끊임없이 유혹한다. 여성의 아름다움은 양혼의 충분조건은 아니지만 필수 조건처럼 되어버렸다. 미모가 뛰어나다고 모두 부잣집에 시집가는 것은 아니지만, 부잣집에 시집간 가난한 집안 출신의 며느리들은 대부분 예쁘다.[35]

여자들의 외모 가꾸기는 남성의 시선에 맞춰서 대상화되는 측면도 있지만 자신이 신체를 몸소 세상에 내놓는 주체화의 측면도 있다. 여성이 대중매체가 부각시킨 특정한 외모와 사회가 원하는 여자다운 행동 방식과 직간접 광고에 세뇌당해서 미용 제품을 구입하는 게 아니라 자신이 원하는 것을 얻는 힘을 증가시켜야겠다고 결정했기 때문에 미용 제품을 구입하는 거라고 데이비드 버스는 말한다.[36] 성 평등 시대라지만 스스로 부자가 되려고 노력하기보다는 부자와 결혼을 하려는 여자들의 욕망에 대한 지탄이 생겨나고 있다. 하지만 스스로 부자가 될 가능성보다는 부자와 결혼할 가능성이 더 높다고 여기며 백만장자와 결혼하는 걸 꿈꾸면서 오늘도 거울 앞에 서는 여자들이 있다.

여성이 원하는 남성

세상에는 남자들이 널렸음에도 많은 여성이 남자가 없다고 하소연하는데, 이것은 높은 사회 지위와 많은 자원을 보유하고 있으면서도 아직 임자가 없는 남자가 자기 주변에 없다는 볼멘소리다. 여자들이 찾는 바람직한 남자란 자신의 자원을 아직 다른 곳에 투자하지 않은 남자를 가리키는 표현이다. 바람직한 미혼남을 통해 여성이 무엇을 욕망하는지가 드러난다고 데이비드 버스는 이야기한다.[37]

자주 선물해 주고 소소한 이야기도 잘 들어주며 일상사를 챙기는 행동들은 상대에게 꾸준히 투자하면서 아이가 태어나고 양육에 헌신하겠다는 의도를 알려 주는 신호이므로 여성이 선호한다.[38] 남성이 한눈팔지 않는 것을 중요하게 여기는 여성은 남자의 성격을 중요하게 평가한다. 여성이 높게 평가하는 남성의 정직함과 신뢰성 그리고 안정된 성격은 여성 자신이 차지해야 할 자원이 엉뚱한 곳으로 새어 나갈 가능성이 낮음을 뜻한다.[39] 남자가 여자의 외모를 따지는 양상에 비해 여자들은 남자의 외모를 덜 중요하게 여기는 까닭도 아주 잘생기면 다른 여자들과 연분이 일어날 확률이 높아지는 것과 꽤 연관이 있다. 자신의 아이에게 투자할 자원이 분산되는 걸 막고자 밤톨 깎아 놓은 듯 잘생긴 얼굴보다는 평범하면서도 믿음직한 인상을 선호하는 것이다.

얼굴은 안 봐도 키는 꼭 본다고 할 정도로 남자의 키는 여성에게 남성성으로 다가온다. 여자들은 과거에 자기를 지켜 줄 만큼 덩치가 좋고 강건한 남자를 배우자로 택하면서 다른 남자들의 공격으로부터 자신과 아이를 방어했으며, 자연환경에서 생존할 때 유리한 고지를 차지했다.[40] 프랑스 국립인구문제연구소의 설문조사를 보면 다수의 여성이 자신이 꿈꾸던 배우자의 당연한 특징으로 큰 키를 언급했다.

여자들 가운데 70퍼센트는 자기보다 키 작은 남자와 사는 것을 받아들이지 않았는데, 특히나 키 큰 여자들은 키 작은 남자들을 강하게 거부했다. 프랑스의 사회학자 니콜라 에르팽Nicolas Herpin이 위의 설문조사 결과를 인용하며 밝힌 견해에 따르면, 여자들은 남자 키가 자신보다 작으면 남자가 위축될지도 모른다고 걱정했다. 또한 남성에 따라 여성의 지위가 정해지는 사회이기 때문에 자신보다 체격이 작은 남자를 만나면 결국 자신의 품위가 격하된다고 생각했다.**41**

경제력, 지위, 야망, 근면성도 남자를 감별할 때 사용된다. 남자의 야망과 근면성은 향후 더 안정된 형편과 더 높은 지위를 예측하는 데 기여한다.**42** 여성은 남성의 지배력을 중요하게 여긴다. 남자들이 서열을 높이고자 학교부터 회사까지 무한 경쟁하고 죽자고 덤벼드는 까닭은 여성을 차지하기 위한 몸부림이다. 권력은 가장 강력한 최음제라고 미국의 국무부 장관이었던 헨리 앨프리드 키신저Henry Alfred Kissinger는 말했다. 여기저기에서 회자되는 키신저의 유명한 말을 제프리 밀러는 이렇게 설명한다.

여성들은 사회에서 높은 지위를 차지한 남성을 원하며, 이는 사회적 지위가 자원을 통제하는 능력을 의미하는 보편적인 단서이기 때문이다. 지위가 높으면 훌륭한 음식, 넓은 토지, 의료 혜택 등이 저절로 따라온다. 높은 사회적 지위는 아이들로 하여금 지위가 낮은 아버지를 둔 아이들은 얻지 못하는 사회적 기회를 누리게 해 준다. 전 세계적으로 볼 때 높은 사회적 계층의 집안에서 태어 남자들은 어릴 때부터 영웅이 되고 싶어 하고, 지배력을 지닌 척 자신감을 거짓으로 꾸며 내면서 여성의 환심을 사려 한다. 자신의 지위와 직업을 과대평가하거나 돈 자랑을 하고 운동 능력을 뽐내며, 키높이 구두를 신으면서 몸집을 불리고, 잘 차려입기까지 한다. 대부분의 여성은 양복 정장 같이 비싼 옷차림의 남성을 더 선호하기 때문이다. 남자들은 또한 달콤해진다. 여성의 문제를 잘 이해하고, 여성의 요구를 귀담아 듣고, 자상하게 행동하며, 상대에게 도움이 되도록 애쓴다. 여성은 남성의 헌신과 충실함을 높게 평가하므로 처음에는 거절할지라도 오랫동안 끈기 있게 구애하면 예전보다 조금은 더 관심을 갖는다.

남자들은 허풍을 떨면서 연애 기간에만 달달할 수 있기에, 여성은 남자의 허세와 바람기를 알아채는 촉이 발달해 있다. 여자들이 끊임없이 자신을 사랑하느냐면서 상대의 감정을 확인하려 드는 까닭도 남자들의 실제 감정을 파악하고 자신에게 몰두하고 있는지 점검하기 위함이다. 여자들의 요구에 남성은 지금 자신의 감정이 꾸민 게 아니라는 걸 보여 줘야 하므로 전화나 편지, 고백을 통해 자신의 감정을 있는 그대로 전달하고, 지금의 감정과 행동이 한결같은 자기 본연의 모습인 것처럼 행동하게 된다.**44** 많은 여성이 나중에 결혼하고 나서 남자의 허세에 속았다고 한탄하는 것은 여성의 감식안을 속일 만큼 남자들의 허세가 근사하게 작동되기 때문이다.

여성은 상대에게 바라는 내용이 남성보다 다양하고 복잡한데, 여자나 남자나 기본 밑바탕에는 생존과 번식이 가능한 짝을 만나려는 욕망이 있다. 이수일과 심순애의 얘기처럼 그동안 여성은 돈에 굉장히 취약해서 흔들렸는데, 그 까닭은 오랫동안 생존이 위협받는 사회 환경이었고 여성은 자신의 성을 거래하여 생존을 도모할 수밖에 없었기 때문이다. 관성은 쉽게 바뀌지 않아 경제력을 갖춘 여자들이라 하더라도 아직까지는 부유한 집안의 남자에게 더 끌린다. 더구나 경제 성장기에 자란 요즘 여성들은 워낙 생활수준에 대한 요구가 높아 결혼의 문턱도 덩달아 높아졌다. 미혼의 여성은 자신의 아버지만큼 경제력이 있는 남자를 찾으려 하고 생활수준이 낮아질 게 불 보듯 뻔하면 결혼을 꺼린다.**45** 게다가 임신과 육아에 따른 사회 경력 단절은 여자들을 결혼으로부터 물러나게 만든다. 하지만 성 평등 사회로 전환됨에 따라 경제력이 늘어나고 주체성도 커진 여성에 맞춰 남녀 관계는 변화될 수밖에 없다. 이미 선진 복지국가에서는 더 높은 지위와 더 많은 돈보다는 남성의 충실한 헌신과 예민한 정서가 더 높게 평가받는다.**46** 여성의 경제력과 연상연하의 짝 비율은 연관 관계가 있고, 앞으로 연상연하 짝이 더 늘어나리라 예상된다.

그대 이름은 바람, 바람, 바람

여자와 남자가 결혼한 뒤에 서로에게 충실하면서 행복하게 살면

참 좋겠지만 결혼 뒤에도 성 전략은 이어진다. 부부는 무의식중에 배우자를 저울에 올린다. 현재의 배우자는 다른 이성과 저울질할 때 쓰이는 기준점이 된다.[47] 정절을 중요한 덕목으로 삼는 이유 자체가 남녀 모두 바람을 피워 온 역사를 반영한다.

남자들은 여러 여자와 성관계를 하고자 하는 강한 욕망을 진화시켰다. 남자들의 이상형은 처음 보는 여자라는 우스개처럼 수컷은 방금 성관계가 끝나 더 이상 이 암컷과 성관계할 생각이 없더라도 새로운 암컷이 나타나면 곧장 성적 흥분이 생겨나는 쿨리지 효과*를 보인다. 시간이 지나고 술집 문을 닫을 시간이 다가오면 남자들의 눈에는 남아 있는 여자들이 갑자기 엄청 매력 있게 보인다. 어떻게든 많은 성관계를 하려는 본능이 남성 안에서 꼼지락거리는 것이다.

> 우리의 진화된 성 전략에 대한 핵심 논제는 남성이 여성보다 혼
> 외정사를 어쩔 수 없이 더 많이 한다는 것도 아니며 남성은 예
> 외 없이 부정을 저지른다는 것도 아니다. 단지 남성의 성 심리는
> 남성으로 하여금 성적 다양성을 추구하기 쉬운 성향을 지니게
> 만들었으며, 따라서 손실과 위험이 낮을 때 남성은 혼외정사를
> 추구한다는 것이다. 여성도 혼외정사를 포함해서 단기적인 성

• 수컷이 동일한 암컷과 계속 교미하면 결국 지치게 되지만 다른 암컷을 만나면 곧바로 힘을 내서 교미를 할 수 있게 되는 효과. 새로 등장한 대상을 향해 성적 욕구를 나타내는 현상을 지칭하기도 한다.

관계를 추구하지만 여기에 대한 욕망이나 환상, 동기는 남성에 비하면 덜 열성적이다.**48**

수많은 영화를 흥행시킨 미국의 작가이자 감독인 노라 애프론Nora Ephron은 워터게이트 사건을 밝혀내면서 리처드 닉슨Richard Nixon 대통령을 물러나게 하고 퓰리처상까지 받은 언론인 칼 번스타인Carl Bernstein과 재혼했을 때의 생활을 글로 썼고, 그 글은 영화 〈제2의 연인〉으로 만들어진다. 이 영화의 주인공으로 연기하는 메릴 스트립Meryl Streep은 남편이 자신도 아는 유부녀와 바람피운 걸 발견하자마자 둘째를 임신한 몸으로 첫째를 들쳐 업은 채 비행기를 타고 아버지의 집으로 간다. 어떤 여성과 노름하다가 며칠이 지나 집에 돌아온 아버지는 울먹이는 딸을 위로하다가 뭘 해야 하냐고 묻는 딸에게 일부일처를 원하면 백조와 결혼하라고 조언하고는 꼭 껴안아 준다. 그런데 일생을 짝지어 살다가 한 마리가 죽으면 평생 독신으로 살거나 슬픔에 빠져 따라 죽는다고 알려진 백조도 상대를 버리고 떠나거나 짝을 잃으면 곧장 새 짝을 구한다. 겉보기엔 일부일처 관계를 유지하더라도 성적으로 엄격하게 일부일처를 고수하는 동물은 거의 존재하지 않는다. 자연계에선 은밀한 형태의 일처다부가 이뤄진다. DNA 지문을 조사한 결과 무척추동물부터 어류, 양서류, 파충류, 조류, 유대류, 포유류에 이르기기까지 한 암컷에게서 다양한 수컷의 혈통이 태어나는 일처다부의 현상이 나타난다. 자연계에서 일부일처는 예외에 가까우며, 엄격하게 성적으로 일부일처제를 고수하는 소수의 동물은 대개 성행위에 별 관심이 없고 성교를 자주 하지 않는다. 하지만 인간은 성에 열광하고 탐닉한다. 데즈먼드 모리스는 '털 없는 원숭이'가 분명히 모든 영장류 가운데 가장 성적인 동물이라고 얘기한다.[49]

애정 행각은 남녀가 벌이는 일이므로 남성이 벌이는 외도 숫자의 총계는 여성이 행한 외도 숫자의 총합과 동일하다. 56곳의 상이한 인간 사회를 조사한 결과 14퍼센트는 거의 모든 여자들이, 44퍼센트는 적당한 수의 여자들이, 42퍼센트는 소수의 여자들이 혼외 성교를 하는 것으로 나타나 남성과 비슷했다.[50] 여자들은 외도할 때 조건과 상황을 더 따지는데, 남편이나 애인이 자신에게 소홀할 때가 여성이 외도의 유혹에 가장 흔들리기 쉬운 때다. 여성은 가장 임신하기 쉬운 배란기에 혼외정사를 하려고 드는데 이때 부드럽고 안정된 남자보다는 좀 더 야성미가 있는 남자를 원하는 것으로 나타난다.[51] 생물학자인 로빈 베이커Robin Baker에 의하면 여성은 질 안으로 유입된 정자를 어느 정도 통제할 능력이 있기 때문에 원하지 않는 정액은 상당한 힘으로 배출한다. 오르가슴을 느낄 때 여성은 몸 안에 있던 정자를 내보내면서 오르가슴을 느끼게 한 남자의 정자를 보관하려는 기능을 발휘한다. 여성은 정자의 질을 상대와의 만족도를 통해 판단하고 구별하는 것이다. 그래서 가임기의 여성은 주요 배우자의 정자는 덜 보유하지만 혼외정사의 경우 더 많은 정액을 보유해 정자의 다양성을 확보하려 한다.[52] 여자들이 내연남에게 희망하는 자질은 자신에게 많은 논을 망설이지 않고 쓰며 선물 공세를 자주하고 사치스러운 생활을 할 수 있게 해 주는 것이었고, 이런 조건을 제시하는 남자와 성행위할 때 황홀경을 더 느끼는 것으로 조사됐다.[53]

배란기의 여성은 미묘한 신호를 발산한다. 여성은 배란기에 더 강한 성욕을 느끼고, 새로운 남자에 대한 성적 환상에 더 많이 빠져든다. 피부는 평소보다 더 빛나고 가슴이나 귀 같은 부위가 더 대칭되며 좀 더 꽉 끼는 옷을 입고 살결을 더 드러내며 더 많은 성관계를 시도한다.[54] 남자들은 여성의 변화를 무의식중에 감지하여 다가가고, 남편과 남자친구는 다른 남자의 접근을 막기 위해 감시에 나선다. 남자들은 자신의 짝이 외도할까 봐 걱정하지만 정작 자기 안의 바람기는 짐짓 모른 체한다.

친부로 확인된 남자에게 재정 지원을 하도록 관리하는 아동 후원 기관이 발표한 바에 따르면 여러 나라에서 약 15퍼센트의 아버지가 친부가 아니다.[55] 미국혈액은행협회가 제공한 자료를 바탕으로 한 조사에서도 약 30만 건의 친부 검사 결과 중 30퍼센트가 아버지와 아이의 핏줄이 불일치한다고 밝혀졌다. 영국이나 미국, 독일과 멕시코 등에서 사회학으로 볼 때 자기 아이지만 생물학으로 봤을 땐 자기 핏줄이 아닌 아이를 키우는 아버지가 적게는 4퍼센트, 많게는 17퍼센트까지 나타난다.[56] 예전 남자의 아이를 임신한 줄 모르고 다른 남자의 아내가 되는 여성도 있고, 다른 남자의 아이를 가진 걸 숨긴 채 결혼하는 여성도 있으며, 지체 높은 남자를 만났어도 지속된 관계를 맺을 수 없는 상황이라면 원래의 남편에게서는 헌신을 받되 지위가 높은 외간 남자의 아이를 낳는 전략을 사용한 여성도 있다는 얘기다.

세계 어디나 간통을 엄격히 처벌했지만 혼외 관계는 늘 있어 왔다. 오랜 세월 인간은 수많은 성관계를 맺으면서 번식에 힘썼다. 자신의 입장에서 여러 상대와 맺는 성행위는 이득을 주겠지만 상대방에게는 손해를 끼친다. 그래서 외도를 막기 위해 인간은 낭만 어린 애정을 진화시켰다. 다른 사람을 배제하고 오직 한 사람에게만 구애 노력을 쏟는 감정 상태는 최소한 몇 주에서 몇 달은 부정을 막아 준다. 특히 여성은 모든 정념을 쏟아 내는 남성에게 매혹되기 쉬운데, 다른 조건이 같다면 열정과 사랑은 정조의 신호이기 때문이다.[57] 이와 더불어 많은 사람이 성적 환상을 통해 욕망 해소를 하면서 상대에 대한 정절을 지킨다. 같은 침대에 눕더라도 야한 꿈을 꿀 때는 오래된 연인이나 배우자가 나오지 않는다. 언제나 낯설거나 새로운 누군가가 나타나 우리를 유혹한다. TV, 컴퓨터와 책을 통해 전달되는 온갖 환상들에 우리는 흥분하고 성적으로 반응한다. 실제로 부정을 저지르지는 않지만 자신만의 환상 속에서 부정을 저지르며 형식상의 일부일처를 유지한다.

이제 외도하는 인간들을 오랜 세월 처벌했음에도 부부의 인륜을 저버리는 일이 왜 자꾸 벌어질 수밖에 없는지 머나먼 과거를 들여다보는 사유의 여정을 떠나 보자.

선사 시대의 성관계

에드워드 윌슨은 인류 사회의 4분의 3이 아내를 여럿 취하는 것을 허용했고 관습을 통해 일부다처를 장려했으며 일부일처제 사회라도 법률 차원에서만 그러할 뿐 사실상 여러 형태로 일부다처제를 용인한 반면에 한 명의 여성이 여러 명의 남성과 혼인하는 것을 허용하는 사회는 1퍼센트 이하라고 말한다.[58] 많은 수의 학자들이 인간은 일부일처 또는 온건한 일부다처제형이라고 생각한다. 하지만 크리스토퍼 라이언Christopher Ryan과 카실다 제타Cacilda Jethá는 방대한 자료를 토대로 반론을 펼친다. 이성에게 원하는 조건들이 느슨한 형태의 일부다처제를 낳고, 이런 경향이 인류의 보편성을 갖는다는 데이비드 버스의 연구가 연령과 계급의 왜곡 효과에서 자유롭지 못하며, 더구나 데이비드 버스의 조사는 모두 탈농업 사회의 현실을 반영한 결과라고 라이언과 제타는 날카롭게 지적한다. 현재 드러나는 이성의 선호도나 질투의 양상은 현대사회에 맞춰져 형성된 욕망일 뿐 인류의 보편성이라고 할 수 없다는 반박이다.[59]

그동안 일부일처제를 해야 한다는 도덕관념은 우리가 어떤 존재인지를 제대로 인식하지 못하게 했다. 다윈도 일부다처제든 일부일처제든 결혼이 보편화되자마자 자제력을 크게 요구하는 순결이 인간에게 매우 이른 시기부터 존경의 대상이 되었으며, 외설을 미워하는 것은 선천성으로 생각될 만큼 당연한 것이라면서 미개인들 사회는 방탕과 죄악에 크게 만연해 있었다고 다윈 당대의 도덕규범으로 인류 조상들의 성생활을 평가했다.[60] 다윈은 인간 조상들의 성행위가 난잡했는지에 의구심을 품고 깊게 생각하기를 꺼렸지만, 미국의 인류학자 루이스 헨리 모건Lewis Henry Morgan은 선조들의 성생활에 대한 탐구는

피할 수 없다면서 혈연관계와 가족 제도를 통해 문명이 발전한 양상을 연구했다.**61**

생물학자 데이비드 바래시(David P. Barash, 1946~)와 의사 주디스 이브 립턴Judith Eve Lipton은 일부일처제가 신화라고 말한다.**62** 인류사를 넓게 보면 일부일처제를 강력하게 실시한 곳은 드물며 일부일처제라고 하더라도 혼외 관계가 허용되는 곳이 훨씬 많았다. 지금도 남아 있는 수렵 채집 사회에선 성적 배우자를 통제하고 질투하는 현대인들과는 다른 성 문화를 지니고 있다. 수많은 인류학의 보고에 따르면 수렵 채집 사회에서 남자들은 자녀가 자기 핏줄이어야 한다는 부성에 대한 집착이 별로 없으며, 누이들의 자녀에 대해 책임감을 느끼면서 외삼촌들이 아버지 같은 역할을 한다. 프로이트는 아빠, 엄마와 자식의 관계를 다루면서 보편화된 인류의 심리 발달 과정을 탐구한다고 생각했지만 부모와 자식으로 구성된 핵가족은 길고 긴 인류사에서 봤을 땐 최근에 부각된 형태다. 과거에는 느슨한 대가족 형태가 흔했고 대행 어미allo mother들이 서로의 아이들을 돌봐 주며 함께 키웠기에 엄마들은 아이를 맡기고 들로 산으로 돌아다니거나 아이를 포대기에 감싸 안고 먹을 것을 캐러 돌아다녔다. 요즘처럼 엄마 혼자 육아하며 끙끙대다 우울증에 걸리는 현상은 드물었다.

농업이 시작되고 잉여 식량과 권력이 집중되면서 수직화된 위계 서열이 강화된 1만여 년의 문명사회가 남성 중심 사회라면 그보다 훨씬 긴 시간 동안 인간은 수렵 채집하며 평등하게 생활한 모계사회였고, 그 흔적들은 아직 지구 곳곳에 남아 있다. 중국의 모수오족은 여성이 높은 지위를 갖고 성행위도 원하는 만큼 마음대로 갖는다. 현재 중국의 한족이 모수오족의 전통을 위험하다고 여기고 일부일처제로 바꾸도록 압박을 넣고 있지만 아직까지는 모계 중심의 성적 자율권이 유지되고 있다. 또한 인도네시아의 미낭카바우족 또한 모계사회로, 여성은 나이가 들수록 위신이 서고 남성 또한 여러 형태의 권위를 누리면서 여성과 남성이 공익을 위해 협력한다. 선사 시대의 여자들은 여러 남성과 다자 연애를 했고, 영화 〈맘마미아〉에서처럼 남자들은 서로 자신이 아버지라는 것을 인정받고자 싸우지는 않더라도 자신과 사랑을 나누었던 여자에게서 태어난 아이를 지원하는 데 힘썼다. 아이들은 단 한 사람에게만 지원받기보다 여러 사람에게 지원받음으로써 생존율이 높아졌다.

사회학자 스티브 테일러는 지금과 달리 과거 수렵 채집 사회에서는 여성의 성적 자율권이 보장되었고 거의 벗고 살았기에 사람들은 성적 수치심도 없었고, 자신을 육체와 분리해서 생각하지도 않았고, 사회 억압도 없었고, 폭력이나 전쟁도 거의 없었다고 말하면서 문명이 발달하고 약 6천 년 전부터 가부장제가 나타나 여성을 통제했고 성 억압과 전쟁이 일어났으며 환경 파괴와 물질주의가 득세했다고 주장한다.[63]

그리스 신화를 비롯한 수많은 신화 속에 담긴 내용들을 미루어 짐작하더라도 과거 인류의 자유분방했던 성 문화를 엿볼 수 있다. 인간은 아주 오랫동안 난혼을 해 왔으며 일부일처제의 압박을 받은 시기는 아주 짧은 시기일 뿐이라고 라이언과 제타는 강조한다. 상대를 가리면서 더 나은 짝을 찾는 모습은 최근에 들어서 나타났다. 몇 십만 년의 시간 동안 인간은 다자 연애를 했으며, 어느 정도 일부일처의 형태를 띠더라도 짧은 시간을 간격으로 여러 상대와 성교한 것으로 보인다.

우리의 신체를 보면 과거에 인류가 어떻게 살았는지 알 수 있다. 여성은 완벽하진 않더라도 배란이 감춰져 있는데, 한 명의 짝과 일부일처로 평생을 살았다면 배란을 은폐할 이유가 없다. 배란일이 확연히 노출되고 그때만 발정하면서 성관계를 하는 다른 동물들과 달리 인간 여성은 언제든지 성행위를 할 수 있고 언제 임신이 되는지 여성 자신이 모를 정도로 감춰져 있는데, 이것은 인류의 조상 여자들이 많은 상대와 짝짓기 할 수 있었다는 증거다.

여성이 많은 상대와 성관계를 맺었다는 또 다른 증거는 교성이다. 성관계가 단 두 사람만의 내밀하고 조용한 행위라면 여자들이 감창소리를 내지 않을 것이다. 성관계할 때 여성의 교성은 무의식중에 다른 남자에게 전달하는 초대장이다. 감창소리는 남성의 사정을 활성화시키는 책략도 포함되어 있다. 감창소리는 남성을 끌어들이는 데 기여하고 지금 성관계를 하는 남자를 흥분시켜 사정하게 하면서 또 다른 성관계의 가능성을 높인다. 다양한 종의 암컷들이 열정의 고통 속에서 소음을 내는데, 특히 영장류들 사이에서 공통되게 발생하고, 암컷들이 교성을 통해 집단 속의 수컷들을 선동한다는 증거가 쌓이고 있다.64 여자들의 성적 환상을 들여다보면 여러 남자와 하는 환상이 꽤 높은 비율을 차지하는데, 이것 역시 과거의 조상 여성들이 많은 상대와 성관계를 벌였다는 추론의 단서가 된다.

우리의 사촌들을 통해서도 조상들의 성생활을 어림짐작할 수 있다. 침팬지와 보노보는 인간이 진화해 오면서 갈라져 나온 가장 가까운 친척 동물들인데, 특히 보노보는 인간과 더 비슷하다. 대부분의 동물들이 암컷 뒤쪽에 수컷이 올라타는 후배위로 성관계를 맺는데, 보노보는 인간처럼 얼굴을 마주보는 체위가 가능하다. 보노보들은 암컷을 차지하기 위해 수컷끼리 경쟁하기보다는 많은 수컷이 많은 암컷과 다자 연애한다. 보노보들은 번식하기 위해 성교하지 않고 쾌락을 위해 그리고 갈등과 긴장 해소를 위해 성행위 한다고 네덜란드의 동물학자 프란스 드 발Frans de Waal은 확신한다.**65** 보노보는 생각할 수 있는 모든 체위로 성관계하고 동성애는 물론 구강성교나 성기 안마, 혀를 사용한 입맞춤도 해서 프란스 드 발은 보노보를 '카마수트라 영장류'라고 부른다.**66** 보노보는 싸웠거나 화가 나 있는 상대와도 성적인 자극을 주고받으면서 금세 화해하고 매우 평화롭게 지낸다. 물론 보노보 간에 경쟁이 없는 건 아니다. 이들은 개체 간 경쟁은 하지 않지만 암컷의 몸 안에서 정자가 경쟁을 벌인다.

남성 간의 정자 경쟁

정자들이 경쟁한다는 발상은 고대 그리스의 아리스토텔레스Aristotle

가 이미 언급했지만 그 뒤로 2천 년이 훨씬 넘게 역사의 뒤편으로 잊혔다가 생물학자 오토 빙게Otto Winge가 1937년에 처음으로 정자 경쟁이라는 용어를 쓴 뒤 1970년대에 생물학자 제프 파커Geoff Parker가 개념을 좀 더 다듬어서 사용했다. 정자 경쟁은 단지 한 남자의 정자들이 경쟁한다는 뜻이 아니라 여러 수컷의 정자들이 암컷의 난자와 수정하기 위해 경쟁한다는 뜻으로, 자연계의 모든 동물 집단에서 발견되는 현상이다. 동물들은 부성父性 방어 행동을 한다. 수컷들은 임신이 가능한 시기에 정자 경쟁에서 이기기 위해 짝을 보호하고 빈번하게 교미해서 자신의 정자로 암컷을 수태시키려 한다.**67** 인간도 정자 경쟁을 벌여 왔고 현재도 벌이고 있다.

1980년대 영국의 한 조사에 따르면 여성의 80퍼센트가 일생 중에 5일 간격 이내에 두 명의 남자와 관계한 적이 있으며, 1일 이내는 69퍼센트, 한 시간 이내는 13퍼센트였다.**68** 여성의 몸 안에서 두 남자이상의 정자가 만날 확률은 언제나 있던 셈이고, 남자의 귀두는 용마루 모양으로 이미 여성의 몸에 들어 있는 다른 남자의 정액을 퍼내는 기능을 갖추었다. 음경이 클수록 정자 제거 능력이 탁월하다.

만일 당신이 암컷과 짝짓기를 하는 두 번째, 세 번째, 혹은 네 번째 수컷이라면, 번식한다는 측면에서 당신은 어떻게 하면 효율적으로 충분한 양의 정자를 주입할 수 있는가 뿐 아니라, 경쟁자가 앞서 주입한 정자를 제거할 수 있는가에 장기적으로 관심을 갖게 될 것이다. 많은 동물, 특히 곤충의 음경은 단지 정자를 전달하는 관이 아니다. 그것은 긁고 후벼 내고 뚫고 돌리는 다양한 기능을 가진, 앞선 수컷의 정자를 제거하도록 적응된 다용도 스위스 군용 칼이다.[69]

남자들이 자신의 성기를 자궁 근처까지 들이밀고 사정한 후 성관계를 재빨리 끝내지 않고 넣었다 뺐다 오랜 시간 공이질하면서 공들이는 까닭은 성교 과정 자체가 교미 구애이자 다른 남자의 정액을 빼내려는 몸부림이기 때문이다. 또한 사정하면 음경은 금세 맥없이 축 늘어지는데 이것도 자신의 정액을 빼내지 않으려는 적응의 결과다. 남자의 음경은 안의 내용물을 퍼내는 삽 구실을 한 뒤 자신의 정액을 고이 넣어 두고자 사정 뒤 곧장 흐물흐물해진다.

남자들은 한 번만 사정하지 않고 여러 번에 걸쳐 사정하는데, 사정할 때마다 나오는 정자들의 기능이 다르다는 연구 조사가 있다. 영국의 두 생물학자 로빈 베이커와 마크 벨리스Mark Bellis는 정자를 크게 세 종류로 나눌 수 있다고 주장한다. 먼저 정자잡이는 다른 남자의 정자를 찾아 파괴하는 천연 살정제를 지녔기에 자살특공대라고도 부른다. 그 다음으로는 난자와 수정이 가능한 난자잡이가 있는데, 난자잡이는 머리가 크고 다른 정자들에 견주어 아주 소수다. 마지막으로 방패막이는 다른 남자의 정자가 자궁경부 벽의 정액 임시 저장고와 자궁을 통과하는 것을 막는 파수꾼 노릇을 한다. 정자는 맨 처음에는 대부분 정자잡이였다가 시간이 지나면서 방패막이로 변한다.[70]

나이가 들어 움직임이 둔해지니 방패막이가 되어 몸으로 때우는 구실을 하는 셈이다. 하지만 인간이 아닌 다른 동물의 정자를 사용하여 수행된 수많은 실험 결과 정자가 섞였을 때 정자들이 서로 붙어 죽이는 반응은 전혀 관찰되지 않았다. 더구나 베이커와 벨리스가 주장하는 난자잡이를 가지고 있지 않은 남자도 많기 때문에 실제로 난자잡이는 존재할 가능성이 별로 없고, 머리가 큰 난자잡이는 정상 염색체 수의 두 배를 가지고 있는 염색체 돌연변이라서 수정 하더라도 수정란이 발생할 수 없다는 논문도 발표되었다.**71** 베이커와 벨리스의 주장은 검증되지 않았고 과장됐으며 근거도 부족하다고 평가받는다.

그럼에도 남성이 정자를 어마어마하게 만들어 낸 이유와 여성의 질과 자궁을 외부의 감염으로부터 지키고자 화학 방어 체계를 구축해서 정자들에게 해로운 환경이 된 이유 모두 과거의 여성이 여러 남성과 교미해 왔다는 걸 암시한다고 바래시와 립턴은 주장한다.**72** 수많은 남자의 다양한 정액이 여성의 몸 안으로 들어갔기에 여성은 정액을 검증하면서 정액과 함께 유입될 수 있는 병균들을 제압하는 방어 체계를 갖추게 된 것이다. 남자의 정액을 측정해 보면 배출되는 정액의 양이 상황에 따라 달라진다. 자신의 배우자가 외간 남자와 성관계를 했으리라는 암시만 받아도 남자들은 이전보다 더 흥분하면서 더 많은 정액을 분출한다. 아주 오래 전에 조상 남자들이 벌인 정자 경쟁이 다시 펼쳐지는 셈이다. 사정하는 횟수와 양은 무의식중에 상대에 대한 정보와 자신의 위치가 반영된다. 인체는 놀랍도록 외부와 상호 영향을 주고받으면서 작동한다. 남자들이 포르노를 볼 때 다양한 여성에게 흥분하지만 다른 남자의 성기 크기와 사정하는 정액의 양에도 무의식중에 반응하는데, 그 이유도 선사 시대의 남성들이 벌이던 정자 경쟁의 지령에 반응하도록 준비된 인지 체계가 활성화되기 때문일지도 모른다.[73]

고환의 크기를 보면 정자 경쟁이 어떤 강도로 이뤄지는지 짐작할 수 있다. 고릴라의 모든 암컷은 가장 강한 수컷에게 통제당하기 때문에 고릴라는 고환이 클 필요가 없고 음경이 길 필요도 없다. 그래서 수컷 고릴라는 다른 수컷들을 무찌르기 위해 덩치가 우람하지만 고환과 음경은 자그마하다. 이와 달리 침팬지 암컷은 수컷에게 통제당하지 않고 배란기 때 수많은 수컷과 5백~1천 번의 교미를 하므로 수컷들은 다른 수컷의 정자를 몰아내고 자신의 정자를 생존시킬 확률을 높이고자 고환을 증대시켰다. 침팬지의 고환은 그 크기가 으리으리해서 엄청난 양의 정액을 여러 번에 걸쳐 쏟아 내도 금세 보충된다.

인간의 고환은 고릴라의 고환보다야 훨씬 크지만 침팬지나 보노보의 고환보다는 작다. 이것은 인간이 보노보만큼 난교하지 않았다는 의미일 수 있지만 문명이 생기고 1만 년의 시간 속에서 완만하게 고환이 축소되는 형태로 진화가 일어났으리라고 라이언과 제타는 설명한다.[74] 수컷들의 경쟁은 정자 경쟁 수준에서 일어났고 왕성하게 정자를 생산하는 유전자들이 선호되는데, 일부일처제가 확산되면서 생식력이 적은 남자의 정자도 수정 가능성이 높아졌다. 한 번 사정할 때 몇 억 마리였던 정자의 숫자가 최근 들어 급감해서 몇 천 만 마리로 줄었는데, 환경오염 탓도 크겠지만 성적 일부일처제가 남성들의 고환

을 오그라들게 하고 있을지도 모른다고 라이언과 제타는 추론한다.[75]

남성 평등화 장치가 된 일부일처제

생식은 남성과 여성의 교합으로 이뤄지므로 인류의 부모는 반은 남성이고 반은 여성이나 DNA 연구 결과 인류의 조상들 중 여성이 남성보다 두 배 더 많다. 보다 적은 수의 남성이 많은 여성과 성관계를 통해 자신의 유전자를 퍼뜨린 데 반해 많은 남성의 유전자가 이어지지 않은 것이다. 그런데 이것도 오늘날 일부일처제가 강화되면서 꽤 조정된 결과다. 몇 세기 전에 연구했더라도 조상의 성비는 여성이 서너 배 더 많았으리라 예상된다.[76] 지금이야 남성 대다수가 자신의 아이를 키울 수 있지만 인류 문명사 속에서 다수의 남성은 여성에게 선택받지 못했고 핏줄이 끊겼다.

결혼하지 않으면 자유로이 쾌락을 탐할 수 있으리라는 착각에 빠지곤 하는 남자들은 결혼을 무덤으로 들어가는 행위에 비유하는데, 대부분의 독신 남성은 굉장히 외롭다. 대단히 철저히 이뤄진 한 연구에 따르면 미혼자들보다 기혼자들이 더 많이 성교하고 더 많은 절정을 경험하고, 배우자와만 성관계하는 남자가 여러 명의 성관계 상대가 있는 남성보다 성관계 횟수가 더 많다.[77] 일부일처제가 남자들을 고독과 분노 속에서 구한 셈이다.

사실 일부다처제는 대다수의 남성에게 재앙이며, 그에 비해 대다수의 여성에게는 좋은 제도일 수 있다. 일부다처제에서는 더 많은 여성들이 힘 있고 성공한 남성과 관계를 맺을 수 있다. 지위가 낮고 그다지 성공하지 못한 남성들에게는 심각한 문제지만, 내쫓기는 여성은 거의 없을 듯하다. 따라서 비록 일부일처제가 여성에게 혜택을 준다고 생각할 때가 종종 있지만 그것은 남성, 특히 중산층이나 하층 계급의 남성들에게 훨씬 더 적합할지 모른다. 일부일처제는 위대한 남성 평등화 장치, 가정 민주주의의 승리다.[78]

유럽에서는 산업화가 일어나자 일부일처제가 강화되어 실시됐다. 현대의 노동자들은 자본가에 비해선 몹시 쪼들리지만 그래도 봉건시대의 지주와 농노의 관계보다는 향상되었고, 품삯을 통해 최소한 자신의 가족은 먹여 살릴 수 있게 되었다. 한마디로 일부일처제는 남성 대 남성의 평등이 어느 정도 실현된 결과로, 거대한 번식 평등화 도구라고 바래시와 립턴은 이야기한다. 앞서 귀족 같은 지배 계층 남자들과 달리 산업화와 자유민주주의라는 이념 속에서 등장한 자본가 계급은 노동력을 재생산할 수 있도록 중간계급과 하급 계급의 남자들에게도 결혼의 기회를 허용했다. 자본가들은 타 집단과의 갈등과 경쟁에서 이기기 위해 집단 안의 다른 남성에게 도움을 받아야만 했고, 민중에게 빵과 서커스 대신 일부일처제를 제공한 것이다.[79]

선사 시대의 다자 연애부터 자본주의 속 일부일처제 확립까지의 논의를 정리해 보자. 수백만에서 수십만 년 동안 인류의 조상들은 많은 상대와 성행위를 빈번하게 하는 다자 연애를 했다. 그러다 지금으로부터 1만 년 전에 농업이 시작되고 잉여 생산물이 늘어나면서 부의 상속이 진행되자 핏줄의 확인이 중요해졌고 그에 따라 여성의 자율성이 통제되는 남성 중심의 위계 서열 구조로 사회가 재편됐다. 능력 있는 남자들이 여러 여자를 거느리자 함께할 여성이 없는 남자들의 불만과 분노 그에 따른 폭력과 전쟁이 심각해졌다. 시간이 흘러 집단 사이의 경쟁이 일어나면서 군사력 확보가 중요해지고 산업화의 진행으로 인구와 노동력이 한층 더 중요해짐에 따라 일부일처제가 전 세계에 확립되고 있지만 아직 완전하게 정착되지는 않았다.

성욕은 진화되고 조정되는 과정에 있는 것으로 보인다. 1만여 년 안팎의 시간 동안 징벌당하고 통제당하면서 인간은 수동성과 조신함을 보유하게 되었지만 몇 십만 년 동안 누려 오던 성적 활발함이 사라지진 않아 여성의 성욕은 한 사람 안에서도 갈등이 있고, 여자들끼리도 큰 격차가 존재한다. 이에 반해 남자들은 문화의 영향 아래 과도함을 조절해야 한다는 압박을 느끼면서 한 여자에게만 충실한 남자들이 대거 등장하고 있지만, 과거와 마찬가지로 성욕을 적극 뿜어내는 남자들이 다수를 차지하고 있다.

태초에는 남자와 여자가 성을 대하는 태도가 크게 다르지 않았을지 몰라도 시간이 지나면서 성차가 강하게 형성됐고, 성별에 따라 성을 대하는 심리와 행동은 본능처럼 작동하고 있다. 그러나 우리가 문명화되었더라도 문명의 시간보다 더 오랜 시간 동안 진행됐던 과거의 경험이 깡그리 삭제되지는 않았다. 문명의 발달에 힘입어 일부일처가 도덕규범으로 작동하지만 일부일처제가 사람들에게 편안하게 자리매김한 것 같지는 않다. 인간은 언제나 타인이 필요하나 그 사람이 꼭 한 사람으로 국한되지는 않는다. 일부일처제는 이상의 가치로서 기능하지만 많은 사람이 현실과의 괴리를 느끼고 있다.

지구의 문명들이 모조리 서구식으로 근대화되면서 대다수의 사회에 일부일처제가 보급되었으나, 일부일처제의 포장지를 벗기고 그 안을 보면 위선이 보인다. 서로 사랑해서 결혼했더라도 시나브로 성적 흥분이 줄어들고, 부부의 침실은 열정의 폐허가 되어 금욕의 공간으로 탈바꿈하는 경우가 많다. 16세기 인도의 성 지침서 『아낭가랑가 *Ananga-ranga*』는 한 사람 하고만 성관계하는 데서 발생하는 지루함을 없앨 목적으로 엄청나게 많은 규칙과 정해진 절차에 따라서 남편이 아내의 몸을 어떻게 해 주어야 하는지 수많은 체위와 다양한 기교를 담았는데,**80** 현대의 대다수 사람은 딱히 방중술이나 도움말도 얻지 못한 채 그저 한 사람만 사랑해야 한다는 압박만 강하게 받고 있다.

제도의 처벌과 내면의 검열에도 불구하고 일탈은 사방에서 벌어진다. 밤이면 도시는 환락가로 변한다. 환락이라는 말에서 나타나듯, 수많은 불륜과 외도가 기쁨과 즐거움으로 인식되고 있는 사회에서 한 사람과만 성관계하라고 외치는 것은 수영장에 물고기를 잔뜩 풀어 놓고는 물고기를 건들지 말고 수영하라는 말과 비슷할지도 모른다.

행복을 향한 의지

평생에 걸친 일부일처제의 관습이 서구 사회에서부터 시작되어 이제는 보편의 도덕성으로 떠받들어지면서 누구라도 일부일처제에 순응하지 않으면 비정상이거나 삐딱이로 간주된다. 그런데 일부일처제를 도덕성으로 여기는 가치 판단 자체가 일부일처제를 지탱하면서 이익을 보는 이들의 성 전략이라고 데이비드 버스는 이야기한다. 여성이든 남성이든 자신의 외도 여부와는 상관없이 상대방은 자신에게만 충성하고 헌신하는 것이 이익이기 때문이다. 우리가 신봉하는 성의 도덕성과 가치는 진화된 짝짓기 전략의 발현이라는 것이다.[81]

평생 한 사람과만 성관계를 맺어야 한다는 성적 배타성의 일부일처제는 남녀 모두에게 처음에는 환희를 주더라도 오랫동안 고통을 안기는 경우도 많다. 하지만 우리는 일부일처제 결혼을 선택하지 않을 수 없다. 모든 사람이 결혼의 정체를 폭로하지만 결국 우리의 선택은 결혼으로 끝나는 것이다.[82] 나는 다른 이들처럼 실패하지 않을 거라며 결혼하지만 다른 이들 역시 자신은 다를 거라고 믿으면서 결혼했다. 어릴 때부터 무수한 사람에게 관심을 갖거나 동시에 여러 사람을 사랑하지는 않았을지라도 시간 순으로 수많은 사람을 사랑했던 우리가 오직 한 사람만을 영원히 바라보겠다고 서약하지만, 맹세는 시간이 지남에 따라 어김없이 깨져서 서로의 가슴에 비수가 되어 꽂힌다. 인간은 잠깐이나마 한눈을 팔고 환상 속에서 배우자가 아닌 사람에게 흑심을 품는다. 서로만 바라보겠다는 서약으로 성립된 결혼의 결말은 남루한 파국이거나 지루한 지옥으로 치닫기 십상이다. 수많은 부부가 아이 때문에 헤어지지 못한 채 자식과 배우자에게 불만을 토해 낸다. 일부일처제는 우리 스스로가 만들어 놓은, 빠지지 않을 수 없는 함정일지도 모른다.

신뢰할 수 있는 사람 사이에서 빚어지는 안정감은 삶의 중심을 잡아 주고, 낯선 상대가 선사하는 매혹은 삶의 활기를 선사한다. 인간에게는 친밀한 관계와 신선한 만남이 다 필요하다. 그런데 어느새 우리는 일부일처제만 신봉하면서 도덕규범으로 성생활을 규제하여 관계의 신선함을 삭제당한 채 관계의 친밀함만을 서로에게 강요하고 있다. 일부일처제가 아닌 다른 형태의 애정 관계를 알지 못할 뿐더러 상상조차 금지되어 있는데, 성적 배타성을 지닌 일부일처제는 화려한 유리성처럼 아름답지만 단단하지 못하고 어떻게든 금이 가게 된다. 배우자가 다른 사람과 관계를 맺는다는 건 상상만으로도 부아가 치밀고, 슬프고, 속이 타들어 가는 일이다. 하지만 황당하고, 부당하게 느껴지지만, 받아들일 수 없더라도, 일부일처의 관계는 진부해지고 지루해지고 식상해지는 흐름에서 벗어나기가 쉽지 않다. 배우자를 이성으로 느끼기보다는 가족으로 느끼게 되어 버리기 때문이다. 서로 사랑하지만 편해지면서 열정과 흥분은 사라진 관계가 되는 것이다.

자연계에 일부일처가 없다고 해서 곧장 인간의 일부일처제를 부정하자는 얘기는 아니다. 다만 인간은 문화에 영향을 받고 유연하게 적응하는 존재라 하더라도 우리 안의 생명력은 끊임없이 더 많은 사람과 관계 맺기를 원하는 본능을 갖고 있고, 이 본능은 사회가 억압하고 길들인다고 해서 없어지지 않는다는 얘기다. 얼마나 많은 사람이 결혼한 뒤 다른 사람에게 추파를 던지고 은밀하게 외도하는지 모른다. 지금 당장은 외도를 안 하는 이들이 더 많겠지만 일생 전체를 놓고 봤을 때 배우자에게는 말할 수 없는 비밀이 많은 이에게 생긴다. 현재로선 일부일처제의 결혼 형태 말고는 인간끼리 신뢰와 애정 관계를 나누는 뾰족한 수가 없기 때문에 결혼했다가 이별하고 재혼했다 다시 헤어지고 또 다시 결혼하는 '연속된 일부일처'가 퍼져 나가고 있다.

오늘날 이혼이 급증하는 것은 여성의 경제력이 상승해서 남자에게 의지하지 않아도 되는 상황이 됐고, 개인화의 물결에 따라 친족의 영향이 줄어들면서 형식상의 결혼 관계를 유지해야 할 필요가 적어졌으며, 이혼의 낙인도 덜어졌고, 자신의 욕망에 충실한 개인들이 늘어났기 때문이다. 팔자라면서 부부 형태를 유지하던 시대가 지나간 뒤 자유로운 개인들이 저마다 자신들의 행복을 찾아 도전하고 모험하는 시대가 도래했다.

정치철학자 찰스 테일러Charles Taylor는 자기 진실성을 현대 개인주의의 한 단면으로서 매우 중요하게 다룬다. 인간은 사회 속에서 타인과 함께 살아가는 존재고 공동체는 종교 문화와 도덕성으로 지탱되는데, 과거에 개인의 정체성과 삶의 방향을 잡아 주었던 공동체가 근대화의 물결에 흔들리고 와해되었다. 개인주의의 발전은 우리들에게 자유를 안겨 주었지만 한편으론 사회 관계망의 약화를 가져왔다. 과

거부터 유지된 사회의 미덕과 선들을 간과하고 개인의 자아실현만을 가치 있게 여기는 풍토 속에서 현대인들은 매우 불안해졌다. 찰스 테일러는 자아실현 자체에 자아보다 더 중요한 것이 있다는 사실이 전제되어 있으며 개인들이 추구하는 자아실현의 내용을 보면 우리에게 삶의 의미를 제공해 주는 목적이나 공공선들이 있다면서 자아실현의 우선성을 내세우는 개인주의의 한계를 지적한다.[83]

자유로운 개인주의 속에서 성장한 우리들은 자신에게 진실하려는 노력을 통해 자신만의 정체성을 만들어 나가는데, 자신에게 진실하기 위해서라도 타인의 인정과 의존이 필요하다. 인간은 결코 혼자서 살 수 없는 존재다. 현재 우리는 자신의 욕망을 추구하면서 살지만 막상 그 과정에서 많은 사람과 멀어져 개인이 되었다. 혼자 있으면 불안하지만 함께 있으면 불편하다. 오늘날 이토록 정체성이나 인정에 대해 사람들이 논의하는 까닭은 과거의 집단 속에서는 인정이나 정체성이 별로 문제되지 않았기 때문이다.[84]

종교와 전통을 통해 삶의 의미를 부여하고 정체성을 잡아 주면서 '나'의 가치를 인정해 주는 과거의 집단 관계망이 약해졌다. 현대에는 사랑이 나의 정체성에 안정감을 주는 거의 유일한 기능을 하고 있으니 우리가 사랑에 도취되는 것은 자연스러운 일이다. 하지만 사랑의 약효는 오래가지 않는다. 자신에게 진실하려는 현대인답게 애정의 불길이 식으면 더 이상 사랑하지 않고 같이 있는 게 불편하다면서 이별하고 이혼하는 게 현대의 풍속도다. 하지만 끊임없이 헤어지고 만나고 다시 싸우고 이혼하기를 반복하면 자신도 괴롭고 주위에도 폐가 될 뿐이다. 그렇다면 자신의 욕망과 태도에 대한 성찰이 필요하고 이와 아울러 사회제도의 개선도 필요하지 않을까?

진정한 사랑은 상대의 몸을 자신의 손아귀에 넣는 소유나 구속이 아니라 서로 신뢰하면서 책임지는 관계다. 배타성의 성관계가 사랑의 전제라는 믿음은 최근 들어 생긴 신화고, 잘 지켜지지도 않는 허울이다. 우리는 보다 더 친밀하되 서로를 구속하기보다는 함께 성장하는 쪽으로 관계를 부드럽게 지켜 나갈 수 있다. 뻔히 보이는 널찍하고 크게 나 있는 실패의 길로 걸어가기보다는 인간의 욕망을 이해하면서 새로운 선택을 할 수 있는 기회가 우리에게 있다.

새로운 형태의 관계들

성이라는 두엄 덕분에 사랑은 더욱 탐스럽게 피어난다. 인생에 없어서는 안 될 가장 강렬한 기쁨의 원천은 낭만의 사랑이다. 그래서 낭만의 사랑을 기초로 결혼이 이뤄지면 보다 더 행복할 수 있다. 그러나 사랑만으론 결혼이 오래 갈 수 없다. 인간의 현실에 바탕을 둔 관계를 사유해 봐야 할 때가 왔다.

낭만의 사랑은 환상의 안개에 휩싸여 상대를 제대로 파악하지 못한 채 이뤄지기 때문에 시간이 지날수록 안개가 걷히고 콩깍지도 벗겨진다. 낭만으로만 시작된 결혼 생활에서 정열은 사그라질 수밖에 없다. 독일의 사회학자 니클라스 루만Niklas Luhmann은 사랑의 지나침이 바로 그 종말의 근거라고 말한다. 사랑이 끝없이 과도하게 펼쳐지면서 마치 영원할 것 같지만 바로 그 때문에 사랑은 최후를 맞이한다.[85] 한계가 없는 것처럼 느껴지는 낭만은 시간이라는 적 앞에서 뚜렷한 한계를 보인다.

사랑이 식으면 두 사람은 허울뿐인 부부 관계를 유지한 채 타인에게 다시 흥분하길 기대하면서 새로운 낭만을 느끼고자 몰래 움직이는데, 상대를 감시하는 경찰처럼 굴거나 상대의 외도를 알게 되었다고 쉽사리 헤어지기보다는 서로의 사생활을 인정해 줄 때 비로소 친밀한 애정 관계가 된다고 버트런드 러셀은 말한다. 의무가 되면 사랑은 질식한다. 자유로움이라는 바람을 맞으면서 사랑의 열매가 맺힌다. 사랑 자제보다는 질투 자제가 더 유익한 일이라는 러셀의 조언에 의하면 사랑을 짓누르기보다는 질투를 억누르는 것이 현명하다.

우리는 그동안 질투를 억누르기보다는 새로 피어나는 사랑을 짓밟는 데 힘썼고, 그 결과 결혼 생활은 서로에게 구속이고 멍에처럼 여겨지는 분위기가 되어 버렸다. 결혼에 둘러쳐진 억압과 단속의 사슬을 끊고 자유로우면서도 행복한 관계를 지속할 수 있는 길은 없을까? 진화심리학의 주장대로 자신의 유전자 재생산을 위해 분노하는 자동 기계가 되지 않기 위해서는 결혼 생활 중에도 자신이나 배우자가 다른 누군가에게 끌릴 때 어떻게 그럴 수 있냐면서 상대를 비난하기보다는 둘의 관계를 그윽하게 유지하는 우아한 처신이 우리에게 필요하다. 물론 상상만으로도 우아는커녕 울화가 치미는 일일 것이다. 하지만 정해져 있는 남녀 사이의 행동 문화 각본을 수정할 수 있다면 진화심리학의 주장을 넘어설 수도 있다는 차원에서 이야기하는 것이다.

오랜 시간 동안 서로 함께하면서 쌓인 신뢰와 친밀함은 짧은 열정에서는 결코 맛볼 수 없는 행복이다. 하지만 나만을 바라보고 나와만 애정 관계를 맺으라고 상대에게 강요하는 것은 서로를 불행하게 만드는 일이 될 수 있다. 알랭 드 보통Alain de Botton은 부부가 결혼이라는 감옥에 갇히기를 기꺼이 받아들인 뒤 외도의 충동에 자신을 내맡기지 않았다는 사실 자체가 기적과 같은 일이라면서, 적절하고 올바른 결혼 생활을 하려면 어쩌다 벌어진 외도를 놓고 서로를 탓해서는 안 된다고 충고한다. 그리고 바람을 피운 상대방을 공격하느라 힘을 쏟기보다는 그동안 서로가 부부 관계를 잘 유지해 왔다는 것에 뿌듯해하면서 두 사람이 결혼 생활을 충직하게 지키기 위해 자제심과 관대함을 베풀며 한눈팔지 않고자 무던히 애쓰고 있다는 사실을 잊지 말자고 얘기한다.**86**

물론 상대가 한눈팔 때 눈감아 주는 일은 쉽지 않다. 대다수의 사람은 분노와 공격성, 치욕감과 증오가 솟구쳐 오르면서 상대를 죽일 듯이 화내거나 관계를 끝장내려는 행동을 하게 되는데, 이것은 우리의 문화 각본이 빈곤하다는 뜻일 수도 있다. 우리는 문화 각본에 따라 행동하는데, 지금 우리에게 주어진 문화 각본은 상대가 나 아닌 다른 사람에게 관심을 보일 때 할 수 있는 행동이 이기심에 사로잡힌 폭력이 전부인 상태다. 상대와 소통하고 서로를 이해하면서 좀 더 너 그럽고 지혜로운 처신을 제시하는 다양한 문화 각본들을 듣고 보고 배운다면 우리는 좀 더 현명하게 대처할 수 있다. 마찬가지로 배우자 말고 다른 누군가에게 연정이 생길 때 곧장 이혼하거나 자신을 책망 만 하기보다는 자신의 감정을 솔직하게 표현하면서도 배우자에게 책 임감을 갖는 성숙한 문화 각본들을 만들고 배울 필요가 있다.

세상에는 수많은 외도가 벌어지고 결국 꼬투리가 잡혀 발각되지 만, 덜컥 이혼하지는 않는다. 결혼 서약이라는 상징이 우리에게 의무 를 부여하기 때문이다. 결혼을 가볍게 생각하고 남몰래 바람을 피우 더라도 실제로 결혼이 깨졌다는 것이 공개되면 삶이 붕괴되기 쉽 다.**87** 수많은 남성이 곧 이혼하겠다고 한 애인과의 약속을 계속 미루 고 미루는데, 이것은 단지 위선이라기보다는 결혼이라는 상징 파괴 와 재산을 분할하는 일이 그만큼 어렵다는 뜻이다. 그럼에도 믿는 도끼에 발등을 찍힌 수많은 남녀가 상대의 외도에 상처받고 관계를 끝낸다.

미국의 사회학자 데이비드 리스먼David Riesman은 앞 세대 여성들 이 겨우 꿈으로나마 그려 보았던 성적 요구를 현대의 여성들은 몸소 실천하고 있다면서 과거에는 귀족이나 부랑자들이 즐기던 성의 자유 분방함을 현대 들어와 모두가 행하기 시작했고 이혼은 그 결과라고 말한다. 성생활의 자유화를 봉쇄하려고 보수주의자들이 갖은 애를 쓰는데, 보수주의자들의 노력이 예전에는 죄의식을 높이는 데 도움이 되었을지 몰라도 지금은 헛수고라고 데이비드 리스먼은 주장한다. 몸으로 소통하려는 욕망은 더할 수 없이 강한 데다 성 해방은 돌이킬 수 없는 흐름이기 때문이다. 이혼이 자유로워진 만큼 그에 맞춰 새로운 결혼 모형을 만들어 내는 일이 필요하다고 리스먼은 목소리를 높인다.[88]

리스먼의 주장에 공감하는 흐름이 강해지면서, 육아는 같이 하면서도 상대를 독점하지 않고 서로에게 자유를 부여하는 형식의 개방혼Open marriages이 서구권에서 생겨났다. 헤어지지 않고 서로의 사랑을 확장하는 개방혼은 장 폴 사르트르와 시몬 드 보부아르의 관계와 비슷하다. 보부아르는 현모양처의 태도를 주입시키는 당대의 여성 교육에 아랑곳하지 않고 당차게 신여성의 삶을 개척하면서 사르트르와 계약 결혼을 해 큰 파장을 낳았다. 보부아르와 사르트르는 애정 관계를 지키되 상대가 다른 사람과 사랑에 빠지는 것을 허락하는 데 동의했다.[89] 둘은 다른 사람들과 숱한 연애를 했어도 평생 함께하다 같은 곳에 묻힌다. 물론 둘 사이가 늘 원만하고, 서로의 애정 생활을 지지하면서 갈등과 질투가 없었다는 뜻은 아니다.

한국과 일본에서 최근 '졸혼'이라는, 결혼 생활에서 졸업해 혼자 생활하는 관계 형태가 늘어나고 있다. 황혼 이혼과 달리 법률상 결혼 관계는 유지하기 때문에 독립적인 생활은 하되 관계 단절에 따른 파장은 줄이는 선택이다.

19세기 말부터 20세기 초까지 미국 여성들 사이의 동거 문화에서 파생된 보스턴 결혼Boston marriages도 있다. 현대로 접어들면서 남성에게 의지하지 않고 여성끼리 살아가는 사람들이 늘어났는데, 보스턴 결혼은 성관계를 맺었을 수도 있으나 현재는 서로 성행위는 하지 않으면서 여자들이 같이 살아가는 형태다.**90**

낭만의 관계 이후에 대한 마음의 준비가 필요하다. 딱딱한 구속이 아닌 유연한 계약으로 결혼의 관계 형식이 변화되고 있다. 여성의 경제권 확보와 성 해방 흐름으로 말미암아 한 번 결혼하면 머리카락이 파뿌리가 될 때까지 해로하는 일은 전보다 줄어들고, 현재의 관점에서 보면 파격이고 못마땅하게 비칠 수도 있지만 서로를 존중하면서 질척거리지 않는 관계 형태가 확산되리라 예상된다. 어쩌면 성 역사에서 과도기일지도 모르는 지금, 우리는 새로운 전환기를 맞고 있다.

나가는 글
****

1.

    사람은 언제라도 성행위가 가능하며 어느 동물보다도 성관계를 많이 한다. 성을 밝히는 사람을 짐승 같다고 하는 것은 잘못된 표현이다. 성을 밝히면 인간 같다고 해야 한다. 우리는 인간이다. 호색성은 자연스럽다. 성처럼 인간의 삶을 좌우하는 영역이 없고, 성만큼 다들 침을 꼴깍 삼키면서 남 몰래 참여하고 있는 분야는 없다. 우리는 인간이므로 성에 엄청난 호기심을 갖고 성생활에 열정을 불태운다.

    그런데 성에 대한 열정과 강렬한 호기심이 그동안 건강하게 발휘되지 못했다. 성은 인생에서 떨어질 수 없지만 늘 장막 뒤에 감춰져 있었고, 공포와 무지라는 그늘이 짙게 드리워져 있었다. 우리는 몸과 마음에 대해 잘 모른 채 불안 속에서 살아왔다. 그래서 내 삶이 내 것 같지 않고, 내가 누구인지 모르는 건 필연이었다.

나를 가렸던 장막을 젖히고 내게 드리워진 그늘을 걷어내는 만큼, 내가 용기를 내어서 나아가는 만큼 내 삶에 자유와 기쁨의 햇살이 쏟아진다. 성에 관한 지식과 인식의 변화는 인생의 지렛대가 된다. 성을 잘 아는 만큼 삶에 대한 용기도 커지고 행복도 높아지며, 내 삶의 주인으로서 살아가게 된다.

2.

근엄한 척하거나 젠체하기보다는 툭 터놓고 정직하게 성을 사유해야 한다. 후미진 곳에서 호박씨 까는 것이 아니라 일상에서 호박씨를 제대로 까면서 호박이 넝쿨째 굴러오도록 내 삶을 흐뭇하고 싱그럽게 가꿔야 한다. 겉으론 시치미를 뚝 떼다가 뒤돌아서선 바늘로 허벅지를 찌르고는 입술 앙다물며 밤을 지새우던 시대는 지나갔다. 무지 속에 더 이상 자신을 방치해서는 안 된다. 성을 고민하고 궁리하여 실천하는 만큼 인생은 아름다워진다.

성을 공부하고 이해하며 훈련할 때, 무지의 족쇄에 붙들린 나머지 성에 대한 뒤틀린 호기심과 아울러 다른 사람들의 즐거움을 표독스럽게 공격하면서 자위하던 과거와 작별하게 된다. 내가 성을 대하는 태도는 타인을 대하는 마음가짐과 연결되어 있다. 내가 나를 아끼고 이해해야 타인을 아끼고 이해할 수 있다. 성을 궁리하는 만큼 타인과의 소통이 확장된다.

인간 모두에게 성은 삶의 화두로서 평등하지만, 성에 대한 쾌락과 지식은 불평등하다. 어쩌면 진정한 민주주의란 우리가 인생의 주인공으로 살아가는 가운데 성에 대한 지식을 사유하고 성의 기쁨을 향유하면서 성의 민주화를 이루는 것인지 모른다. 자기 삶의 주인인 사람에게 성의 주체성은 필수 요건이다. 성이라는 화두로 달궈진 가슴과 총총한 눈빛으로 저마다 자기 삶을 살아가는 곳이 선진 사회다.

3.

흥미롭고 뜨거웠던 작가와 독자의 지적 관계가 이제 마지막을 앞두고 있다. 여기까지 다 읽은 대단한 당신을 위해 마지막으로 선물을 하나 드린다. 이 책에 딱 어울리는 시 한 편이다. 우리 모두 꿈꾸자, 아름답도록 생생하고, 이글이글하게 평화로우며, 풍요롭고 자유로운 인생을!

지혜롭게 용기 있는 그대여, 생의 배꼽 위에서 복상사하기를!

꿈의 전부

뜨거운
생의 배꼽 위에서
복상사
하는 것만이
내 꿈의
전부**1**

주
* * *

1. 여성이 원하는 것은 무엇인가
지그문트 프로이트, 『성에 관한 세 편의 해석』

1   지그문트 프로이트, 『성에 관한 세 편의 해석』101쪽

2   버트런드 러셀, 『인생은 뜨겁게』119쪽

3   지그문트 프로이트, 『성에 관한 세 편의 해석』106쪽

4   지그문트 프로이트, 『성에 관한 세 편의 해석』93쪽

5   지그문트 프로이트, 『성에 관한 세 편의 해석』103쪽

6   사라 블래퍼 허디, 『어머니의 탄생』166~167쪽

7   지그문트 프로이트, 『성에 관한 세 편의 해석』151~152쪽

8   칼 구스타프 융, 『카를 융, 기억 꿈 사상』26쪽, 73~74쪽

9   프랭크 설로웨이, 『타고난 반항아』188쪽

10   존 보울비, 『애착』339~340쪽

11   지그문트 프로이트, 『성욕에 관한 세 편의 에세이』155~156쪽

12   지그문트 프로이트, 『성에 관한 세 편의 해석』98~99쪽

13   지그문트 프로이트, 『성에 관한 세 편의 해석』134쪽

14 치마만다 응고지 아디치에, 『우리는 모두 페미니스트가 되어야 합니다』 37쪽

15 고미숙, 『동의보감, 몸과 우주 그리고 삶의 비전을 찾아서』 396~399쪽

16 크리스 헤지스, 『지상의 위험한 천국』 45쪽

17 샘 해리스, 『기독교 국가에 보내는 편지』 44~45쪽

18 앵거스 맥래런, 『피임의 역사』 423~424쪽

19 버트런드 러셀, 『결혼과 도덕』 96쪽

20 크리스토퍼 라이언, 카실다 제타, 『왜 결혼과 섹스는 충돌할까』 349~350쪽

21 크리스티안 노스럽, 『여성의 몸, 여성의 지혜』 359~360쪽

22 지그문트 프로이트, 『성에 관한 세 편의 해석』 66쪽

23 울리히 벡, 엘리자베트 벡-게른샤임, 『사랑은 지독한 그러나 너무나 정상적인 혼란』 200쪽

24 앤서니 기든스, 『현대 사회의 성 사랑 에로티시즘』 62쪽

25 에바 일루즈, 『낭만적 유토피아 소비하기』 274쪽

26 기시다 슈, 『성은 환상이다』 270쪽

27 샘 해리스, 『종교의 종말』 204쪽

28 지그문트 프로이트, 『성욕에 관한 세 편의 에세이』 314쪽

29 서은국, 『행복의 기원』 38~40쪽

30 에드워드 오스본 윌슨, 『통섭』 302~303쪽

31 에리히 프롬, 『사랑의 기술』 56쪽

32 헬렌 피셔, 『연애본능』 136~137쪽

33 로버트 새폴스키, 『스트레스』 34쪽

34 지그문트 프로이트, 『성욕에 관한 세 편의 에세이』 229쪽

35 지그문트 프로이트, 『성욕에 관한 세 편의 에세이』 229~230쪽

36 지그문트 프로이트, 『성욕에 관한 세 편의 에세이』 235쪽

37 지그문트 프로이트, 『문명 속의 불만』 17쪽

38 롤프 데겐, 『오르가슴』 60쪽

39 헤르베르트 마르쿠제, 『에로스와 문명』 109쪽

40 헤르베르트 마르쿠제, 『일차원적 인간』 121쪽

41 헤르베르트 마르쿠제, 『에로스와 문명』 235쪽

42 앙리 르페브르, 『현대세계의 일상성』 275쪽

43 막스 베버, 『프로테스탄티즘의 윤리와 자본주의 정신』 337쪽

44 슐라미스 파이어스톤, 『성의 변증법』 70쪽

45 지그문트 프로이트, 『히스테리 연구』 336쪽

46 지그문트 프로이트, 『성에 관한 세 편의 해석』 82~83쪽

47 주디스 허먼, 『트라우마』 36~37쪽

48 주디스 허먼, 『트라우마』 115쪽

49 베셀 반 데어 콜크, 『몸은 기억한다』 310쪽

50 수잔 브라이슨, 『이야기해 그리고 다시 살아나』 42쪽

51 로렌스 칼훈, 리처드 테데스키, 『외상 후 성장』 190~218쪽

52 이은희, 『삼성을 살다』 319쪽

53 필리스 체슬러, 『여성과 광기』 55쪽

54 크리스토퍼 라이언, 카실다 제타, 『왜 결혼과 섹스는 충돌할까』 340쪽

55 벨 훅스, 『올 어바웃 러브』 223~224쪽

2. 당신의 가면을 벗어라
빌헬름 라이히, 『오르가즘의 기능』

1 빌헬름 라이히, 『프로이트와의 대화』 49쪽

2 다니엘 게랭, 『성자유』 11쪽

3 빌헬름 라이히, 『파시즘의 대중심리』 428쪽

4 빌헬름 라이히, 『오르가즘의 기능』 223쪽

5 한국성폭력상담소, 『섹슈얼리티 강의』 295~296쪽

6 김형경, 『남자를 위하여』 143~145쪽

7   필리스 체슬러, 『여성과 광기』 177쪽

8   빌헬름 라이히, 『오르가즘의 기능』 131~132쪽

9   레나타 살레츨, 『사랑과 증오의 도착들』 109~110쪽

10 모리오카 마사히로, 『남자는 원래 그래?』 52쪽

11 울리히 벡, 엘리자베트 벡 게른스하임, 『사랑은 지독한 그러나 너무나 정상적인
    혼란』 41~42쪽

12 샤를 보들레르, 『악의 꽃』 355~35쪽

13 빌헬름 라이히, 『오르가즘의 기능』 127쪽

14 메리 로취, 『봉크』 72~79쪽

15 롤프 데겐, 『오르가슴』 219쪽

16 다니엘 게랭, 『성자유』 97~99쪽

17 베티 프리단, 『여성의 신비』 532~533쪽

18 조지 베일런트, 『행복의 조건』 172쪽

19 빌헬름 라이히, 『오르가즘의 기능』 297~298쪽

20 장 폴 사르트르, 『존재와 무』 628~629쪽

21 질 들뢰즈, 『매저키즘』 125~126쪽

22 질 들뢰즈, 『매저키즘』 153쪽

23 빌헬름 라이히, 『오르가즘의 기능』 317쪽

24 빌헬름 라이히, 『오르가즘의 기능』 139쪽

25 알랭 바디우, 『사랑 예찬』 47쪽

26 빌헬름 라이히, 『오르가즘의 기능』 22~23쪽

27 김영민, 『자색이 붉은 색을 빼앗다』 240~241쪽

28 우에노 지즈코, 『여성 혐오를 혐오한다』 64~65쪽

29 빌헬름 라이히, 『오르가즘의 기능』 170~171쪽

30 빌헬름 라이히, 『오르가즘의 기능』 217쪽

31 빌헬름 라이히, 『오르가즘의 기능』 181쪽

32 스티브 테일러, 『자아폭발』 235~236쪽

33   데즈먼드 모리스, 『인간의 친밀 행동』 322~323쪽

34   조지 오웰, 『1984』 189쪽

35   윌리엄 유잉, 『몸』 169쪽

36   스티브 테일러, 『조화로움』 143~145쪽

37   윌리엄 제임스, 『종교적 경험의 다양성』 431쪽

38   찰스 테일러, 『현대 종교의 다양성』 35쪽

39   리처드 도킨스, 『악마의 사도』 268쪽

40   빌헬름 라이히, 『오르가즘의 기능』 298쪽

41   빌헬름 라이히, 『오르가즘의 기능』 23쪽

42   빌헬름 라이히, 『오르가즘의 기능』 272~273쪽

43   에이브러햄 매슬로, 『존재의 심리학』 81쪽

3. 금기를 어기고 싶은 욕망
조르주 바타유, 『에로티즘의 역사』

1   앙드레 브르통, 『초현실주의 선언』 196~197쪽

2   유기환, 『조르주 바타유』 27쪽

3   알렉상드르 코제브, 『역사와 현실 변증법』 245쪽

4   조르주 바타유, 『에로티즘의 역사』 15쪽

5   조르주 바타유, 『에로티즘의 역사』 66쪽

6   조르주 바타유, 『에로티즘의 역사』 79쪽

7   조르주 바타유, 『에로티즘의 역사』 81쪽

8   조르주 바타유, 『에로티즘의 역사』 196쪽

9   조르주 바타유, 『에로티즘의 역사』 123쪽

10   프리드리히 니체, 『도덕의 계보』 408~409쪽

11   프리드리히 니체, 『차라투스트라는 이렇게 말했다』 86쪽

12 아르투르 쇼펜하우어, 『의지와 표상으로서의 세계』 603~604쪽

13 에바 일루즈, 『사랑은 왜 불안한가』 51쪽

14 프란츠 파농, 『검은 피부, 하얀 가면』 73쪽

15 존 그레이, 『하찮은 인간, 호모 라피엔스』 140쪽

16 조르주 바타유, 『에로티즘의 역사』 103쪽

17 조르주 바타유, 『에로티즘의 역사』 132쪽

18 조르주 바타유, 『에로티즘의 역사』 104쪽

19 나탈리 앤지어, 『여성, 내밀한 몸의 정체』 28쪽

20 마르셀 모스, 『증여론』 271쪽

21 조르주 바타유, 『저주의 몫』 112~113쪽

22 조르주 바타유, 『에로티즘의 역사』 248쪽

23 조르주 바타유, 『에로티즘의 역사』 116쪽

24 조르주 바타유, 『에로티즘의 역사』 248~249쪽

25 조르주 바타유, 『에로티즘의 역사』 225쪽

26 조르주 바타유, 『에로티즘의 역사』 227~228쪽

27 조르주 바타유, 『에로티즘의 역사』 174쪽

28 리베카 솔닛, 『남자들은 자꾸 나를 가르치려 든다』 191~192쪽

29 존 올콕, 『사회생물학의 승리』 297~298쪽

30 김현경, 『사람, 장소, 환대』 293~294쪽

31 에리히 프롬, 『자유로부터의 도피』 29쪽

32 크리스토퍼 히친스, 『신은 위대하지 않다』 329~330쪽

33 마가렛 미드, 『사모아의 청소년』 68쪽

34 존 올콕, 『사회생물학의 승리』 194~195쪽

35 울리히 렌츠, 『아름다움의 과학』 297쪽

36 도널드 시먼스, 『섹슈얼리티의 진화』 471~472쪽

37 스티븐 핑커, 『빈 서판』 634~643쪽

38 피터 싱어, 『사회생물학과 윤리』 282~283쪽

39 조르주 바타유, 『에로티즘』, 122쪽

40 글로리아 스타이넘, 『남자가 월경을 한다면』 102~103쪽

41 대니얼 버그너, 『욕망하는 여자』 134쪽

42 헬렌 피셔, 『제1의 성』 346~347쪽

43 메리 로취, 『봉크』 347쪽

44 에스더 페렐, 『왜 다른 사람과의 섹스를 꿈꾸는가』 187~189쪽

45 조르주 바타유, 『에로티즘의 역사』 243쪽

46 조르주 바타유, 『에로티즘의 역사』 22쪽

47 조지 레이코프. 『폴리티컬 마인드』 115쪽

48 조르주 바타유, 『에로티즘의 역사』 164쪽

49 댄 애리얼리, 『상식 밖의 경제학』 149~151쪽

50 레나타 살레츨, 『사랑과 증오의 도착들』 84쪽

51 버트런트 러셀, 『결혼과 도덕』 248~249쪽

52 조르주 바타유, 『에로티즘의 역사』 161쪽

53 에리히 프롬, 『사랑의 기술』 24~26쪽

54 켄 윌버, 『켄 윌버의 일기』 202~203쪽

55 다이앤 애커먼, 『감각의 박물학』 180~181쪽

56 토머스 루이스, 패리 애미니, 리처드 래넌, 『사랑을 위한 과학』 284쪽

57 허버트 드레이퍼스, 『인터넷상에서』 94쪽

58 장 폴 사르트르, 『존재와 무』 645~646쪽

59 에마뉘엘 레비나스, 『시간과 타자』 109~110쪽

60 조르주 바타유, 『에로티즘의 역사』 178쪽

61 요한 하위징아, 『호모 루덴스』 295쪽

62 롤랑 바르트. 『사랑의 단상』 319~320쪽

4. 우리 모두의 첫 경험

베티 도슨, 『네 방에 아마존을 키워라』

1   이브 엔슬러, 『버자이너 모놀로그』 29~30쪽

2   잉그리트 길혀-홀타이, 『68운동』 196쪽

3   카렌 암스트롱, 『마음의 진보』, 43~44쪽

4   도널드 프레이저, 『1968년의 목소리』, 465~466쪽

5   도나 해러웨이, 『유인원, 사이보그, 그리고 여자』 348쪽

6   베티 도슨, 『네 방에 아마존을 키워라』 15쪽

7   베티 도슨, 『네 방에 아마존을 키워라』 17쪽

8   크리스토퍼 히친스, 『신은 위대하지 않다』 313~314쪽

9   테리 해밀턴, 『배꼽 아래 10센티』 71쪽

10 셰어 하이트, 『왜 여자는 여자를 싫어할까?』 17~18쪽

11 베티 도슨, 『네 방에 아마존을 키워라』 18쪽

12 베티 도슨, 『네 방에 아마존을 키워라』 23쪽

13 베티 도슨, 『네 방에 아마존을 키워라』 78~79쪽

14 한스 페터 뒤르, 『은밀한 몸』 301쪽

15 크리스티안 노스럽, 『여성의 몸, 여성의 지혜』 37~38쪽

16 베티 도슨, 『네 방에 아마존을 키워라』 55쪽

17 베티 도슨, 『네 방에 아마존을 키워라』 89쪽

18 베티 도슨, 『네 방에 아마존을 키워라』 80쪽

19 이브 엔슬러, 『버자이너 모놀로그』 39쪽

20 캐롤 길리건, 『기쁨의 탄생』 198쪽

21 베티 도슨, 『네 방에 아마존을 키워라』 57쪽

22 김기영, 『다시 찾은 성의 르네상스』 192~196쪽

23 롤프 데겐, 『오르가슴』 273쪽

24 데이비드 레이, 『욕망의 아내』 481~483쪽

25 데이비드 버스, 신디 메스턴,『여자가 섹스를 하는 237가지 이유』355~356쪽

26 노명우,『세상물정의 사회학』158~160쪽

27 베티 도슨,『네 방에 아마존을 키워라』32쪽

28 알리스 슈바르처,『아주 작은 차이』324쪽

29 알리스 슈바르처,『아주 작은 차이』67쪽

30 프리드리히 엥겔스,『가족, 사유재산, 국가의 기원』113~114쪽

31 케이트 밀렛,『성 정치학』249쪽

32 전인권,『남자의 탄생』283~284쪽

33 버트런트 러셀,『결혼과 도덕』132쪽

34 리영희,『전환시대의 논리』226쪽

35 베티 도슨,『네 방에 아마존을 키워라』32~33쪽

36 뤼스 이리가레,『나, 너, 우리』20~21쪽

37 리처드 윌킨슨,『평등해야 건강하다』243~244쪽

38 버트런트 러셀,『결혼과 도덕』171쪽

39 버트런트 러셀,『결혼과 도덕』249~250쪽

40 베티 도슨,『네 방에 아마존을 키워라』40쪽

41 베티 도슨,『네 방에 아마존을 키워라』104~105쪽

42 베티 도슨,『네 방에 아마존을 키워라』133~134쪽

43 베티 도슨,『네 방에 아마존을 키워라』33쪽

44 벨 훅스,『행복한 페미니즘』178쪽

45 귄터 아멘트,『섹스북』66~67쪽

46 베티 도슨,『네 방에 아마존을 키워라』35쪽

47 베티 도슨,『네 방에 아마존을 키워라』45쪽

48 베티 도슨,『네 방에 아마존을 키워라』166쪽

49 마이클 셔머,『왜 사람들은 이상한 것을 믿는가』188쪽

50 롤프 데겐,『오르가슴』238쪽

51 데이비드 베니,『흑낭의 아내』39쪽

52 루스 베네딕트, 『문화의 패턴』 254쪽

53 베티 도슨, 『네 방에 아마존을 키워라』 54쪽

54 필리스 체슬러, 『여성과 광기』 379쪽

55 뤼스 이리가레이, 『하나이지 않은 성』 37쪽

56 앤서니 기든스, 『현대 사회의 성 사랑 에로티시즘』 109~110쪽

57 존 듀이, 『철학의 재구성』 195~196쪽

58 베티 도슨, 『네 방에 아마존을 키워라』 45쪽

59 베티 도슨, 『네 방에 아마존을 키워라』 106쪽

60 나탈리 앤지어, 『여성, 내밀한 몸의 정체』 101~102쪽

61 베티 도슨, 『네 방에 아마존을 키워라』 108쪽

62 스티븐 벡텔, 로렌스 로이 스테인스, 『성의학사전』 218~219쪽

5. 나를 위한 자기 배려

미셸 푸코, 『성의 역사2』

1   미셸 푸코, 『감시와 처벌』 61~62쪽

2   미셸 푸코, 『성의 역사1』 32쪽

3   미셸 푸코, 『성의 역사1』 113쪽

4   미셸 푸코, 『성의 역사2』 23쪽

5   미셸 푸코, 『성의 역사2』 24쪽

6   막스 호르크하이머, 테어도어 아도르노, 『계몽의 변증법』 360~361쪽

7   루트비히 비트겐슈타인, 『철학적 탐구』 70쪽

8   질 들뢰즈, 『프루스트와 기호들』 54~55쪽

9   질 들뢰즈, 『차이와 반복』 295~296쪽

10 질 들뢰즈, 『푸코』 146~147쪽

11 안토니오 네그리, 『다중과 제국』 188~189쪽

12 프리드리히 니체, 『선악의 저편』 130쪽

13 바짜야나, 『카마수트라』 14~15쪽

14 미셸 푸코, 『성의 역사2』 70~71쪽

15 미셸 푸코, 『성의 역사2』 46쪽

16 클로드 레비스트로스, 『슬픈 열대』 525쪽

17 마빈 해리스, 『작은 인간』 167쪽

18 에피쿠로스, 『쾌락』 40쪽

19 미셸 푸코, 『성의 역사2』 100쪽

20 지그문트 바우만, 『리퀴드 러브』, 121쪽

21 지그문트 바우만, 『고독을 잃어버린 시간』 55~57쪽

22 쇠렌 키르케고르, 『유혹자의 일기』 75쪽

23 미셸 푸코, 『성의 역사2』 202쪽

24 미셸 푸코, 『성의 역사2』 94~95쪽

25 한나 아렌트, 『인간의 조건』 94쪽

26 미셸 푸코, 『성의 역사2』 89~90쪽

27 미셸 푸코, 『성의 역사2』 107~108쪽

28 미셸 푸코, 『성의 역사2』 107~108쪽

29 미셸 푸코, 『성의 역사2』 248쪽

30 미셸 푸코, 『성의 역사2』 258쪽

31 미셸 푸코, 『성의 역사2』 253~254쪽

32 조안 러프가든, 『진화의 무지개』 536~537쪽

33 플라톤, 『향연』 152~161쪽

34 미셸 푸코, 『성의 역사2』 176쪽

35 미셸 푸코, 『성의 역사2』 184~185쪽

36 미셸 푸코, 『성의 역사2』 190쪽

37 크리스티안 노스럽, 『여성의 몸, 여성의 지혜』 218쪽

38 알리스 슈바르처, 『아주 작은 차이』 49~50쪽

39 미셸 푸코, 『성의 역사1』 155~156쪽

40 미셸 푸코, 『사회를 보호해야 한다』 294쪽

41 레나타 살레츨, 『선택이라는 이데올로기』 46~48쪽

42 엘리자베트 바댕테르, 『잘못된 길』 126~127쪽

43 크리스티안 슐트, 『낭만적이고 전략적인 사랑의 코드』 159~160쪽

44 닐 스트라우스, 『THE GAME』 290~292쪽

45 미셸 푸코, 『성의 역사2』 139~140쪽

46 미셸 푸코, 『성의 역사2』 131쪽

47 루스 베네딕트, 『국화와 칼』 240쪽

48 김재기, 『철학, 섹슈얼리티에 말을 건네다』 163쪽

49 미셸 푸코, 『성의 역사3』 59~60쪽

50 미셸 푸코, 『성의 역사2』 165~166쪽

51 미셸 푸코, 『성의 역사2』 25쪽

52 미셸 푸코, 『주체의 해석학』 44쪽

53 슬라보예 지젝, 『까다로운 주체』 596~597쪽

54 미키 맥기, 『자기계발의 덫』 266쪽

6. 성을 사유할 때가 왔다
게일 루빈, 『일탈』

1 앤서니 보개트, 『무성애를 말하다』 54~56쪽

2 프란츠 부케티츠, 『사회생물학 논쟁』 91쪽

3 조안 러프가든, 『진화의 무지개』 474쪽

4 조안 러프가든, 『진화의 무지개』 579~580쪽

5 게일 루빈, 『일탈』 135쪽

6 게일 루빈, 『일탈』 227~228쪽

7   마저리 쇼스탁, 『니사』 373~374쪽

8   게일 루빈, 『일탈』 487쪽

9   사드, 『규방철학』 193~194쪽

10 게일 루빈, 『일탈』 261~262쪽

11 게일 루빈, 『일탈』 262쪽

12 아돌프 히틀러, 『나의 투쟁』 540쪽

13 미셸 푸코, 『사회를 보호해야 한다』 302~303쪽

14 사드, 『규방철학』 94쪽

15 펠릭스 가타리, 『분자혁명』 226쪽

16 게일 루빈, 『일탈』 309쪽

17 기 오캉겜, 『동성애 욕망』 134~135쪽

18 게일 루빈, 『일탈』 271~272쪽

19 게일 루빈, 『일탈』 267쪽

20 카트린 밀레, 『카트린 M의 성생활』 28쪽

21 마이클 샌델, 『민주주의의 불만』 159~161쪽

22 마사 누스바움, 『혐오에서 인류애로』 28~29쪽

23 어빙 고프먼, 『스티그마』 50~51쪽

24 악셀 호네트, 『인정투쟁』 249~250쪽

25 게일 루빈, 『일탈』 300~301쪽

26 게일 루빈, 『일탈』 354쪽

27 로버트 트리버스, 『우리는 왜 자신을 속이도록 진화했을까?』 178~179쪽

28 앤드류 솔로몬, 『한낮의 우울』 306~308쪽

29 안토니오 다마지오, 『스피노자의 뇌』 126쪽

30 오기 오가스, 사이 가담, 『포르노 보는 남자, 로맨스 읽는 여자』 292쪽

31 캐서린 매키넌, 『포르노에 도전한다』 101쪽

32 안드레아 드워킨, 『포르노그래피』 66~67쪽

33 이노우에 세쓰코, 『15조원의 육체산업』 10~11쪽

34 게일 루빈, 『일탈』 493쪽

35 게일 루빈, 『일탈』 526~527쪽

36 게일 루빈, 『일탈』 498쪽

37 조르조 아감벤, 『세속화 예찬』 133~134쪽

38 한병철, 『투명사회』 40쪽

39 아비샤이 마갈릿, 『품위 있는 사회』 187쪽

40 게일 루빈, 『일탈』 516쪽

41 엘리자베트 바댕테르, 『잘못된 길』 145쪽

42 김기태, 하어영, 『은밀한 호황』 293~294쪽

43 빌헬름 라이히, 『성혁명』 100쪽

44 하지현, 『도시 심리학』 181~183쪽

45 우에노 지즈코, 『여성 혐오를 혐오한다』 246~247쪽

46 캐슬린 베리, 『섹슈얼리티의 매춘화』 53쪽

47 마리아 미스, 반다나 시바, 『에코페미니즘』 285쪽

48 로이 바우마이스터, 『소모되는 남자』 342쪽

49 슐라미스 파이어스톤, 『성의 변증법』 286~287쪽

50 케이트 밀렛, 『성 정치학』 710~711쪽

51 게일 루빈, 『일탈』 309쪽

7. 재생산 본능으로 작동하는 구애
제프리 밀러, 『연애』

1 지그문트 프로이트, 『정신분석 강의』 388쪽

2 찰스 다윈, 『종의 기원』 124쪽

3 찰스 다윈, 『인간의 유래2』 567쪽

4 제프리 밀러, 『연애』 28쪽

5 메리 로취, 『봉크』 8쪽, 42쪽, 45쪽

6 조안 러프가든, 『진화의 무지개』 250~254쪽

7 리처드 도킨스, 『이기적 유전자』 87~88쪽

8 제프리 밀러, 『연애』 20쪽

9 제프리 밀러, 『연애』 237쪽

10 제프리 밀러, 『연애』 153쪽

11 피에르 부르디외, 『구별짓기』 346~347쪽

12 제프리 밀러, 『연애』 550쪽

13 이윤석, 『웃음의 과학』 77쪽

14 로버트 트리버스, 『우리는 왜 자신을 속이도록 진화했을까?』 167~168쪽

15 제프리 밀러, 『연애』 193쪽

16 제프리 밀러, 『연애』 152쪽

17 제프리 밀러, 『연애』 132쪽

18 제프리 밀러, 『연애』 488~489쪽

19 조안 러프가든, 『진화의 무지개』 336쪽

20 제프리 밀러, 『연애』 35쪽

21 제프리 밀러, 『연애』 508쪽

22 재레드 다이아몬드, 『제3의 침팬지』 298~302쪽

23 소스타인 베블런, 『유한계급론』 81~82쪽

24 장 보드리야르, 『소비의 사회』 81쪽

25 제프리 밀러, 『연애』 438쪽

26 제프리 밀러, 『연애』 116쪽

27 에이브러햄 매슬로, 『존재의 심리학』 117~118쪽

28 제프리 밀러, 『스펜트』 45쪽

29 미하이 칙센트미하이, 『몰입』 150쪽

30 니콜러스 웨이드, 『종교 유전자』 163쪽

31 조너선 하이트, 『바른 마음』 413~415쪽

32   강준만, 『미국은 세계를 어떻게 훔쳤는가』 257~260쪽

33   제프리 밀러, 『연애』 299~300쪽

34   제프리 밀러, 『연애』 311쪽

35   제프리 밀러, 『연애』 316쪽

36   데이비드 바래시, 주디스 이브 립턴, 『일부일처제의 신화』 295~296쪽

37   제프리 밀러, 『연애』 313쪽

38   리처드 도킨스, 『이기적 유전자』 481~482쪽

39   대리언 리더, 『여자에겐 보내지 않은 편지가 있다』 73~76쪽

40   제프리 밀러, 『연애』 324쪽

41   조너선 하이트, 『행복의 가설』 172~173쪽

42   오기 오가스, 사이 가담, 『포르노 보는 남자, 로맨스 읽는 여자』 120쪽

43   제프리 밀러, 『연애』 330쪽

44   재레드 다이아몬드, 『섹스의 진화』 266~267쪽

45   데이비드 바래시, 나넬 바래시, 『보바리의 남자, 오셀로의 여자』 152~153쪽

46   오오시마 기요시, 『성의 불가사의』 182쪽

47   롤프 데겐, 『오르가슴』 221쪽

48   에드워드 윌슨, 『인간 본성에 대하여』 175쪽

49   도널드 시먼스, 『섹슈얼리티의 진화』 181쪽

50   데즈먼드 모리스, 『털 없는 원숭이』 101쪽

51   제프리 밀러, 『연애』 318~319쪽

52   데이비드 레이, 『욕망의 아내』 479쪽

53   마저리 쇼스탁, 『니사』 386~388쪽

54   오기 오가스, 사이 가담, 『포르노 보는 남자, 로맨스 읽는 여자』 331쪽

55   제프리 밀러, 『연애』 425쪽

56   제프리 밀러, 『연애』 431쪽

57   제프리 밀러, 『연애』 432쪽

58   데이비드 슬론 윌슨, 『종교는 진화한다』 42~43쪽

59 알래스데어 매킨타이어, 『덕의 상실』 323~4쪽

60 데이비드 슬론 윌슨, 『종교는 진화한다』 53~54쪽

8. 인간의 성 전략
데이비드 버스, 『욕망의 진화』 & 데이비드 바래시, 주디스 이브 립턴, 『일부일처제의 신화』

1   데이비드 버스, 『욕망의 진화』 26쪽

2   데이비드 버스, 『욕망의 진화』 46쪽

3   데이비드 버스, 『진화심리학』 663~664쪽

4   데이비드 버스, 『욕망의 진화』 50쪽

5   프란츠 부케티츠, 『사회생물학 논쟁』 116쪽

6   피터 싱어, 『다윈주의 좌파』 15쪽

7   수전 보르도, 『참을 수 없는 몸의 무거움』 350~351쪽

8   주디스 버틀러, 『젠더트러블』 125~126쪽

9   주디스 버틀러, 『의미를 체현하는 육체』 105~106쪽

10 로이 바우마이스터, 『소모되는 남자』 346쪽

11 캐럴 타브리스, 『여성과 남성이 다르지도 똑같지도 않은 이유』 98쪽

12 로이 바우마이스터, 『소모되는 남자』 95~96쪽

13 존 콜라핀토, 『이상한 나라의 브렌다』 370쪽

14 조안 러프가든, 『진화의 무지개』 353쪽

15 스티븐 핑커, 『빈 서판』 652쪽

16 코델리아 파인, 『젠더, 만들어진 성』 256~257쪽

17 이블린 폭스 켈러, 『생명의 느낌』

18 세라 블래퍼 허디, 『어머니의 탄생』 40쪽

19 세라 블래퍼 허디, 『여성은 진화하지 않았다』 297~299쪽

20 코델리아 파인, 『젠더, 만들어진 성』 254쪽

21 데이비드 버스, 『욕망의 진화』 291쪽

22 데이비드 버스, 『욕망의 진화』 41쪽

23 데이비드 버스, 『욕망의 진화』 102쪽

24 대니얼 버그너, 『욕망하는 여자』 44~46쪽

25 데이비드 버스, 『욕망의 진화』 127쪽

26 데이비드 바래시, 주디스 이브 립턴, 『일부일처제의 신화』, 277쪽

27 세라 블래퍼 허디, 『여성은 진화하지 않았다』 291~293쪽

28 데이비드 버스, 『욕망의 진화』 142쪽

29 데이비드 버스, 『욕망의 진화』 237쪽

30 스티븐 핑커, 『마음은 어떻게 작동하는가』 750~751쪽

31 데이비드 버스, 『욕망의 진화』 129쪽

32 벨 훅스, 『사랑은 사치일까?』 149~150쪽

33 태희원, 『성형』 270~271쪽

34 에바 일루즈, 『사랑은 왜 아픈가』 107~108쪽

35 김주현, 『외모 꾸미기 미학과 페미니즘』 165쪽

36 데이비드 버스, 『욕망의 진화』 231쪽

37 데이비드 버스, 『욕망의 진화』 68~69쪽

38 데이비드 버스, 『욕망의 진화』 98~99쪽

39 데이비드 버스, 『욕망의 진화』 79쪽

40 데이비드 버스, 『욕망의 진화』 91쪽

41 니콜라 에르팽, 『키는 권력이다』 70~73쪽

42 데이비드 버스, 『욕망의 진화』 77쪽

43 데이비드 버스, 『욕망의 진화』 66쪽

44 데이비드 버스, 『욕망의 진화』 215쪽

45 야마다 마사히로, 『우리가 알던 가족의 종말』 125~127쪽

46 올리버 제임스, 『어플루엔자』 226쪽

47 데이비드 버스, 『욕망의 진화』 339~340쪽

48 데이비드 버스, 『욕망의 진화』 379쪽

49 데즈먼드 모리스, 『털 없는 원숭이』 84쪽

50 데이비드 바래시, 주디스 이브 립턴, 『일부일처제의 신화』 279쪽

51 데이비드 버스, 『욕망의 진화』 159쪽, 187쪽

52 로빈 베이커, 『정자 전쟁』 67~68쪽

53 데이비드 버스, 『욕망의 진화』 179~180쪽

54 데이비드 버스, 『욕망의 진화』 478~479쪽

55 로빈 베이커, 『정자 전쟁』 84쪽

56 데이비드 레이, 『욕망의 아내』 74~75쪽

57 제프리 밀러, 『연애』 443쪽

58 에드워드 오스본 윌슨, 『인간 본성에 대하여』 158쪽

59 크리스토퍼 라이언, 카실다 제타, 『왜 결혼과 섹스는 충돌할까』 170쪽

60 찰스 다윈, 『인간의 유래1』 196~197쪽

61 루이스 헨리 모건, 『고대사회』 474~475쪽

62 데이비드 바래시, 주디스 이브 립턴, 『일부일처제의 신화』 283쪽

63 스티브 테일러, 『자아폭발』 172쪽

64 크리스토퍼 라이언, 카실다 제타, 『왜 결혼과 섹스는 충돌할까』 310~312쪽

65 프란스 드 발, 『영장류의 평화 만들기』 250쪽

66 프란스 드 발, 『원숭이와 초밥요리사』 150~151쪽

67 팀 버키드, 『정자들의 유전자 전쟁』 92쪽

68 로빈 베이커, 『정자 전쟁』 202쪽

69 데이비드 바래시, 주디스 이브 립턴, 『일부일처제의 신화』 84쪽

70 로빈 베이커, 『정자 전쟁』 12쪽, 72~73쪽, 113쪽

71 팀 버키드, 『정자들의 유전자 전쟁』 56쪽

72 데이비드 바래시, 주디스 이브 립턴, 『일부일처제의 신화』 301쪽

73 데이비드 레이, 『욕망의 아내』 410~411쪽

74 크리스토퍼 라이언, 카실다 제타, 『왜 결혼과 섹스는 충돌할까』 272~27쪽

75   크리스토퍼 라이언, 카실다 제타, 『왜 결혼과 섹스는 충돌할까』 286~288쪽

76   로이 바우마이스터, 『소모되는 남자』 126~127쪽

77   마이클 셔머, 『경제학이 풀지 못한 시장의 비밀』 280쪽

78   데이비드 바래시, 주디스 이브 립턴, 『일부일처제의 신화』 237~238쪽

79   데이비드 바래시, 주디스 이브 립턴, 『일부일처제의 신화』 243쪽

80   클리포드 비숍, 『성과 영혼』 132쪽

81   데이비드 버스, 『욕망의 진화』 416쪽

82   슐라미스 파이어스톤, 『성의 변증법』 314~315쪽

83   찰스 테일러, 『자아의 원천들』 1025쪽

84   찰스 테일러, 『불안한 현대 사회』 67쪽

85   니콜라스 루만, 『열정으로서의 사랑』 111쪽

86   알랭 드 보통, 『인생학교 – 섹스』 221쪽

87   슬라보예 지젝, 『그들은 자기가 하는 일을 알지 못하나이다』 13~14쪽

88   데이비드 리스먼, 『고독한 군중』 465~466쪽

89   변광배, 『사르트르와 보부아르의 계약결혼』 18~19쪽

90   에스더 로스블럼, 캐슬린 브레호니, 『보스턴 결혼』 18~19쪽

나가는 글

1   김언희, 『트렁크』 53쪽

참고 문헌
****

* 이 책에 인용된 참고 문헌은 이름순으로 정리했으며, 외국인의 이름도 한국식 발음대로 정렬하였다.

- 가라타니 고진, 『마르크스 그 가능성의 중심』, 김경원 옮김, 이산, 1999
- 강준만, 『미국은 세계를 어떻게 훔쳤는가』, 인물과사상사, 2013
- 게일 루빈, 『일탈』, 임옥희, 조혜영, 신혜수, 허윤 옮김, 현실문화, 2015
- 고미숙, 『동의보감, 몸과 우주 그리고 삶의 비전을 찾아서』, 북드라망, 2012
- 귄터 아멘트, 『섹스북』, 이용숙 옮김, 박영률출판사, 2000
- 글로리아 스타이넘, 『남자가 월경을 한다면』, 양이현정 옮김, 현실문화, 2002
- 기 오캉겜, 『동성애 욕망』, 윤수종 옮김, 중원문화, 2013
- 기시다 슈, 『성은 환상이다』, 박규태 옮김, 이학사, 2000
- 김기영, 『다시 찾은 성의 르네상스』, 상상나무(선미디어), 2005
- 김기태, 하어영, 『은밀한 호황』, 이후, 2013
- 김언희, 『트렁크』, 세계사, 1995
- 김영민. 『자색이 붉은 색을 빼앗다』, 동녘, 2001
- 김재기, 『철학, 섹슈얼리티에 말을 건네다』, 향연, 2008
- 김주현, 『외모 꾸미기 미학과 페미니즘』, 책세상, 2009
- 김현경, 『사람, 장소, 환대』, 문학과지성사, 2015

- 김형경, 『남자를 위하여』, 창비, 2013
- 나탈리 앤지어, 『여성, 내밀한 몸의 정체』, 문예출판사, 2016
- 노명우, 『세상물정의 사회학』, 사계절, 2013
- 니콜라 에르팽, 『키는 권력이다』, 김계영 옮김, 현실문화, 2008
- 니콜러스 웨이드, 『종교 유전자』, 이용주 옮김, 아카넷, 2015
- 니클라스 루만, 『열정으로서의 사랑』, 권기돈, 조형준, 정성훈 옮김, 새물결, 2015
- 닐 스트라우스, 『THE GAME』, 한정은 옮김, 디앤씨미디어(주), 2006
- 도나 해러웨이, 『유인원, 사이보그, 그리고 여자』, 민경숙 옮김, 동문선, 2002
- 다니엘 게랭, 『성자유』, 윤수종 옮김, 중원문화, 2013
- 다이앤 애커먼, 『감각의 박물학』, 백영미 옮김, 작가정신, 2004
- 대니얼 버그너, 『욕망하는 여자』, 김학영 옮김, 메디치미디어, 2013
- 대리언 리더, 『여자에겐 보내지 않은 편지가 있다』, 김종엽 옮김, 문학동네, 2010
- 데즈먼드 모리스, 『털 없는 원숭이』, 김석희 옮김, 문예춘추사, 2011
- 데즈먼드 모리스, 『인간의 친밀 행동』, 박성규 옮김, 지성사, 2003
- 데이비드 레이, 『욕망의 아내』, 유자화 옮김, 황소걸음, 2011
- 데이비드 리스먼, 『고독한 군중』, 이상률 옮김, 문예출판사, 1999
- 데이비드 바래시, 나넬 바래시, 『보바리의 남자, 오셀로의 여자』, 박중서 옮김, 사이언스북스, 2008
- 데이비드 바래시, 주디스 이브 립턴, 『일부일처제의 신화』, 이한음 옮김, 해냄, 2002
- 데이비드 버스, 신디 메스턴, 『여자가 섹스를 하는 237가지 이유』, 정병선 옮김, 사이언스북스, 2010
- 데이비드 버스, 『욕망의 진화』, 전중환 옮김, 사이언스북스, 2007
- 데이비드 버스, 『진화심리학』, 이충호 옮김, 웅진지식하우스, 2012
- 데이비드 슬론 윌슨, 『종교는 진화한다』, 이철우 옮김, 아카넷, 2004
- 댄 애리얼리, 『상식 밖의 경제학』, 장석훈 옮김, 청림출판, 2008
- 도널드 시먼스, 『섹슈얼리티의 진화』, 김성한 옮김, 한길사, 2007
- 도널드 프레이저, 『1968년의 목소리』, 안효상 옮김, 박종철출판사, 2002

- 로버트 새폴스키, 『스트레스』, 이재담, 이지윤 옮김, 사이언스북스, 2008
- 레나타 살레츨, 『사랑과 증오의 도착들』, 이성민 옮김, 비(도서출판b), 2003
- 레나타 살레츨, 『선택이라는 이데올로기』, 박광호 옮김, 후마니타스, 2014
- 로렌스 칼훈, 리처드 테데스키, 『외상 후 성장』, 강영신, 임정란, 장안나, 노안영 옮김, 학지사, 2015
- 로버트 트리버스, 『우리는 왜 자신을 속이도록 진화했을까?』, 이한음 옮김, 살림, 2013
- 로빈 베이커, 『정자 전쟁』, 이민아 옮김, 이학사, 2007
- 로이 바우마이스터, 『소모되는 남자』, 서은국, 신지은, 이화령 옮김, 시그마북스, 2015
- 롤랑 바르트, 『사랑의 단상』, 김희영 옮김, 동문선, 2004
- 롤프 데겐, 『오르가슴』, 최상안 옮김, 한길사, 2007
- 루스 베네딕트, 『국화와 칼』, 김윤식, 오인석 옮김, 을유문화사, 2008
- 루스 베네딕트, 『문화의 패턴』, 이종인 옮김, 연암서가, 2008
- 루이스 헨리 모건, 『고대사회』, 정동호, 최달곤 옮김, 문화문고, 2005
- 루트비히 비트겐슈타인, 『철학적 탐구』, 이영철 옮김, 책세상, 2006
- 뤼스 이리가레이, 『나, 너, 우리』, 박정오 옮김, 동문선, 1998
- 뤼스 이리가레이, 『하나이지 않은 성』, 이은민 옮김, 동문선, 2000
- 리베카 솔닛, 『남자들은 자꾸 나를 가르치려 든다』, 김명남 옮김, 창비, 2015
- 리영희, 『전환시대의 논리』, 창비, 1990
- 리처드 도킨스, 『악마의 사도』, 이한음 옮김, 바다출판사, 2015
- 리처드 도킨스, 『이기적 유전자』, 홍영남, 이상임 옮김, 을유문화사, 2010
- 리처드 윌킨슨, 『평등해야 건강하다』, 김홍수영 옮김, 후마니타스, 2009
- 마가렛 미드, 『사모아의 청소년』, 박자영 옮김, 한길사, 2008
- 마르셀 모스, 『증여론』, 이상률 옮김, 한길사, 2002
- 마리아 미스, 반다나 시바, 『에코페미니즘』, 이난아, 손덕수 옮김, 창비, 2000
- 마빈 해리스, 『작은 인간』, 김찬호 옮김, 민음사, 1995
- 마사 누스바움, 『혐오에서 인류애로』, 강동혁 옮김, 뿌리와이파리, 2016

- 마이클 샌델, 『민주주의의 불만』, 안규남 옮김, 동녘, 2012
- 마이클 셔머, 『경제학이 풀지 못한 시장의 비밀』, 박종성 옮김, 한국경제신문, 2013
- 마이클 셔머, 『왜 사람들은 이상한 것을 믿는가』, 류운 옮김, 바다출판사, 2007
- 마저리 쇼스탁, 『니사』, 유나영 옮김, 삼인, 2008
- 막스 베버, 『프로테스탄티즘의 윤리와 자본주의 정신』, 김덕영 옮김, 길, 2010
- 막스 호르크하이머, 테오도어 아도르노, 『계몽의 변증법』, 김유동 옮김, 문학과지성사, 2001
- 메리 로취, 『봉크』, 권 루시안 옮김, 파라북스, 2008
- 모리오카 마사히로, 『남자는 원래 그래?』, 김효진 옮김, 리좀, 2005
- 미셸 푸코, 『감시와 처벌』, 오생근 옮김, 나남출판, 2016
- 미셸 푸코, 『사회를 보호해야 한다』, 김상운 옮김, 난장, 2015
- 미셸 푸코, 『성의 역사1』, 이규현 옮김, 나남출판, 2004
- 미셸 푸코, 『성의 역사2』, 문경자, 신은영 옮김, 나남출판, 2004
- 미셸 푸코, 『성의 역사3』, 이영목 옮김, 나남출판, 2004
- 미셸 푸코, 『주체의 해석학』, 심세광 옮김, 동문선, 2007
- 미키 맥기, 『자기계발의 덫』, 김상화 옮김, 모요사, 2011
- 미하이 칙센트미하이, 『몰입』, 최인수 옮김, 한울림, 2004
- 바짜야나, 『카마수트라』, 정태혁 옮김, 동문선, 1995
- 버트런드 러셀, 『결혼과 도덕』, 이순희 옮김, 사회평론, 2016
- 버트런드 러셀, 『인생은 뜨겁게』, 송은경 옮김, 사회평론, 2014
- 베티 도슨, 『네 방에 아마존을 키워라』, 곽라분이 옮김, 현실문화, 2001
- 베티 프리단, 『여성의 신비』, 김현우 옮김, 이매진, 2005
- 베셀 반 데어 콜크, 『몸은 기억한다』, 제효영 옮김, 을유문화사, 2016
- 벨 훅스, 『사랑은 사치일까?』, 양지하 옮김, 현실문화, 2015
- 벨 훅스, 『올 어바웃 러브』, 이영기 옮김, 책읽는수요일, 2012
- 벨 훅스, 『행복한 페미니즘』, 박정애 옮김, 큰나(시와시학사), 2002

- 변광배, 『사르트르와 보부아르의 계약결혼』, 살림, 2007
- 빌헬름 라이히, 『성혁명』, 윤수종 옮김, 새길아카데미, 2000
- 빌헬름 라이히, 『오르가즘의 기능』, 윤수종 옮김, 그린비, 2005
- 빌헬름 라이히, 『파시즘의 대중심리』, 황선길 옮김, 그린비, 2006
- 빌헬름 라이히, 『프로이트와의 대화』, 황재우 옮김, 종로서적, 1982
- 사드, 『규방철학』, 이충훈 옮김, 비(도서출판b), 2005
- 샤를 보들레르, 『악의 꽃』, 윤영애 옮김, 문학과지성사, 2003
- 세라 블래퍼 허디, 『어머니의 탄생』, 황희선 옮김, 사이언스북스, 2010
- 세라 블래퍼 허디, 『여성은 진화하지 않았다』, 유병선 옮김, 서해문집, 2006
- 샘 해리스, 『기독교 국가에 보내는 편지』, 박상준 옮김, 동녘사이언스, 2008
- 샘 해리스, 『종교의 종말』, 김원옥 옮김, 한언출판사, 2005
- 서은국, 『행복의 기원』, 21세기북스, 2014
- 셰어 하이트, 『왜 여자는 여자를 싫어할까?』, 안중식 옮김, 지식여행, 2005
- 소냐 류보머스키, 『How to be happy』, 오혜경 옮김, 지식노마드, 2007
- 소스타인 베블런, 『유한계급론』, 김성균 옮김, 우물이 있는 집, 2012
- 쇠렌 키르케고르, 『유혹자의 일기』, 임규정, 연희원 옮김, 한길사, 2001
- 수잔 브라이슨, 『이야기해 그리고 다시 살아나』, 고픈 옮김, 인향, 2003
- 수전 보르도, 『참을 수 없는 몸의 무거움』, 박오복 옮김, 또하나의문화, 2003
- 슐라미스 파이어스톤, 『성의 변증법』, 김민예숙, 유숙열 옮김, 꾸리에, 2016
- 스티브 테일러, 『자아폭발』, 우태영 옮김, 다른세상, 2011
- 스티브 테일러, 『조화로움』, 윤서인 옮김, 불광출판사, 2013
- 스티븐 벡텔, 로렌스 로이 스테인스, 『성의학사전』, 정진희, 장혜정, 조희정 옮김, 이채, 2003
- 스티븐 핑커, 『마음은 어떻게 작동하는가』, 김한영 옮김, 동녘사이언스, 2007
- 스티븐 핑커, 『빈 서판』, 김한영 옮김, 사이언스북스, 2004
- 슬라보예 지젝, 『그들은 자기가 하는 일을 알지 못하나이다』, 박정수 옮김, 인간사랑, 2004

- 슬라보예 지젝, 『까다로운 주체』, 이성민 옮김, 도서출판b, 2005
- 시몬 드 보부아르, 『제2의 성』, 을유문화사, 조홍식 옮김, 1993
- 아돌프 히틀러, 『나의 투쟁』, 황성모 옮김, 동서문화동판(동서문화사), 2014
- 아르투르 쇼펜하우어, 『의지와 표상으로서의 세계』, 홍성광 옮김, 을유문화사, 2015
- 아비샤이 마갈릿, 『품위 있는 사회』, 신성림 옮김, 동녘, 2008
- 아우구스티누스, 『고백록』, 김희보, 강경애 옮김, 동서문화동판(동서문화사), 2008
- 악셀 호네트, 『인정투쟁』, 이현재, 문성훈 옮김, 사월의책, 2011
- 안드레아 드워킨, 『포르노그래피』, 류혜연 옮김, 동문선, 1996
- 안토니오 네그리, 『다중과 제국』, 정남영, 박서현 옮김, 갈무리, 2011
- 안토니오 다마지오, 『스피노자의 뇌』, 임지원 옮김, 사이언스북스, 2007
- 알래스데어 매킨타이어, 『덕의 상실』, 이진우 옮김, 문예출판사, 1997
- 알렉상드르 코제브, 『역사와 현실 변증법』, 설헌영 옮김, 한벗, 1981
- 알랭 드 보통, 『인생학교-섹스』, 정미나 옮김, 쌤앤파커스, 2013
- 알랭 바디우, 『사랑예찬』, 조재룡 옮김, 길, 2010
- 알리스 슈바르처, 『아주 작은 차이』, 김재희 옮김, 이프, 2001
- 앙드레 브르통, 『초현실주의 선언』, 황현산 옮김, 미메시스, 2012
- 앙리 르페브르, 『현대세계의 일상성』, 박정자 옮김, 기파랑(기파랑에크리), 2005
- 앤드류 솔로몬, 『한낮의 우울』, 민승남 옮김, 민음사, 2004
- 앤서니 기든스, 『현대 사회의 성 사랑 에로티시즘』, 배은경, 황정미 옮김, 새물결, 2001
- 앤서니 보개트, 『무성애를 말하다』, 임옥희 옮김, 레디셋고, 2013
- 앵거스 맥래런, 『피임의 역사』, 정기도 옮김, 책세상, 1998
- 야마다 마사히로, 『우리가 알던 가족의 종말』, 장화경 옮김, 그린비, 2010
- 어빙 고프먼, 『스티그마』, 윤선길 옮김, 한신대학교출판부, 2009
- 에드워드 오스본 윌슨, 『인간 본성에 대하여』, 이한음 옮김, 사이언스북스, 2011
- 에드워드 오스본 윌슨, 『통섭』, 최재천, 장대익 옮김, 사이언스북스, 2005

- 에스더 로스블럼, 캐슬린 브레호니, 『보스턴 결혼』, 알·알 옮김, 이매진, 2012
- 에리히 프롬, 『사랑의 기술』, 황문수 옮김, 문예출판사, 2006
- 에리히 프롬, 『자유로부터의 도피』, 김석희 옮김, 휴머니스트, 2012
- 에마뉘엘 레비나스, 『시간과 타자』, 강영안 옮김, 문예출판사, 1996
- 에바 일루즈, 『낭만적 유토피아 소비하기』, 박형신, 권오헌 옮김, 이학사, 2014
- 에바 일루즈, 『사랑은 왜 아픈가』, 김희상 옮김, 돌개개, 2013
- 에바 일루즈, 『사랑은 왜 불안한가』, 김희상 옮김, 돌베개, 2014
- 에스더 페렐, 『왜 다른 사람과의 섹스를 꿈꾸는가』, 정지현 옮김, 네모난정원, 2011
- 에이브러햄 매슬로, 『존재의 심리학』, 정태연, 노현정 옮김, 문예출판사, 2005
- 에피쿠로스, 『쾌락』, 오유석 옮김, 문학과지성사, 1998
- 엘리자베트 바댕테르, 『잘못된 길』, 조성애, 나애리 옮김, 중심, 2005
- 오기 오가스, 사이 가담, 『포르노 보는 남자, 로맨스 읽는 여자』, 왕수민 옮김, 웅진지식하우스, 2011
- 오오시마 기요시, 『성의 불가사의』, 한방근 옮김, 자작나무, 1996
- 올리버 제임스, 『어플루엔자』, 윤정숙 옮김, 알마, 2012
- 요한 하위징아, 『호모 루덴스』, 김윤수 옮김, 까치, 1997
- 우에노 지즈코, 『여성 혐오를 혐오한다』, 나일등 옮김, 은행나무, 2012
- 울리히 렌츠, 『아름다움의 과학』, 박승재 옮김, 프로네시스(웅진), 2008
- 울리히 벡, 엘리자베트 벡-게른샤임, 『사랑은 지독한 그러나 너무나 정상적인 혼란』, 강수영, 권기돈, 배은경 옮김, 새물결, 1999
- 위화, 『허삼관 매혈기』, 최용만 옮김, 푸른숲, 2007
- 유기환, 『조르주 바타유』, 살림, 2006
- 윌리엄 유잉, 『몸』, 오성환 옮김, 까치, 1996
- 윌리엄 제임스, 『종교적 경험의 다양성』, 김재영 옮김, 한길사, 2000
- 이노우에 세쓰코, 『15조원의 육체산업』, 임경화 옮김, 씨네21북스, 2009
- 이브 엔슬러, 『버자이너 모놀로그』, 류숙련 옮김, 북하우스, 2009
- 이블린 폭스 켈러, 『생명의 느낌』, 김재희 옮김, 양문, 2001

- 이윤석, 『웃음의 과학』, 사이언스북스, 2011
- 이은희, 『삼성을 살다』, 사회평론, 2011
- 잉그리트 길혀-홀타이, 『68운동』, 정대성 옮김, 들녘, 2006
- 장 보드리야르, 『소비의 사회』. 이상률 옮김, 문예출판사. 1992
- 장 폴 사르트르, 『존재와 무』, 정소성 옮김, 동서문화동판(동서문화사), 2009
- 재레드 다이아몬드, 『섹스의 진화』, 임지원 옮김, 사이언스북스, 2005
- 재레드 다이아몬드, 『제3의 침팬지』, 김정흠 옮김, 문학사상사, 2015
- 전인권, 『남자의 탄생』, 푸른숲, 2003
- 제프리 밀러, 『스펜트』, 김명주 옮김, 동녘사이언스, 2010
- 제프리 밀러, 『연애』, 김명주 옮김, 동녘사이언스, 2009
- 조너선 하이트, 『바른 마음』, 왕수민 옮김, 웅진지식하우스, 2014
- 조너선 하이트, 『행복의 가설』, 권오열 옮김, 물푸레, 2010
- 조르조 아감벤, 『세속화 예찬』, 김상운 옮김, 난장, 2010
- 조르주 바타유, 『에로티즘』, 조한경 옮김, 민음사, 2009
- 조르주 바타유, 『에로티즘의 역사』, 조한경 옮김, 민음사, 1998
- 조르주 바타유, 『저주의 몫』, 조한경 옮김, 문학동네, 2000
- 조안 러프가든, 『진화의 무지개』, 노태복 옮김, 뿌리와이파리, 2010
- 조지 베일런트, 『행복의 조건』, 이덕남 옮김, 프런티어, 2010
- 조지 레이코프, 『폴리티컬 마인드』, 나익주 옮김, 한울(한울아카데미), 2014
- 조지 오웰, 『1984』, 정회성 옮김, 민음사, 2003
- 존 그레이, 『하찮은 인간, 호모 라피엔스』, 김승진 옮김, 이후, 2010
- 존 듀이, 『철학의 재구성』, 이유선 옮김, 아카넷, 2010
- 존 보울비, 『애착』, 김창대 옮김, 나남출판, 2009
- 존 올콕, 『사회생물학의 승리』, 김산하, 최재천 옮김, 동아시아, 2013
- 존 콜라핀토, 『이상한 나라의 브렌다』, 이은선 옮김, 알마, 2014
- 주디스 버틀러, 『의미를 체현하는 육체』, 김윤상 옮김, 인간사랑, 2003
- 주디스 버틀러, 『젠더트러블』, 조현준 옮김, 문학동네, 2008

- 주디스 허먼,『트라우마』, 최현정 옮김, 열린책들, 2012
- 지그문트 바우만,『고독을 잃어버린 시간』, 조은평, 강지은 옮김, 동녘, 2012
- 지그문트 바우만,『리퀴드 러브』, 조형준, 권태우 옮김, 새물결, 2013
- 지그문트 프로이트,『문명 속의 불만』, 김석희 옮김, 열린책들, 2004
- 지그문트 프로이트,『성에 관한 세 편의 해석』, 오현숙 옮김, 을유문화사, 2007
- 지그문트 프로이트,『성욕에 관한 세 편의 에세이』, 김정일 옮김, 열린책들, 2004
- 지그문트 프로이트,『정신분석 강의』, 홍혜경, 임홍빈 옮김, 열린책들, 2004
- 지그문트 프로이트,『히스테리 연구』, 김미리혜 옮김, 열린책들, 2003,
- 질 들뢰즈,『매저키즘』, 이강훈 옮김, 인간사랑, 2007
- 질 들뢰즈,『차이와 반복』, 김상환 옮김, 민음사, 2004
- 질 들뢰즈,『푸코』, 허경 옮김, 동문선, 2003
- 질 들뢰즈,『프루스트와 기호들』, 서동욱 옮김, 민음사, 2004
- 찰스 다윈,『인간의 유래-1,2』, 김관선 옮김, 한길사, 2006
- 찰스 다윈,『종의 기원』, 김관선 옮김, 한길사, 2014
- 찰스 테일러,『불안한 현대 사회』, 송영배 옮김, 이학사, 2001
- 찰스 테일러,『자아의 원천들』, 권기돈, 하주영 옮김, 새물결, 2015
- 찰스 테일러,『현대 종교의 다양성』, 송재룡 옮김, 문예출판사, 2015
- 치마만다 응고지 아디치에,『우리는 모두 페미니스트가 되어야 합니다』, 김명남 옮김, 창비, 2016
- 카렌 암스트롱,『마음의 진보』, 이희재 옮김, 교양인, 2006
- 카트린 밀레,『카트린 M의 성생활』, 이세욱 옮김, 열린책들, 2001
- 칼 융,『카를 융, 기억 꿈 사상』, 조성기 옮김, 김영사, 2007
- 캐럴 길리건,『기쁨의 탄생』, 박상은 옮김, 도서출판빛살무늬, 2004
- 캐럴 타브리스,『여성과 남성이 다르지도 똑같지도 않은 이유』, 히스테리아 옮김, 또하나의문화, 1999
- 캐서린 매키넌,『포르노에 도전한다』, 신은철 옮김 개마고원, 1997
- 캐슬린 배리,『섹슈얼리티의 매춘화』, 정금나, 김은정 옮김, 삼인, 2002

- 케이트 밀렛, 『성 정치학』, 김전유경 옮김, 이후, 2009
- 켄 윌버, 『켄 윌버의 일기』, 김명권·민회준 옮김, 학지사, 2010
- 코넬리아 파인, 『젠더, 만들어진 성』, 이지윤 옮김, 휴먼사이언스, 2014
- 크리스 헤지스, 『지상의 위험한 천국』, 정연복 옮김, 개마고원, 2012
- 크리스티안 노스럽, 『여성의 몸, 여성의 지혜』, 강현주 옮김, 한문화, 2000
- 크리스티안 슐트, 『낭만적이고 전략적인 사랑의 코드』, 장혜경 옮김, 푸른숲, 2008
- 크리스토퍼 라이언, 카실다 제타, 『왜 결혼과 섹스는 충돌할까』, 김해식 옮김, 행복포럼, 2011
- 크리스토퍼 히친스, 『신은 위대하지 않다』, 김승욱 옮김, 알마, 2011
- 클로드 레비스트로스, 『슬픈 열대』, 박옥줄 옮김, 한길사, 1998
- 클리포드 비숍, 『성과 영혼』, 김선중, 강영민 옮김, 창해, 2004
- 태희원, 『성형』, 이후, 2015
- 테리 해밀턴, 『배꼽 아래 10cm』, 박소예 옮김, 미토, 2003
- 토머스 루이스, 패리 애미니, 리처드 래넌, 『사랑을 위한 과학』, 김한영 옮김, 사이언스북스, 2001
- 팀 버키드, 『정자들의 유전자 전쟁』, 한국동물학회 옮김, 전파과학사, 2003
- 펠릭스 가타리, 『분자혁명』, 윤수종 옮김, 푸른숲, 1998
- 프리드리히 니체, 『선악의 저편/도덕의 계보』, 김정현 옮김, 책세상, 2002
- 프리드리히 니체, 『차라투스트라는 이렇게 말했다』, 정동호 옮김, 책세상, 2000
- 프리드리히 엥겔스, 『가족, 사유재산, 국가의 기원』, 김대웅 옮김, 두레, 2012
- 프란스 드 발, 『영장류의 평화 만들기』, 김희정 옮김, 새물결, 2007
- 프란스 드 발, 『원숭이와 초밥요리사』, 박성규 옮김, 수회재, 2005
- 프란츠 부케티츠, 『사회생물학 논쟁』, 김영철 옮김, 사이언스북스, 1999
- 프란츠 파농, 『검은 피부, 하얀 가면』, 노서경 옮김, 문학동네, 2014
- 플라톤, 『향연』, 박희영 옮김, 문학과지성사, 2003
- 피에르 부르디외, 『구별짓기-상하』, 최종철 옮김, 새물결, 2005
- 피터 싱어, 『다윈주의 좌파』, 최정규 옮김, 이음, 2011

- 피터 싱어, 『사회생물학과 윤리』, 김성한 옮김, 연암서가, 2012
- 필리스 체슬러, 『여성과 광기』, 임옥희 옮김, 여성신문사, 2000
- 하지현, 『도시 심리학』, 해냄, 2009
- 한국성폭력상담소, 『섹슈얼리티 강의』, 동녘, 1999
- 한나 아렌트, 『인간의 조건』, 이진우, 태정호 옮김, 한길사, 1996
- 한스 페터 뒤르, 『은밀한 몸』, 박계수 옮김, 한길사, 2003
- 한병철, 『투명사회』, 김태환 옮김, 문학과지성사, 2014
- 허버트 드레이퍼스, 『인터넷상에서』, 정혜욱 옮김, 동문선, 2003
- 헤르베르트 마르쿠제, 『에로스와 문명』, 김인환 옮김, 나남출판, 2004
- 헤르베르트 마르쿠제, 『일차원적 인간』, 박병진 옮김, 한마음사, 2009
- 헬렌 피셔, 『연애본능』, 정명진 옮김, 생각의나무, 2010
- 헬렌 피셔, 『제1의 성』, 정명진 옮김, 생각의나무, 2005
- 홍은영, 『성철학』, 민음사, 2009

찾아보기

* * * * * * *

ㄱ

『감시와 처벌』 181

강간 문화 108~110

강간 환상 117~119, 169

강박증자 66

개방혼 347

게일 루빈 218, 221, 222, 225, 228, 231, 232, 234, 239, 240, 245~248, 253, 255, 256

과시 소비 272, 273

교미 구애 281, 332

구강성교 30, 34, 145, 232, 233, 282, 330

〈국가의 탄생〉 279

권터 아멘트 166

글로리아 스타이넘 117, 118, 138

금기 39, 40, 88, 94, 98, 101~105, 108, 120, 122, 125, 128, 130, 132, 133, 190, 207

금욕주의 101, 198

기시다 슈 36

기 오캉겜 233

김기덕 156

김영민 79

김현경 111

ㄴ

나스타샤 킨스키 95

나체주의 84

나탈리 앤지어 176

난혼 328

남자다움 160, 165, 222, 231, 301, 302, 313

낭만의 사랑 174, 343

『내게 필요한 건 사랑뿐』 95

노라 애프론 322

니사 223, 224

니콜러스 웨이드 277

니클라스 루만 344

니콜라 에르팽 318

ㄷ

다니엘 게랭 58

〈다음 침공은 어디?〉 31

다자 연애 328, 329, 330, 336, 337

대니얼 버그너 309

대리언 리더 283

대행 어미 327

댄 애리얼리 127

데릭 프리먼 112

데즈먼드 모리스 83, 288, 323

데이비드 리스먼 346, 347

데이비드 바래시 296, 327, 333, 336

데이비드 버스 296~298, 310, 314,
     316, 317, 326, 339

데이비드 슬론 윌슨 293, 294

데이트 강간 62, 110

도나 해러웨이 141

도널드 시몬스 114, 288

도착(성도착) 34, 200

〈돈 룩 다운〉 173

동거 127, 128

동성애 140, 199, 200, 201, 202, 218,
     219, 221, 225, 229, 233, 236, 237,
     239, 240~242, 255, 330

『동의보감』 210

두뇌 출산 35

두샨 마카베예프 57

ㄹ

로버트 트리버스 267, 268

로브 라이너 291

로빈 모건 244

로빈 베이커 323, 332, 333

로이 바우마이스터 254

롤랑 바르트 133

롤프 데겐 169

루이스 헨리 모건 326

루트비히 비트겐슈타인 186

뤼스 이리가레이 159, 171, 172

리비도 20, 21, 22, 45, 58, 75, 76,
     80

리처드 도킨스 86, 263, 282

리처드 링클레이터 95

리처드 윌킨슨 160

ㅁ

마가렛 미드 112, 113

『마담 에드와르다』 95

마르셀 모스 106

마르키스 드 사드 226

마리 보나파르트 51, 69, 70

마리아 미스 252, 253

마빈 해리스 192

마이클 무어 31

마이클 샌델 236

마이클 셔머 169

마저리 쇼스탁 223, 224

마조히즘 71~73, 85

막스 베버 46

막스 호르크하이머 185

〈맘마미아〉 328
〈맨 온 와이어〉 275
모리오카 마사히로 66
모성 305
『모피를 입은 비너스』 72
〈목구멍 깊숙이〉 244
무성애 219, 220
물신성애 34, 37
미셸 푸코 96, 180~185, 188, 189, 198, 211, 214, 215, 242
미키 맥기 214
미하이 칙센트미하이 277
〈밀양〉 86

ㅂ
박찬욱 41
반다나 시바 252, 253
발기 41, 42, 64~66, 75, 76, 120, 164, 177, 191, 241, 280, 282, 283
방중술 210, 338
배란 39, 41, 285, 311, 324, 329, 334
배우자 강간 110, 206
〈버자이너 모놀로그〉 148
버트런드 러셀 22, 127, 128, 157, 161, 162, 344
베셀 반 데어 콜크 49
베티 도슨 136, 138, 139, 141, 142, 144~146, 148~150, 153, 154,

157, 158, 163, 164, 167, 168, 170, 176, 177
벨 훅스 53, 314
변태 36, 234, 235
보스턴 결혼
부담 감수 이론 272
부성 312, 331
불감증 64, 66, 67, 69, 70, 144, 157
〈비포 선라이즈〉 95
빌헬름 라이히 56~60, 62~64, 68, 72, 75~78, 80, 81, 84, 85, 87~91, 183, 250

ㅅ
사도마조히즘 73, 74, 225, 234, 235, 247
사디즘 71, 73
〈사생결단〉 283
사회다윈주의 261, 262
샤를 보들레르 67
샘 해리스 37
성 노동자 240, 246~249
성매매 67, 154~157, 172, 173, 245, 248~252
성 선택 259, 260, 262~265, 267, 271, 277, 281~284, 289, 291, 293
성 소수자 219, 220, 225, 236, 237, 238, 240, 246
성애 공포증 222

성애술 170, 176

성 억압 29, 30, 77, 80, 88, 89, 91,
    157, 162, 183, 189, 195, 250,
    311, 328

『성의 역사1』 183, 184

『성의 역사2』 184

『성의 역사3』 184

성 전략 297, 298, 321, 339

「성 테레사의 환희」 56, 86

성울혈 80

성적 외상 48

성적약자론 79

성적 이형 277

성폭력 32, 48~52, 63, 108, 110,
    111, 113~117, 119

성 해방 59, 64, 140, 163, 168, 170,
    183, 195, 223, 227, 244, 347,
    348

성혁명 58, 64, 78, 118, 150, 244,
    255

세라 블래퍼 허디 305

〈세션 : 이 남자가 사랑하는 법〉 78

〈섹스 볼란티어〉 78

셰어 하이트 143, 171

소스타인 베블런 272

쇠렌 키르케고르 195

수잔 브라운밀러 111

수잔 브라이슨 49, 50

순결 30, 33, 42, 83, 100, 101, 150,
    163, 172, 189, 193, 194, 198,
    211, 223, 224, 227, 228, 250,
    279, 312, 326

슐라미스 파이어스톤 254

〈스포트라이트〉 111

스티브 테일러 85, 328

스티븐 핑커 115, 304

슬라보예 지젝 213, 214

시몬 드 보부아르 300, 347

ㅇ

『아낭가랑가』 338

아돌프 히틀러 84, 89, 229

아르투르 쇼펜하우어 101

아모츠 자하비 272

아비샤이 마갈릿 247

아우구스티누스 99

아이작 뉴턴 26

악셀 호네트 238

안드레아 드워킨 244

안토니오 네그리 188

안토니오 다마지오 243

알래스데어 매킨타이어 294

알렉상드르 코제브 97

알랭 드 보통 345

알랭 바디우 76

알리스 슈바르처 155, 206, 244

앙드레 브르통 95, 97

앙리 르페브르 45

〈애니 홀〉 167

앤드류 솔로몬 242

앤서니 기든스 174
『앵무새 죽이기』 280
양생술 206, 209, 210
어빙 고프먼 237
에드워드 윌슨 261, 262, 288
『에로티즘』 86
에리히 프롬 40, 111, 129
에마뉘엘 레비나스 131
에바 일루즈 35, 315
에스더 페렐 121, 122
에이브러햄 매슬로 90, 91, 276
에피쿠로스 193
엘리자베트 바댕테르 249
〈엘리트 스쿼드〉 181
여성스러움(여자다움) 147, 165, 227,
　300~302
여성운동 71, 110, 115, 117, 137~
　139, 155, 158, 159, 166, 224,
　225, 227, 228, 230, 231, 245,
　249, 302, 305
여성 해방 138, 144, 158, 253, 305
연속성 128
오르가슴 58, 64~66, 68~73,
　75~77, 80, 119, 143~147, 149,
　150, 153, 163~167, 169, 171,
　177, 287~291, 323
오르가슴 연기 287, 290, 291
오이디푸스 콤플렉스 16, 37, 38,
　40, 41
〈올드보이〉 41

외도 59, 172, 203, 323~325, 338,
　339, 341, 344~346
요한 하위징아 133
우디 앨런 167
우에노 지즈코 251
울리히 벡 66
위계질서 160, 226, 238~240, 315
위화 312
윌리엄 제임스 86
웨스터마크 효과 39, 40
유아의 성욕 23
음핵 68~70, 76, 146, 147, 171, 172,
　289, 290,
이브 앤슬러 149
이중개념주의 125
이창동 86
일부다처 326, 336
일부일처 155, 168, 228, 239, 274,
　322, 325, 326, 327, 328, 329,
　334, 335~341
일처다부 322
임상수 142

ㅈ
자기 배려 206, 209, 211~215
자기 진실성 341
자위 22, 31, 32, 41, 70, 83, 137~
　139, 141~147, 149, 153, 163,
　165~167 175, 176, 218, 232,
　239, 243, 251, 350

작은 죽음 106
잔 로렌조 베르니니 57, 86
장 보드리야르 273
장 폴 사르트르 73, 96, 131, 347
재레드 다이아몬드 285
적응도 265, 266, 268, 269, 271,
    272, 275, 284, 286, 289, 292
전희 166, 247
정자 경쟁 330, 331, 333, 334
〈제2의 연인〉 322
제임스 프레스콧 81, 82
제프리 밀러 258, 261~263, 265,
    273, 274, 276, 277, 280, 284,
    288, 291, 293, 318
조루 64, 144
조르조 아감벤 247
조르주 바타유 86, 94~102, 104~
    109, 117, 118, 122, 124, 125
조안 러프가든 221, 262
조지 레이코프 125
조지 부시 20
조지 오웰 83
존 듀이 174
존 머니 303
존 보울비 26
존재의 미학 211, 215
죄의식 29, 31, 74, 96, 103, 107,
    120, 144, 147, 240, 242, 347
주디스 버틀러 301
주디스 이브 립턴 296, 327, 333, 336

주디스 허먼 48
지그문트 프로이트 16~20, 22, 23,
    25~27, 29, 34, 37~44, 47, 48,
    51, 52, 57~59, 68, 69, 76, 80,
    81, 169, 183, 259, 327
지노이드 지방 284~286
지스폿G-spot 171
질 들뢰즈 73~75, 187, 188

ㅊ
찰스 다윈 17, 18, 258~261, 267,
    299, 326
찰스 테일러 341
〈처녀들의 저녁식사〉 142, 146
초자아 38, 214
축제 11, 106, 107, 132~134

ㅋ
카마수트라 189
카트린 밀레 236
칼 마르크스 17, 299
칼 융 26
캐럴 길리건 149
캐럴 타브리스 302
캐서린 매키넌 244
케이트 밀렛 156, 255
켄 윌버 130
쿨리지 효과 321
쾌락 불안 72, 89
쾌락의 활용 188, 189, 210, 215

크라프트에빙 71
크리스토퍼 히친스 112
크리스티안 노스럽 32, 147
클로드 레비스트로스 191

ㅌ

테스토스테론 114, 272
테오도어 아도르노 185
투자 이론 267

ㅍ

〈파란 대문〉 156
파시즘 89
펠릭스 가타리 231
포경수술 32, 33, 303
포르노 54, 67, 110, 146, 168, 240,
    243~247, 333
프로테우스주의 267
프리드리히 니체 96, 100, 101, 189
프리드리히 엥겔스 155, 156
프란스 드 발 330
프란츠 파농 102
피에르 부르디외 266
피터 싱어 117, 299
필리스 체슬러 52, 171

ㅎ

한나 아렌트 139
한병철 247
합류의 사랑 174

〈해리가 샐리를 만났을 때〉 291
『허삼관 매혈기』 312
헤르베르트 마르쿠제 45
헬렌 피셔 120
혼외정사 155, 172, 321, 323
후회 247
히스테리 47, 48, 84

기타

68혁명 91, 137, 139, 224
LGBTI 219
〈W.R.: 유기체의 신비〉 57